Karl-Heinz Gursky · Wertpapierrecht

Schaeffers Grundriß

des Rechts und der Wirtschaft

Band 9 im 49. Tausend

Schaeffers Grundriß Verlag Decker & Müller
Heidelberg

Wertpapierrecht

von

Dr. Karl-Heinz Gursky
Professor an der Universität Osnabrück

Schaeffers Grundriß Verlag Decker & Müller
Heidelberg

CIP-Titelaufnahme der Deutschen Bibliothek

Gursky, Karl-Heinz:
Wertpapierrecht / von Karl-Heinz Gursky — 49. Tsd. —
Heidelberg: Schaeffers-Grundriss-Verl. v. Decker u. Müller, 1989
(Schaeffers Grundriss des Rechts und der Wirtschaft; Bd. 9)
ISBN 3-8226-2189-7

NE: GT

Umschlaggestaltung und typographisches Konzept
nach Angaben von Hans Peter Willberg
Satz: Roman Leipe GmbH, Hagenbach
Druck und Verarbeitung: Druckhaus Darmstadt GmbH, Darmstadt
ISBN 3-8226-2189-7

Vorwort

Schaeffers Grundrisse wenden sich seit jeher an drei Zielgruppen: An den Studienanfänger, der in die jeweilige Rechtsmaterie eingeführt werden soll, an den Fortgeschrittenen, der eine Zusammenstellung des für das Examen unverzichtbaren Rechtsstoffes erwartet und schließlich auch an den fertigen Juristen, der sich auf schnelle und einfache Weise wieder in einem Rechtsgebiet orientieren möchte, mit dem er in seinem bisherigen Berufsleben etwas den Kontakt verloren hat. Die Reihe verfolgt dabei kompromißlos das Ziel, dem Leser durch eine besonders intensive Strukturierung des Textes und durch die Art seiner drucktechnischen Gestaltung die Informationsaufnahme und das Einprägen des Gelesenen zu erleichtern. Gerade weil eine derartige optische Aufbereitung von vielen Lesern als hilfreich empfunden wird, verdient es die altbewährte Grundrißreihe, in modernisierter Form fortgeführt zu werden.

Das Wertpapierrecht gilt nicht zu Unrecht als eine relativ komplizierte Rechtsmaterie. Auch eine auf die Grundzüge beschränkte Darstellung dieses Rechtsgebietes darf den Stoff deshalb nicht allzu sehr komprimieren, weil sonst die Verständlichkeit beeinträchtigt würde. Zudem hat im Wertpapierrecht in den letzten 15 Jahren eine besonders intensive wissenschaftliche Diskussion stattgefunden, über deren allerwichtigste Ergebnisse auch ein Grundriß Auskunft geben muß. Deshalb habe ich mich gezwungen gesehen, den Umfang der Darstellung gegenüber der letzten, von Wiefels besorgten Bearbeitung etwa um die Hälfte zu erweitern. Vor allem die dogmatisch interessanteren Partien sind völlig neu geschrieben worden. Die übrigen Teile sind umfassend überarbeitet und auf den neuesten Stand gebracht worden.

Osnabrück, im Juni 1989 *Karl-Heinz Gursky*

Inhaltsverzeichnis

ZWEITER TEIL
Einzelne Wertpapiere

Erster Abschnitt: Die Anweisung

Zweiter Abschnitt: Der Wechsel

ERSTER TEIL

Allgemeine Grundlagen

ERSTER ABSCHNITT

Begriff, Funktionen und Arten der Wertpapiere

I. Der Wertpapierbegriff

A. Uneinheitlicher Sprachgebrauch der Gesetze

Wertpapierrecht ist derjenige Teil der Privatrechtsordnung, der sich mit den Wertpapieren befaßt, also mit Urkunden, die in eigentümlicher Weise private Vermögensrechte verbriefen. Das deutsche Wertpapierrecht ist nicht in einem einheitlichen und umfassenden Wertpapiergesetz kodifiziert, sondern besteht aus Einzelregelungen für bestimmte Wertpapiere, die teils in den beiden großen privatrechtlichen Kodifikationen (also im BGB und im HGB) mit aufgenommen worden sind, teils in Sondergesetzen (wie z. B. WG, SchG, AktG, KAGG) ihren Platz gefunden haben; hinzu kommen Detailregelungen, die über das ganze Bundes- und Landesrecht verstreut sind. Da die gesetzliche Regelung bei allen Wertpapieren wichtige Fragen offen läßt, war es die Aufgabe der Rechtswissenschaft, den diffusen Normenbestand zu systematisieren, Gemeinsamkeiten und Unterschiede der einzelnen Wertpapiere herauszuarbeiten und auf induktivem Wege zur Lückenergänzung geeignete allgemeine Grundsätze (z. B. über die Entstehung, Übertragung und Ausübung von Wertpapierrechten) zu gewinnen, die entweder für alle Wertpapiere oder doch wenigstens für eine bestimmte Gruppe von Wertpapieren zutreffen. Auf diese Weise hat sich das Wertpapierrecht als eigenständiges und geschlossenes Rechtsgebiet konstituiert.

Gegenstand des Wertpapierrechts sind naturgemäß die verschiedenen **Wertpapiere.** Damit stellt sich die Frage, welche Papiere denn überhaupt als Wertpapiere zu bezeichnen sind, oder anders ausgedrückt, was denn das Wesen eines Wertpapiers ausmacht. Eine allgemeingültige und verbindliche Legaldefinition des Begriffes „Wertpapier" gibt es im deutschen Recht (im Gegensatz etwa zu Art. 965 des schweizerischen Obligationenrechts) nicht. Der Begriff taucht zwar in zahlreichen Normen auf (z. B. in §§ 232, 234, 372, 437 II, 702, 764, 1667 III, 1807 Nr. 4 BGB; §§ 1 II Nr. 1, 369, 381, 400, 429 HGB; §§ 592, 808 II, 821, 822 ZPO; § 1 DepotG), hat in diesen Bestimmungen jedoch *je nach dem Gesetzeszweck unterschiedliche Bedeutungen.* In den §§ 702 BGB, 429 II, 708 Nr. 3 HGB beispielsweise sind mit dem Ausdruck Wertpapier alle wertvollen Urkunden gemeint; hierunter fallen mithin auch bloße Beweisurkunden wie z. B. Schuldscheine. In § 1 II Nr. 1 HGB sind dagegen nur solche Papiere angesprochen, die infolge ihrer Umsatzfähigkeit als Gegenstände des Handelsverkehrs in Betracht kommen (also im wesentlichen die Inhaber- und Orderpapiere, aber auch Namenspapiere über öffentliche Anleihen). Die Vorschriften über die bankmäßige Verwahrung und Verwaltung von Wertpapieren betreffen überhaupt nur die vertretbaren Wertpapiere (§ 1 I DepotG), gelten also beispielsweise nicht für Wechsel und Scheck. Der letztere Sprachgebrauch deckt sich im wesentlichen mit dem des Wirtschaftsverkehrs: Dieser versteht unter Wertpapieren primär die sog. Effekten oder Kapitalmarktpapiere, also die massenweise ausgegebenen vertretbaren Wertpapiere, die zum Zwecke der Kapitalanlage erworben und zumeist auch an der Börse gehandelt werden (z. B. Pfandbriefe, Aktien, Kommunalobligationen und Investmentzertifikate).

B. Der Wertpapierbegriff der Rechtswissenschaft

In der Wissenschaft war der Begriff des Wertpapiers lange umstritten. Heute hat sich der auf Heinrich Brunner (1882) zurückgehende weite oder **extensive Wertpapierbegriff** durchgesetzt. Wertpapier ist danach eine Urkunde, in der ein privates Recht dergestalt verbrieft ist, daß **zur Geltendmachung des Rechts die Innehabung** (d. h. der Besitz) **der Urkunde erforderlich** ist. Nach dieser Auffassung gehören zu den Wertpapieren neben den Inhaber- und Orderpapieren auch die Rektapapiere (zu diesen Begriffen s. unten S. 13 f.).

Kaum noch vertreten wird demgegenüber der auf E. Ulmer und L. Raiser zurückgehende enge oder **restriktive Wertpapierbegriff.** Nach dieser Ansicht sind Wertpapiere nur solche Urkunden über Vermögensrechte, bei denen man mittels einer sachenrechtlichen Verfügung über die Urkunde zugleich auch über das verbriefte Recht verfügt, bei denen also **das Recht aus dem Papier dem Recht am Papier folgt.** Die sog. Rektapapiere wären danach keine echten Wertpapiere, sondern allenfalls wertpapierähnliche Urkunden.

Zweckmäßiger erscheint die Begriffsbildung der h. M. Zwar erhält man bei Zugrundelegung des engen Wertpapierbegriffs eine homogenere Gruppe und damit einen größeren Bestand an Regeln, die für alle erfaßten Papierarten gelten. Dem steht aber der entscheidende Nachteil gegenüber, daß auf diese Weise eng verwandte Papierarten, die das Gesetz gleich benennt und darüber hinaus auch in vielen Punkten einheitlich behandelt, dogmatisch weit voneinander getrennt würden: Gewöhnliche Wechsel, Inhaber- und Orderschecks, Orderlagerscheine und Inhabergrundpfandbriefe wären echte Wertpapiere, Wechsel oder Schecks mit negativer Orderklausel, Rektalagerscheine und gewöhnliche Grundpfandbriefe dagegen als Rektapapiere nur wertpapierähnliche Urkunden.

C. Keine Wertpapiere

Nicht zu den Wertpapieren gehören:

I. Die sog. **Wertrechte.** Das sind Forderungen aus Anleihen der öffentlichen Hand (nämlich des Bundes, eines Bundeslandes, der Bundespost und der Bundesbahn), die **nicht in Urkunden verbrieft,** sondern lediglich in ein besonderes Register (z. B. das Bundesschuldbuch) eingetragen sind (§ 1 AnleiheG v. 29. 3. 1951, BGBl. I 218). Diese Schuldbuchforderungen — zu denen beispielsweise auch die sog. Bundesschatzbriefe gehören — sind aber kraft Gesetzes sammelverwahrten Inhaberschuldverschreibungen gleichgestellt; sie werden deshalb trotz ihrer fehlenden Verbriefung im wesentlichen wie Wertpapiere behandelt.

II. **Geldscheine.** Diese sind gesetzliche Zahlungsmittel, verbriefen aber kein außerhalb ihrer selbst liegendes Recht.

III. **Bloße Beweisurkunden,** also Urkunden, die lediglich dem (auch auf andere Weise zu erbringenden) Nachweis des in ihnen verbrieften Rechtes dienen. Das Hauptbeispiel dafür ist der Schuldschein.

Charakteristisch für die eigentlichen Beweisurkunden ist:

1. Die *Entstehung, Übertragung und Geltendmachung* des verbrieften Rechtes ist *von dem Besitz der Urkunde unabhängig.*

2. Eigentümer der Urkunde ist der Inhaber des verbrieften Rechtes.

Es gilt also der Satz: „*Das Recht am Papier* (Eigentum am Papier) *folgt dem Recht aus dem Papier* (also der verbrieften Forderung).“ Vgl. § 952 BGB.

IV. Ebenso auch **konstitutive Urkunden,** also solche, deren Ausstellung für die Entstehung eines darin verbrieften Rechtes notwendig ist, wenn das Recht notfalls auch ohne den Besitz der Urkunde ausgeübt werden kann.

Hierher zählen etwa der notarielle Kaufvertrag über ein Grundstück, die Bürgschaftsurkunde, aber auch das Testament. (Wenn ein Testament gestohlen oder zerstört worden ist, kann der darin zum Erben Berufene dennoch sein Erbrecht geltend machen, muß dann aber natürlich die formgerechte Errichtung und den Inhalt der letztwilligen Verfügung durch Zeugenaussagen oder Vorlage einer Fotokopie oder ähnliches beweisen).

V. Die **einfachen Ausweispapiere oder schlichten Legitimationspapiere oder Legitimationszeichen.** Das sind Karten, Marken oder ähnliche Zeichen, die ein Forderungsrecht verbriefen, ohne den Gläubiger zu benennen, und bei denen der Aussteller deshalb mit befreiender Wirkung auch an einen nichtberechtigten Besitzer leisten kann, andererseits aber auch ohne Vorlage des Zeichens an den Gläubiger leisten muß, wenn dieser sein Recht auf andere Art und Weise nachweist. Im Gegensatz zu den Wertpapieren muß der Gläubiger, der das Legitimationszeichen verloren hat, also nicht erst ein umständliches Aufgebotsverfahren (s. unten D 1.) durchführen.

Typische Anwendungsfälle sind der Gepäckschein (vgl. § 29 I S. 2 und VI EVO), die Garderobenmarken, der Reparaturschein.

D. Einzelheiten zum Vorlageerfordernis

1. Vorlegungserfordernis und Aufgebotsverfahren

Wie bereits dargelegt, besteht das spezifische Merkmal der Wertpapiere, das diese aus dem größeren Kreis der Urkunden über private Vermögensrechte heraushebt, darin, daß bei ihnen die Rechtsausübung an die Innehabung des Papiers gebunden ist. Dies bedeutet nun allerdings nicht, daß der Berechtigte sein Recht nach einem Diebstahl oder nach einer Zerstörung der Urkunde überhaupt nicht mehr geltend machen könnte. Vielmehr kann er in diesen Fällen **die Urkunde** im Wege eines gerichtlichen Aufgebotsverfahrens nach §§ 946, 1003 ff. ZPO **für kraftlos erklären lassen** (Amortisation). Das Verfahren beginnt mit dem „Aufgebot“ des Wertpapiers, d. h. mit einer öffentlichen Aufforderung des Gerichts zur Anmeldung von Rechten, die der Kraftloserklärung entgegenstehen, und endet mit dem Erlaß des *Ausschlußurteils,* durch das die bisherige Urkunde für kraftlos erklärt wird (§ 1017 I ZPO). Mit der Rechtskraft dieses Urteils wird dann nicht nur die Legitimationskraft der abhanden gekommenen alten Urkunde zerstört, also beispielsweise auch ein gutgläubiger Erwerb des Rechtes aufgrund dieser Urkunde für die Zukunft ausgeschlossen, sondern zugleich für den Aufbieter die formelle Legitimation zur Ausübung des verbrieften Rechtes neu begründet (§ 1018 ZPO): Der Aufbieter kann das verbriefte Recht nunmehr gegenüber dem aus der Urkunde Verpflichteten geltend machen, indem er statt der bisherigen Urkunde eine Ausfertigung des Ausschlußurteils vorlegt (Auswechselung des Vorlegungsgegenstandes).

Die Möglichkeit eines Aufgebotsverfahrens ist für die meisten Wertpapierarten im Gesetz ausdrücklich vorgesehen (§§ 799 f., 808 II S. 2, 1162 BGB, 365 II HGB, Art. 90 WG, Art. 59 ScheckG, § 72 AktG); für bestimmte Rektapapiere (wie die bürgerlichrechtliche Anweisung, den Rektaladeschein, den Rektalagerschein und das Rektakonossement) fehlt allerdings eine entsprechende Anordnung. Die Schrifttumsmehrheit läßt das Aufgebotsverfahren jedoch im Wege einer Gesamtanalogie zu den genannten Vorschriften auch bei diesen Papieren zu.

Komplikationen ergeben sich, wenn der *Aufbieter* von vornherein gar *nicht der aus der Urkunde Berechtigte* ist oder wenn er seine Berechtigung noch während des Aufgebotsverfahrens durch den gutgläubigen Erwerb eines Dritten verliert. Dann darf das Ausschlußurteil zwar nicht ergehen, aber der wirkliche Berechtigte muß, um den Erlaß des Urteils zu verhindern, sein Recht innerhalb der in dem Aufgebot bestimmten Frist anmelden. Das andernfalls ergehende Urteil verändert die materielle Berechtigung nicht; der wirkliche Rechtsinhaber wird hier analog § 952 BGB Eigentümer der Urteilsausfertigung und kann mithin nach § 985 BGB vom Aufbieter deren Herausgabe verlangen (str.). — Sehr streitig ist, ob sich der Schuldner trotz des Aufgebotsurteils noch darauf berufen kann, daß der Aufbieter nicht der wirkliche Berechtigte sei (verneinend BGH JZ 1958, 746).

Für *Schecks, die im Einzugsverfahren verloren gegangen sind,* haben die Kreditinstitute ein besonderes Verfahren vereinbart, um das umständliche Aufgebot zu vermeiden. Die danach ausgestellten Ersatzstücke sind keine Ersatzschecks, sondern Scheckabschriften. (Vgl. Baumbach-Hefermehl, Bankbedingungen 11, Abschnitt III.)

2. Vorlage eines Hinterlegungsnachweises

Die oben gegebene Definition des Wertpapiers läßt noch offen, in welcher Weise die Geltendmachung des verbrieften Rechts von der Innehabung der Urkunde abhängig gemacht ist. Die Rechtslage ist insoweit uneinheitlich. Bei der großen Mehrheit der Wertpapiere kann der Nachweis der Innehabung nur durch die Vorlage des Papiers selbst erfolgen. Für die Ausübung des Stimmrechts aus einer Aktie begnügt man sich dagegen mit der Vorlage einer Bescheinigung darüber, daß die Aktie bei einem Notar oder einer Wertpapiersammelbank hinterlegt ist (§ 123 III AktG). Ebenso wird in der Praxis die Vorlage von Coupons für die Geltendmachung von Zinsansprüchen aus Inhaberschuldverschreibungen bzw. von Dividendenansprüchen aus Aktien vielfach durch bloße Bestätigung von Wertpapiersammelbanken ersetzt (s. Zöllner FS Raiser 260). Bei sammelverwahrten Effekten, die nur in einer Global- oder Sammelurkunde (§ 9a DepotG) verbrieft sind und bei denen der Anspruch auf Ausstellung von Einzelurkunden abbedungen ist, kann schon nach der Natur der Sache zum Nachweis der Innehabung nicht mehr als eine solche Bestätigung verlangt werden. Die Hinterlegungsbescheinigung beweist in allen diesen Fällen, daß der Betreffende jedenfalls mittelbaren Besitz an der das Recht verbriefenden Urkunde hat und daß eine gleichzeitige Verwendung der Urkunde selbst zur Geltendmachung des verbrieften Rechtes so gut wie ausgeschlossen ist (s. Zöllner a.a.O.; Hueck-Canaris § 1 III 4b).

II. Die Gründe der Verbriefung

A. Allgemeines

Da unverkörperte Rechte nicht sinnlich wahrgenommen werden können, sind sie für den Wirtschafts- und Rechtsverkehr gefährlich. Ihre Existenz und die Rechtsinhaberschaft kann häufig genug nur schwer nachgewiesen, in anderen Fällen aber nur zu leicht vorgetäuscht werden. Durch die Verkörperung des Rechtes in einer Urkunde wird nun nicht nur dem Berechtigten der Nachweis seiner Rechtsposition erleichtert, sondern zugleich dem Schuldner größere Sicherheit über die Person des Gläubigers verschafft. Bei allen Wertpapieren wird für den Verpflichteten nämlich die Gefahr, an den Falschen und damit nutzlos zu leisten, schon dadurch reduziert, daß er die Leistung bis zur Vorlage des Papiers verweigern kann. Bei bestimmten Wertpapieren wird dem Befreiungsinteresse des Schuldners sogar noch stärker Rechnung getragen: Bei ihnen hat nämlich grundsätzlich auch die Leistung an einen nichtberechtigten Inhaber (z. B. Dieb oder Finder) der Urkunde schuldtilgende Wirkung. Schließlich schützt die Verbriefung auch und vor allem Interessen der potentiellen Erwerber des Rechts. Der Erwerber eines Wertpapiers ist angesichts des Vorlegungserfordernisses durch den beim Erwerb des Rechtes erlangten Besitz der Urkunde gegen das Risiko gesichert, daß der Schuldner noch mit befreiender Wirkung an den bisherigen Berechtigten leistet. Darüber hinaus gestattet es die Verbriefung, die Möglichkeit eines gutgläubigen Erwerbs vom Nichtberechtigten zu schaffen und das Vertrauen auf den Inhalt der Urkunde zu schützen. Von dieser Möglichkeit hat der Gesetzgeber bei allen Wertpapieren, die zum Umlauf bestimmt sind, Gebrauch gemacht und damit die Verkehrsfähigkeit der darin verbrieften Rechte ganz wesentlich gesteigert.

B. Die verschiedenen Funktionen der Verbriefung

Im einzelnen kann die Verbriefung die folgenden juristischen Funktionen haben:

I. Eine bloße **Indizfunktion:** Das Papier liefert einen Anhaltspunkt dafür, daß das verbriefte Recht wirklich existiert und daß der Papierbesitzer oder der in dem Papier Genannte wirklich der Rechtsinhaber ist. Diese Indizfunktion ist noch nichts Wertpapierspezifisches. Vertragsurkunden oder Schuldscheine haben diese Funktion ebenfalls.

II. Die **Liberationsfunktion** (Befreiungsfunktion), die auch Legitimationsfunktion zugunsten des Schuldners genannt wird. Diese bedeutet, daß eine **Leistung** des Schuldners **an den durch das Papier Ausgewiesenen** auch dann **schuldtilgende Wirkung** hat, wenn der Leistungsempfänger zur Einziehung der verbrieften Forderung materiell nicht berechtigt ist. Diese Liberationsfunktion findet sich bei allen Umlaufpapieren, also den Inhaber- und Orderpapieren (§ 793 I S. 2 BGB, Art. 40 III WG), darüber hinaus aber auch bei bestimmten Rektapapieren, nämlich beim Hypothekenbrief (§ 1155 i. V. m. § 893 1. Var. BGB) und den sog. qualifizierten Legitimationspapieren wie z. B. dem Sparbuch (§ 808 I S. 1 BGB) und schließlich sogar bei einer unter dem Namen „schlichte Legitimationspapiere" zusammengefaßten Gruppe von Karten, Marken oder Zeichen ohne Wertpapierqualität (Reparaturschein, Gepäckschein, Garderobenmarke usw.). Die Anforderungen an die Legitimation des Leistungsempfängers sind dabei im einzelnen unterschiedlich ausgestaltet: Bei den meisten hierher gehörenden Papieren ist der Leistungsempfänger schon durch den bloßen Besitz und die Vorlage des Papiers genügend legitimiert; bei den Orderpapieren muß der Besitzer der Urkunde darüber hinaus auch durch eine äußerlich einwandfreie Kette von Indossamenten, die auf den im Papier bezeichneten ersten Nehmer zurückführt, formell legitimiert sein. Im übrigen wird natürlich nur der gutgläubige Schuldner geschützt. Dem Wechselschuldner schadet insoweit bereits grobe Fahrlässigkeit (Art. 40 III WG). Andererseits ist hier selbst positive Kenntnis der Nichtberechtigung unschädlich, wenn der Schuldner die Nichtberechtigung des formell legitimierten angeblichen Gläubigers nicht durch liquide Beweismittel nachweisen kann. Welcher Maßstab bei Inhaberpapieren und qualifizierten Legitimationspapieren gilt, ist streitig.

III. Die **Präsentationsfunktion zugunsten des Schuldners (Vorlegungszwang):** Der Schuldner braucht nur gegen Vorlage des Papiers (bzw. eines Ausschlußurteils, das das verlorengegangene Papier für kraftlos erklärt) zu leisten; die Möglichkeit, den Nachweis seiner Berechtigung auf andere Weise zu führen, ist dem Gläubiger versagt.

Dieser Vorlegungszwang bietet dem Schuldner ebenso wie die bereits erwähnte Liberationsfunktion, wenn auch in etwas geringerem Umfang, *Schutz vor einem Doppelleistungszwang.* Wo der Vorlegungszwang nicht mit der Liberationsfunktion kombiniert auftritt, muß der Schuldner zwar die Rechtszuständigkeit und die Verfügungsbefugnis des Leistungsempfängers auf eigene Gefahr überprüfen, aber er kann jedenfalls die Leistung bis zur Vorlage des Papiers ohne weiteres verweigern, ohne sich mit irgendwelchen sonstigen Beweisen für die Berechtigung des Anspruchstellers auseinandersetzen zu müssen.

Der Vorlegungszwang ist das eigentliche Charakteristikum der Wertpapiere, also dasjenige Merkmal, das diese von ähnlichen Erscheinungen unterscheidet (s. oben I B).

Der Vorlegungszwang ist bei Wertpapieren, die Forderungen oder dingliche Verwertungsrechte verbriefen, mit einem **Aushändigungszwang** verbunden. Der Schuldner muß also genaugenommen nicht schon auf die bloße Vorlegung des Papiers hin leisten, sondern erst gegen die Aushändigung des Papiers (bzw. bei Teilleistungen: gegen einen entsprechenden Quittungsvermerk auf der Urkunde), weil erst dadurch die Legitimation des Gläubigers erlischt (vgl. §§ 785, 797, 1144 BGB; Art. 39 I, III WG). Wertpapiere sind also nicht nur Vorlegungspapiere, sondern zugleich *Einlösungspapiere.* Der Schuldner wird damit auf eine besonders effektive Weise dagegen geschützt, an einen späteren redlichen Erwerber des verbrieften Rechts oder aber aus Beweisnot an den bereits befriedigten Gläubiger selbst ein zweites Mal leisten zu müssen. Falls der Schuldner dem Gläubiger das Papier beläßt, muß er zumindest für eine Entwertung des Papiers (Durchstreichen, Zerreißen usw.) sorgen.

Die Vorlegung muß in der Regel am Sitz des Schuldners erfolgen. In Wertpapieren verbriefte Verpflichtungen sind damit grundsätzlich *Holschulden,* nicht wie gewöhnliche Zahlungsverpflichtungen Schickschulden mit Gefahr- und Kostentragungslast des Schuldners (§ 270 BGB).

IV. **Präsentationsfunktion zugunsten des neuen Gläubigers (Ausschluß des § 407 BGB).** Bei einer nicht verkörperten Forderung darf sich der Schuldner auf die historische Legitimation des ursprünglichen Gläubigers verlassen. Da die Forderung ohne Mitwirkung oder auch nur Kenntnis des Schuldners abgetreten werden kann, wird er durch § 407 BGB gegen die Gefahr geschützt, daß er bei einer Leistung an den nicht mehr berechtigten ehemaligen Gläubiger vom Zessionar nochmals in Anspruch genommen werden könnte. Solange er keine sichere Kenntnis von der erfolgten Zession hat, kann er nämlich mit befreiender Wirkung an den bisherigen Gläubiger leisten. Bei Wertpapierforderungen besteht jedoch ein vergleichbares Schutzbedürfnis des Schuldners nicht, da dieser ja überhaupt nur gegen die Vorlage des Papiers leisten muß und bei der Übertragung des verbrieften Rechts eine Übergabe der Urkunde an den Erwerber zumeist erforderlich, jedenfalls aber ganz üblich ist. Die Anwendung des § 407 BGB ist für den Hypothekenbrief durch § 1156 BGB ausgeschlossen; für alle anderen Wertpapiere, die Forderungsrechte verbriefen, ergibt sich das gleiche aus einer *teleologischen Reduktion* (Restriktion) *des § 407 BGB.*

Der Schuldner kann sich allerdings in der Urkunde den Schutz des § 407 BGB vorbehalten, ohne daß diese dadurch den Charakter eines Wertpapiers verliert.

Auch § *408 BGB* findet bei Wertpapieren keine Anwendung. § *406 BGB* bedarf bei Vorlegungspapieren einer Einschränkung: Der Schuldner kann mit einer gegen den Zedenten gerichteten Forderung nur dann aufrechnen, wenn er diese bereits vor dem Erwerb des verbrieften Rechts erworben hat.

V. **Legitimationsfunktion zugunsten des Papierinhabers.** Für den durch das Papier Ausgewiesenen spricht eine **Rechtsvermutung,** die die materielle Beweislast zu seinen Gunsten umkehrt: Der Schuldner *muß* an ihn leisten, wenn er nicht seine Nichtberechtigung nachweist. Während die Indizfunktion bloßer Beweisurkunden schon durch den Nachweis von Gegenindizien beseitigt werden kann, läßt sich eine solche Rechtsvermutung nur durch den vollen Beweis des Gegenteils ausschalten.

Die Legitimationsfunktion zugunsten des Papierinhabers ist kein Merkmal aller Wertpapiere, sondern kommt im wesentlichen nur den Inhaber- und Orderpapieren zu (vgl. §§ 793 I S. 1, 807 BGB; Art. 16 I WG i. V. m. § 365 I HGB und § 68 I S. 2 AktG; Art. 19 ScheckG). Dabei ist die *Vermutungsbasis unterschiedlich* ausgestaltet. Bei Inhaberpapieren knüpft die Vermutung an den bloßen Papierbesitz an; bei Orderpapieren muß dagegen die Berechtigung des Inhabers aus dem Papierinhalt hervorgehen: Er muß entweder in dem Papier als erster Nehmer benannt sein oder das Papier muß eine ununterbrochene Kette von Übertragungsvermerken aufweisen, die von dem benannten ersten Nehmer zu dem jetzigen Papierinhaber hinführt. Bei Rektawechsel und Rektascheck werden Art. 16 WG bzw. Art. 19 ScheckG entsprechend angewandt. Im Falle des Hypothekenbriefes ergibt sich die Rechtsvermutung aus §§ 1155, 891 BGB; sie knüpft an den Besitz des Hypothekenbriefes und eine ununterbrochene Kette öffentlich beglaubigter Abtretungserklärungen an. Sie ist aber eigentlich nicht wertpapierrechtlicher, sondern liegenschaftsrechtlicher Natur und wirkt deshalb beispielsweise auch gegen den als Hypothekar Legitimierten. Im übrigen ist für den Umfang des Rechts aus dem Papier bei inhaltlichen Abweichungen zwischen Brief und Grundbuch nicht nur der Brief, sondern auch das Grundbuch maßgebend. Grundpfandbriefe sind gleichsam nur Verlängerungen des Grundbuchinhaltes, oder anders ausgedrückt: vom Grundbuchinhalt abhängige Wertpapiere (anders natürlich der Inhabergrundschuldbrief, § 1195). Bei sonstigen Rektapapieren besteht eine Rechtsvermutung nicht einmal für den in der Urkunde als Gläubiger Benannten (vgl. § 808 I S. 2 für die qualifizierten Legitimationspapiere); die Urkunde hat insoweit vielmehr bloße Indizwirkung (s. Staudinger-

Marburger § 808 Rdn. 14). Der Besitzer eines Rektapapiers, der das verbriefte Recht gerichtlich geltend machen will, muß entweder dartun, daß er der im Papier benannte Berechtigte ist, oder daß er das Papier von dem Berechtigten im Wege der Abtretung erworben hat. Ist dieser Beweis geführt, so ist der Schuldner aufgrund der Kontinuitätsvermutung dafür beweispflichtig, daß der Besitzer des Papiers jetzt nicht mehr der Berechtigte ist.

VI. Die **Verkehrsschutzfunktion.** Inhaber- und Orderpapiere sind zum Umlauf bestimmt, müssen also so ausgestaltet sein, daß sie wie eine Ware weiterveräußert werden können. Ein Bedürfnis für eine solche Mobilisierung des verbrieften Rechts ist besonders deutlich bei den der Geldanlage dienenden Massenpapieren (Effekten), deren Erwerber natürlich ganz selbstverständlich davon ausgehen, daß sie diese bei Bedarf wieder flüssig machen können. Aber auch der Nehmer eines Wechsels oder Schecks möchte natürlich die Möglichkeit haben, das verbriefte Recht schon vor dem Fälligkeitstermin durch Veräußerung (Diskontierung) zu Geld zu machen. Eine realistische Chance, das Papier zu einem angemessenen Preis weiterveräußern zu können, besteht aber nur dann, wenn der Erwerber sich darauf verlassen kann, daß er das verbriefte Recht auch wirklich erlangt. Dementsprechend **wird ein redlicher Erwerber bei den Umlaufpapieren in dreierlei Hinsicht geschützt:**

1. Dagegen, daß das verbriefte Recht überhaupt **nicht entstanden** ist. Eine unmittelbar einschlägige gesetzliche Regelung fehlt insoweit; der Schutz beruht hier auf den von Rechtsprechung und Schrifttum herausgearbeiteten allgemeinen Lehren des Wertpapierrechts, nämlich auf der sog. Rechtsscheintheorie (s. unten S. 20).

2. Dagegen, daß das verbriefte Recht einen **geringeren** als den in der Urkunde angegebenen **Umfang** hat, **Einwendungen** oder **Einreden** ausgesetzt oder bereits wieder erloschen ist. Der gutgläubige Erwerber kann sich also auf die inhaltliche Richtigkeit der Urkunde verlassen (skripturmäßige Papiere); die Einreden und Einwendungen des Schuldners, die dieser bei einer unverbrieften Forderung nach § 404 BGB jedem Zessionar entgegenhalten könnte, werden hier also durch den guten Glauben des Erwerbers „ausradiert". Diese „Radierfunktion" (Harms, S. 8) beruht auf einer Reihe von Sondervorschriften (§§ 796 BGB, 364 II HGB; Art. 17 WG, 19 ScheckG). (Der Schutz gegen rechtsvernichtende Einwendungen ließe sich übrigens genausogut unter 1. einordnen.)

3. Dagegen, daß das zu übertragende Recht **einem anderen als dem Veräußerer zusteht.** Bei den sog. Inhaberpapieren erfolgt die Über-

tragung des verbrieften Rechts durch die Übereignung der Urkunde. Damit kommen hier die §§ 932 ff. BGB, 366 HGB zur Anwendung. Dabei wird der Gutglaubensschutz durch § 935 II BGB gegenüber sonstigen beweglichen Sachen erweitert (Ausdehnung auf abhanden gekommene Inhaberpapiere), eine Privilegierung, die für Banken in der Erwerberrolle durch die Bösgläubigkeitsvermutung des § 367 HGB teilweise wieder zurückgenommen wird. Noch weiter geht jedenfalls nach dem Verständnis der h. M. der Gutglaubensschutz beim Erwerb existierender Orderpapiere, der, weil die Orderpapiere nach eigenen Regeln übertragen werden, in einer Reihe von Spezialvorschriften (wie Art. 16 II WG, 21 SchG und § 365 HGB) normiert ist (s. dazu S. 80 ff., 122).

Bei den Rektapapieren gibt es einen über den engen Rahmen des § 405 BGB hinausgehenden Gutglaubensschutz grundsätzlich nicht. Der Ausnahmefall des Grundpfandbriefes (§ 1155 i. V. m. §§ 1138, 1157 BGB) ist der Sache nach liegenschaftsrechtlicher, nicht wertpapierrechtlicher Verkehrsschutz (Hypothekenbrief als „Verlängerung" des Grundbuchs).

C. Kombination der Funktionen bei den einzelnen Wertpapierarten

Die verschiedenen Verbriefungsfunktionen sind *voneinander weitgehend unabhängig;* nur der Vorlegungszwang und der Ausschluß des § 407 BGB ist bei allen schuldrechtlichen Wertpapieren miteinander gekoppelt. Anders ist es beispielsweise im Verhältnis von Vorlegungszwang und Liberationsfunktion: Die schlichten Legitimationspapiere (wie der Reparaturschein) haben zwar die Liberationsfunktion, nicht aber den Vorlegungszwang, während bei gewissen Rektapapieren (wie dem Rektaladeschein des § 448 HGB und dem Rektakonossement des § 653 HGB) genau die entgegengesetzte Konstellation gegeben ist.

Die Mehrzahl der genannten Verbriefungsfunktionen (nämlich I., II., V. und VI.) läßt sich auf den Gesichtspunkt zurückführen, daß die Verkörperung des Rechts in einer Urkunde einen Rechtsschein für die Existenz des Rechtes und die Rechtszuständigkeit des Papierinhabers schafft, der je nach Sachlage und in unterschiedlich starker Weise zugunsten des Schuldners, des Papierinhabers oder eines gutgläubigen Erwerbers wirkt.

Dem Erwerberschutz dienen neben der eigentlichen Verkehrsschutzfunktion — allerdings in deutlich geringerem Maße — auch die Präsentationsfunktion zugunsten des neuen Gläubigers und die Legitimationsfunktion zugunsten des Papierinhabers.

Bei den Inhaber- und Orderpapieren sind alle sechs oben aufgezählten Verbriefungsfunktionen gegeben. Sie werden deshalb auch vollkommene Wertpapiere oder Wertpapiere im engeren Sinne genannt. Bei ihnen steht eindeutig der Erwerberschutz und damit die Steigerung der Verkehrsfähigkeit im Vordergrund (Umlaufpapiere, Wertpapiere des öffentlichen Glaubens); die Liberationsfunktion ist bei ihnen nur ein notwendiger Ausgleich zugunsten des Schuldners, gleichsam die Kehrseite der Legitimationsfunktion zugunsten des Papierinhabers. Bei den Rektapapieren, die auch als schlichte oder unvollkommene Wertpapiere bezeichnet werden, liegt das Schwergewicht dagegen eindeutig auf dem Schuldnerschutz. Aber auch bei ihnen wird die Rechtsposition des Erwerbers im Vergleich zum Zessionsrecht jedenfalls durch den Ausschluß des § 407 BGB verstärkt.

III. Einteilung der Wertpapiere

A. Nach dem verbrieften Recht

Nach diesem (rein äußerlichen) Unterscheidungsmerkmal zerfallen die Wertpapiere in:

I. **Forderungspapiere.** Sie verbriefen eine Forderung, und zwar:

1. Entweder eine *Geldforderung* (Geldpapiere: Inhaberschuldverschreibung, Wechsel, Scheck, Sparbuch).

2. Oder eine *Warenforderung* (Warenpapiere: Konnossement, Lagerschein, Ladeschein, Lieferschein).

II. **Sachenrechtliche Wertpapiere,** d. h. solche, die ein dingliches Verwertungsrecht verbriefen (Hypotheken-, Grundschuld- und Rentenschuldbrief). Nicht hierher gehören die sog. Traditionspapiere (s. unten S. 149). Diese haben zwar sachenrechtliche Bedeutung, verbriefen aber nur vertragliche Herausgabeansprüche, also Forderungen.

III. **Mitgliedschaftspapiere,** also Wertpapiere, die die Mitgliedschaft in einer juristischen Person verbriefen (Aktien und die sog. Zwischenscheine oder Interimsscheine, die als vorläufige Verbriefung des Mitgliedschaftsrechts in einer Aktiengesellschaft fungieren, § 8 IV AktG).

Es gibt **Zwischenformen:** Investmentzertifikate beispielsweise verbriefen (jedenfalls bei der sog. Miteigentumslösung) nicht nur die schuldrechtlichen Ansprüche des Investmentsparers gegen die Investmentgesellschaft, sondern zugleich auch die dingliche Beteiligung am Fondsvermögen. Wandelschuldverschreibungen sind Forderungspapiere, die mit dem Recht zum Umtausch der Obligation gegen Aktien bzw. mit einem zusätzlichen Aktienbezugsrecht (Optionsanleihe) gekoppelt sind.

B. Nach der Person des Berechtigten

Die wichtigste Einteilung knüpft an die Art der Bestimmung des Berechtigten an. Man unterscheidet insoweit Inhaberpapiere, Orderpapiere und Rektapapiere.

I. **Inhaberpapiere** *lauten auf den Inhaber.* Sie benennen also keine bestimmte Person als Berechtigten, sondern weisen ausdrücklich oder implizit den jeweiligen Inhaber (Besitzer) der Urkunde als zur Geltendmachung des verbrieften Rechtes befugt aus. Sie begründen mithin zugunsten des jeweiligen Inhabers der Urkunde die widerlegbare Vermutung, daß es sich bei ihm um den materiell Berechtigten handelt; gleichzeitig ermöglichen sie dem Schuldner die befreiende Leistung an den jeweiligen Inhaber. Inhaberpapiere werden *durch Übereignung des Papiers* (also nach den Regeln des Mobiliarsachenrechts) *übertragen.* Es gilt damit der Satz „Das Recht aus dem Papier folgt dem Recht am Papier". Das neuere Schrifttum hält allerdings zum Teil auch eine Zession des verbrieften Rechts (§§ 413, 398 BGB) für möglich, die dann nach § 952 BGB zum Mitübergang des Urkundeneigentums auf den Erwerber führt.

Inhaberpapiere sind z. B. die Inhaberschuldverschreibung und der gewöhnliche (d. h. mit der Überbringerklausel versehene) Scheck.

II. **Orderpapiere** *lauten auf eine bestimmte Person oder deren Order* (Orderklausel: „An Herrn A oder dessen Order"). Der Aussteller will hier also nicht nur dem im Papier Benannten gegenüber verpflichtet sein, sondern auch gegenüber demjenigen, den der namentlich Bezeichnete seinerseits durch „Ordergeben" (d. h. durch Indossament) als neuen Berechtigten bestimmt. Die rechtliche Eigenart der Orderpapiere liegt in der für sie geltenden besonderen Übergangsform: Orderpapiere werden normalerweise *durch Indossament und Abschluß eines* auf Übereignung des Papiers gerichteten *Begebungsvertrages übertragen.* Die Übertragung hat dann besondere Wirkungen, nämlich beim Wechsel Transport-, Garantie- und Legitimationswirkung (Art. 14 I, 15, 16 I WG), bei den kaufmännischen Orderpapieren Transport- und Legitimationswirkung (§§ 364, 365 HGB). Schließen die Indossamente auf einem Orderpapier mit einem Blankoindossament ab (dazu unten S. 79), so wird das verbriefte Recht durch Übereignung des Papiers mit oder ohne Indossament weiterübertragen. Zulässig ist schließlich auch eine Übertragung des Orderpapiers durch schlichte Zession des verbrieften Rechts (§§ 413, 398 BGB), bei der der Erwerber das Eigentum an der Urkunde nach § 952 II BGB erlangt.

Es gibt zwei Arten von Orderpapieren:

1. **Geborene Orderpapiere,** d. h. Papiere, die auch dann Orderpapiere sind, wenn sie die Orderklausel nicht enthalten.

   Der Wechsel beispielsweise ist auch dann Orderpapier, wenn er nicht die Anweisung „Zahlen Sie an Herrn X oder dessen Order", sondern lediglich die Formulierung „Zahlen Sie an Herrn X" enthält (Art. 11 I WG). Weitere geborene Orderpapiere sind der Scheck (Art. 14 I ScheckG), allerdings nicht der in der Praxis dominierende Überbringerscheck (vgl. Art. 5 II ScheckG), die Namensaktie (§ 68 I AktG), der Zwischenschein (§ 68 V AktG) und die auf den Namen lautenden Investmentanteilscheine (§ 18 I S. 2, 3 KAGG).

2. **Gekorene Orderpapiere,** d. h. Papiere, die nur dann Orderpapiere sind, wenn sie die positive Orderklausel enthalten.

   Das Konnossement beispielsweise ist nur dann Orderpapier, wenn es auf „Herrn X oder dessen Order" ausgestellt ist, dagegen ein Rektapapier, wenn der Zusatz „oder dessen Order" fehlt. Gekorene Orderpapiere sind auch die anderen fünf in § 363 HGB aufgezählten handelsrechtlichen Wertpapiere, also der kaufmännische Verpflichtungsschein, die kaufmännische Anweisung, der Ladeschein, der Lagerschein und die Transportversicherungspolice.

III. **Rektapapiere oder Namenspapiere** *lauten auf eine bestimmte* in dem Papier *mit Namen bezeichnete Person.* Der Verpflichtete soll bei ihnen „rekta" (= direkt) an den im Papier namentlich benannten Berechtigten leisten. Eine Weiterübertragung des Papiers ist mithin im Gegensatz zu den Orderpapieren nicht von vornherein in Aussicht genommen, aber grundsätzlich möglich. Sie erfolgt durch **Abtretung** (§§ 398, 413 BGB) **des Rechts,** die das Eigentum am Papier nach § 952 BGB mit übergehen läßt. Es gilt hier also der Satz: „Das Recht am Papier folgt dem Recht aus dem Papier." Besondere Regeln bestehen für die Übertragung der Anweisung (§ 792 I S. 2, 3 BGB) und der Briefgrundpfandrechte (§§ 1154 I 1, 1192 Abs. 1 BGB). Bei den anderen Rektapapieren kommen die §§ 398, 413 BGB unmodifiziert zur Anwendung; insbesondere setzt die Rechtsübertragung bei ihnen nicht die Übergabe des Papiers voraus (str.).

Rektapapiere sind beispielsweise das Sparbuch und die sonstigen qualifizierten Legitimationspapiere des § 808 BGB, ferner die Grundpfandbriefe (mit Ausnahme des Inhabergrundpfandbriefs), Wechsel und Scheck mit negativer Orderklausel („nicht an Order", Art. 11 II WG, 14 II ScheckG), die handelsrechtlichen Wertpapiere des § 363 HGB, sofern sie nicht an Order lauten, und schließlich die bürgerlich-rechtliche Anweisung.

C. Nach dem Verhältnis von Rechtsentstehung und Papierausstellung

I. Manche Wertpapiere werden über Rechte ausgestellt, die *bereits durch einen anderen Begründungsakt entstanden* sind **(deklaratorische** oder konfirmatorische **Wertpapiere).**

Die Mitgliedschaftsrechte bei einer Aktiengesellschaft bestehen beispielsweise schon, bevor über sie Aktienurkunden ausgegeben werden. Die Rechte aus dem Lagervertrag bestehen schon, bevor über sie ein Lagerschein ausgestellt wird. Die Briefhypothek entsteht nicht erst durch die Ausstellung und Aushändigung des Hypothekenbriefes, sondern als Eigentümergrundschuld schon mit der Eintragung der Hypothek im Grundbuch; im Falle des § 1117 II BGB ist sogar von vornherein eine Fremdhypothek gegeben. Sämtliche Legitimationspapiere dienen lediglich der Feststellung eines unabhängig von der Ausstellung des Papiers entstandenen Rechts.

II. Bei anderen Wertpapieren *entsteht das Recht erst durch das Papier* **(konstitutive Wertpapiere).**

Hierher gehören z. B. Wechsel, Schecks, Aktien bei bedingter Kapitalerhöhung (§ 200 AktG) und regelmäßig auch Inhaberschuldverschreibungen.

D. Nach der Bedeutung des Kausalverhältnisses für das verbriefte Recht

I. **Abstrakte** Wertpapiere sind solche, die ein zum Kausalverhältnis hinzutretendes selbständiges Forderungsrecht (konstitutiv) verbriefen.

Abstrakte Wertpapiere in diesem Sinne sind vor allem Wechsel und Scheck.

II. **Kausale** Wertpapiere sind alle anderen Forderungspapiere.

E. Nach der wirtschaftlichen Funktion

I. Die **Effekten oder Kapitalmarktpapiere,** d. h. die massenweise ausgegebenen klein gestückelten Wertpapiere, die der Kapitalaufbringung bzw. Kapitalanlage dienen. Die meisten Effekten werden börsenmäßig gehandelt (Ausnahme: Investmentanteile); sie sind deshalb besonders leicht veräußerlich. Effekten sind

1. *Aktien* und *Investmentanteilscheine.*

2. Die in großen Mengen über Darlehen ausgegebenen **Inhaberschuldverschreibungen,** und zwar:

a) Die *öffentlichen Anleihen,* namentlich die Staatsanleihen, die von dem Bund und den Ländern, und die Kommunalanleihen, die von den Gemeinden und Gemeindeverbänden ausgegeben werden.

b) Die von den Hypothekenbanken ausgegebenen *Pfandbriefe,* d. h. Inhaberschuldverschreibungen, über deren Emission sich die Hypothekenbanken das Kapital für die Vergabe hypothekarisch gesicherter Darlehen verschaffen. Pfandbriefe sind durch ein Vorzugsrecht an den Deckungshypotheken mittelbar dinglich gesichert (§ 35 HypothekenbankenG).

c) die *Industrieobligationen,* die von gewerblichen Unternehmen über Darlehen ausgegeben werden. Die von den Aktiengesellschaften ausgegebenen Obligationen sind zum Teil als *Wandelschuldverschreibungen* ausgestaltet, d. h. sie können unter bestimmten Voraussetzungen in Aktien des Unternehmens umgetauscht werden.

Die Massenpapiere werden in der Praxis zumeist in **Sammelverwahrung** bei sog. Wertpapiersammelbanken genommen. Der Wertpapiereigentümer verliert dann das Alleineigentum an einem bestimmten Papier und hat *lediglich* einen *Miteigentumsanteil* an dem Sammelbestand der Papiere gleicher Art, § 6 I DepotG. Die Verfügungen hierüber werden aufgrund der sog. Lieferlisten der mit dem An- und Verkauf beauftragten Geschäftsbanken durch bloße Umbuchung der bei den Wertpapiersammelbanken verwahrten Bestände vollzogen („stückeloser Effektengiroverkehr"). Häufig wird auch von vornherein über massenweise ausgegebene Rechte nur eine einzige Urkunde *(Sammel- oder Globalurkunde)* ausgestellt. Dadurch tritt bei einem Großteil der wirtschaftlich bedeutsamen Wertpapiere die urkundliche Verkörperung immer mehr zurück („Funktionsverlust des Wertpapiers im Effektenwesen"). Überhaupt keine Verbriefung erfolgt bei den sog. Wertrechten, s. oben S. 3.

II. Die **Wertpapiere des Zahlungs- und Kreditverkehrs** (Geldmarktpapiere) sind Wechsel und Scheck. Der Wechsel ist das wichtigste Mittel des kurzfristigen Kredits insbesondere im Warenverkehr (dem Käufer wird beispielsweise der Kaufpreis gegen einen von ihm akzeptierten Wechsel über die Kaufpreissumme gestundet). Der Scheck dagegen ist ausschließlich Mittel des bargeldlosen Zahlungsverkehrs.

III. Die **Wertpapiere des Güterumlaufs.** Das sind individuell ausgestaltete Wertpapiere, die einen Anspruch auf Herausgabe bzw. Lieferung einer Warenmenge verbriefen. Die Verkörperung des Anspruchs im Wertpapier dient hier dazu, die Weiterveräußerung der betreffenden (eingelagerten oder auf dem Transport befindlichen bzw. noch nicht ausgelieferten) Waren zu erleichtern.

Hierzu zählen: Ladeschein, Konnossement, Lagerschein und Lieferschein.

F. Nach Umfang und Vollständigkeit der Urkunde

I. **Vollständige Papiere,** d. h. solche, die das verbriefte Recht benennen und den Aussteller erkennen lassen.

II. **Marken, Karten** oder ähnliche **Zeichen,** die den Leistungsgegenstand nur unvollkommen angeben und jedenfalls keine Ausstellerunterschrift aufweisen. Solche unvollständigen Papiere können die gleichen Funktionen wie vollständige Papiere haben. Sie können also einfachen oder qualifizierten Legitimationspapieren, Rektapapieren ohne Liberationsfunktion oder aber Inhaberpapieren entsprechen und haben dann die gleichen Eigenschaften (s. unten S. 142 ff.). Die rechtliche Einordnung hängt von der erkennbaren Absicht des Ausstellers, hilfsweise der Verkehrssitte ab. Orderkarten, -marken und -zeichen kommen nicht vor.

IV. Numerus clausus der Wertpapiere

Wertpapiere sind **nur in den vom Gesetz vorgesehenen Fällen** zulässig. Im einzelnen bestimmt das Gesetz

1. **Welches Recht** überhaupt in einem bestimmten Wertpapier **verbrieft werden kann.**

   Z. B. eine Inhaberschuldverschreibung (und ein Inhaberzeichen) kann über jedes Forderungsrecht ausgestellt werden, dagegen nicht über ein sonstiges Recht. Wechsel oder Scheck können nur auf Zahlung einer bestimmten Geldsumme lauten. Das Mitgliedschaftsrecht bei einer Aktiengesellschaft kann durch ein Wertpapier (Aktie) verkörpert werden, dagegen nicht das Mitgliedschaftsrecht bei einer Gesellschaft mit beschränkter Haftung oder einem rechtsfähigen Verein.

2. Ob das betreffende Recht dann *als Inhaberpapier oder als Orderpapier oder als Rektapapier* ausgestellt werden kann.

   Z. B. Lagerscheine können als Inhaber-, Order- oder Rektapapiere ausgestellt werden, ebenso Schecks. Wechsel können als Order- oder Rektapapiere ausgestellt werden. Grundpfandbriefe sind notwendigerweise Rektapapiere (Ausnahme: der Inhabergrundschuldbrief). Der Kreis der zulässigen Orderpapiere ist besonders eng. Bei Rektapapieren und Inhaberpapieren wirkt sich der Numerus clausus weniger stark aus, da sich grundsätzlich alle Forderungsrechte in diesen beiden Kategorien von Wertpapieren verbriefen lassen (vgl. für Inhaberpapiere § 793 BGB); ein Inhaberwechsel ist allerdings nicht zulässig.

ZWEITER ABSCHNITT

Die Wertpapierrechtstheorien

I. Darstellung

Die **Frage, wie bei konstitutiven Wertpapieren das verbriefte Recht entsteht,** wird seit mehr als 150 Jahren intensiv diskutiert. Da es sich hierbei um eine der Grundfragen des Wertpapierrechts handelt, bezeichnet man die verschiedenen Auffassungen zu dieser Frage herkömmlicherweise als die „Wertpapierrechtstheorien" schlechthin.

A. Die älteren Theorien

Vor etwas mehr als 100 Jahren standen sich im wesentlichen drei Theorien gegenüber:

1. Nach der (älteren oder reinen) **Kreationstheorie** (Hauptvertreter Kuntze) *beruhte die Entstehung des verbrieften Rechts* auf der Kreation (also Schaffung) des Papiers, d. h. *auf dem einseitigen Akt der Ausfertigung* der Urkunde, der mit der Unterzeichnung durch den Aussteller abgeschlossen ist, bzw. beim Wechselakzept oder der Wechselbürgschaft auf der bloßen Unterschrift. Schon durch diesen Skripturakt, der als einseitiges Rechtsgeschäft verstanden wurde, sollte danach der Aussteller gegenüber jedem späteren formell legitimierten Inhaber des Papiers verpflichtet werden, und zwar auch im Falle eines Abhandenkommens der Urkunde.

2. Nach der von Stobbe begründeten **Emissionstheorie** entsteht das verbriefte Recht *mit der Ausgabe des Wertpapiers* durch den Aussteller, also dadurch, daß dieser es bewußt und willentlich in Verkehr bringt. Damit wurden gegenüber der Kreationstheorie solche Fälle ausgeschieden, in denen das Papier dem Aussteller abhanden gekommen ist. Da die Emission des Papiers aber wiederum als einseitiger Akt gedeutet wurde, sollte beispielsweise auch die Ausgabe an einen geschäftsunfähigen ersten Nehmer genügen.

3. Den extremen Gegensatz zur (reinen) Kreationstheorie bildete die insbesondere von Brunner, Thöl und Goldschmidt vertretene (ältere) **Vertragstheorie.** Danach sollte der entscheidende und unverzichtbare *Entstehungsgrund* für das verbriefte Recht *in einem* zwischen Aussteller und erstem Nehmer geschlossenen *Begebungsvertrag* liegen. Die Ausfertigung bzw. Unterzeichnung der Urkunde wurd demgegenüber als bloße Vorbereitungshandlung eingestuft.

   Unter den Anhängern dieser Auffassung war umstritten, ob der Vertrag nur zugunsten des ersten Nehmers selbst geschlossen wird, so daß alle späteren Nehmer nur eine im Wege der Rechtsnachfolge vom ersten Nehmer abgeleitete Rechtsposition erlangen können, oder ob der Vertrag zugleich als echter Vertrag zugunsten Dritter i. S. von § 328 BGB zugunsten aller Weitererwerber wirkt, so daß diese mit dem Eigentum am Papier ein nicht abgeleitetes Forderungsrecht erlangen. Eine dritte Spielart der Kreationstheorie nahm an, daß der Aussteller bei der Begebung über den ersten Nehmer und etwaige Zwischenerwerber als Boten eine Offerte zum Abschluß eines eigenen Begebungsvertrages an jeden späteren Erwerber des Papieres richte und dabei zugleich auf den Zugang der Annahmeerklärung verzichte (Vielvertragstheorie).

B. Der Fortgang der Diskussion

1. *Keine dieser drei älteren Theorien konnte befriedigen:* Die ältere Kreationstheorie übersteigerte den Gesichtspunkt der formellen Legitimation in unerträglicher Weise, wenn sie jedem durch das Papier Ausgewiesenen und damit auch dem Dieb oder Finder eines Inhaberpapiers das verbriefte Forderungsrecht zusprach. Die ältere Vertragstheorie und die Emissionstheorie aber waren wegen ihrer Verkehrsfeindlichkeit jedenfalls für den Bereich der Inhaber- und Orderpapiere ungeeignet. Das Verkehrsinteresse verlangt bei solchen Umlaufpapieren ja, daß das Fehlen eines gültigen Begebungsvertrages und selbst das Abhandenkommen des Papiers einem späteren gutgläubigen Erwerber nicht entgegengesetzt werden kann.

   Aus diesem Grunde sind in der Folgezeit die Kreationstheorie und die Vertragstheorie jeweils erheblich modifiziert worden; die Emissionstheorie wurde aufgegeben.

2. Nach den **jüngeren Varianten der Kreationstheorie** (Eigentumstheorie, Redlichkeitstheorie) wird *durch den einseitigen Skripturakt* zunächst *nur eine „latente“* (d. h. wegen Fehlens eines Gläubigers zunächst „ruhende“) *Forderung geschaffen, die sich erst durch den Eigentumserwerb* des ersten Nehmers oder den späteren Eigentumserwerb eines Dritten am Papier *zur vollen Wirksamkeit entfaltet.* Der Eigentumserwerb ist aber kein dem Skripturakt gleichwertiges Element, sondern bloße Rechtsbedingung für das Wirksamwerden der Verpflichtung. Die neueren Spielarten der Kreationstheorie behielten die Verkehrsfreundlichkeit der alten Kreationstheorie im wesentlichen bei, da sie spätere Erwerber des Papiers bei fehlendem oder unwirksamem Begebungsvertrag über die Möglichkeit eines gutgläubigen Eigentumserwerbs am Papier schützten. Streitig blieb innerhalb dieses Lagers, ob neben dem gutgläubigen Eigentumserwerb auch ein nicht rechtsgeschäftlicher Erwerb des Papiereigentums (etwa durch Verarbeitung, § 950 BGB [Künstler setzt wertvolle Zeichnung auf die Rückseite der Urkunde], Ersitzung, § 937 BGB, oder Eigentumserwerb kraft Fundes bei Nichtermittlung von Empfangsberechtigten, § 973 BGB) zur Entstehung des verbrieften Rechtes führen kann.

3. Auf der anderen Seite ist die **Vertragstheorie** von E. Jacobi und H. Meyer **für die Umlaufpapiere um die sog. Rechtsscheintheorie erweitert** worden. Nach der Kombination von Vertrags- und Rechtsscheintheorie — die auch unter der Bezeichnung neue oder modifizierte Vertragstheorie zusammengefaßt werden — entsteht die im Wertpapier verbriefte Verpflichtung grundsätzlich nur durch einen gültigen Begebungsvertrag zwischen dem Urkundenaussteller und dem ersten Nehmer. Wo ein wirksamer Begebungsvertrag fehlt, kann die Verpflichtung aber unter Umständen auch ex lege entstehen: Das ausgefertigte Umlaufpapier ruft nämlich, wenn es gegen den Willen des Ausstellers bzw. jedenfalls ohne wirksamen Begebungsvertrag in den Verkehr gelangt, den Anschein hervor, daß das verbriefte Recht wirksam entstanden ist. Für diesen von ihm geschaffenen Vertrauenstatbestand muß der Aussteller — jedenfalls wenn er geschäftsfähig ist und ihm die Veranlassung des Rechtsscheins deshalb auch zugerechnet werden kann — einstehen. Mängel des Begebungsvertrages kann er nur gegenüber seinem unmittelbaren Nachmann geltend machen; *gegenüber einem* späteren *gutgläubigen Erwerber* des Papiers *wird* ihm *die Berufung auf das Fehlen eines gültigen Begebungsvertrages* wegen des zurechenbar veranlaßten Rechtsscheins *versagt.* Gutgläubig in diesem Sinne ist ein Zweiterwerber des Umlaufpapiers, wenn er bei dessen Erwerb ohne grobe Fahrlässigkeit von der Existenz des verbrieften Rechtes ausgegangen ist (Art. 10 und 16 II WG analog).

Während bei den meisten Rechtsscheintatbeständen, die an eine Urkunde anknüpfen (beispielsweise §§ 172, 405 BGB), erst das Inverkehrbringen der Urkunde die relevante Rechtsscheingrundlage abgibt, genügt hier also (ebenso wie im Falle des § 370 BGB) die bloße Ausfertigung der Urkunde.

II. Stellungnahme

Für die Kreationstheorie spricht auf den ersten Blick der Wortlaut der §§ 793, 794 BGB, denn dort wird als Entstehungsvoraussetzung des in einer Inhaberschuldverschreibung verbrieften Forderungsrechtes ja nur die Ausstellung der Urkunde genannt. In Wirklichkeit lassen sich aus diesen beiden Normen schon deshalb keine Argumente für die Kreationstheorie ableiten, weil diese den Entstehungstatbestand des verbrieften Rechtes offensichtlich nur lückenhaft regeln: Aus § 793 BGB ergibt sich, daß die bloße Vorlegungsmacht bezüglich des Papiers noch nicht die Gläubigerstellung für das verbriefte Forderungsrecht, sondern nur eine Einziehungsrechtsvermutung schafft. Unter welchen Voraussetzungen aber ein späterer Erwerber eines abhanden gekommenen Inhaberpapiers zum materiell berechtigten Inhaber wird, geht auch aus § 794 BGB nicht hervor; die Norm stellt nur klar, daß der Rechtserwerb an abhanden gekommenen Inhaberpapieren überhaupt möglich ist.

Die Kreationstheorie bietet auf den ersten Blick auch die gesetzesnähere und einfachere Erklärung für den notwendigen Verkehrsschutz, da sie den Erwerb des durch die Urkundenausstellung zunächst nur als ruhende Forderung begründeten Rechtes ja an den gutgläubigen Erwerb des Eigentums an der Urkunde knüpft. In Wirklichkeit versagt dieses Erklärungsmodell schon dann, wenn der — ja als einseitiges Rechtsgeschäft verstandene — Akt der Urkundenausfertigung selbst Willensmängel aufweist, also etwa aufgrund eines Inhaltsirrtums oder infolge rechtswidriger Drohung bzw. arglistiger Täuschung vollzogen worden ist. Die Kreationstheorie muß dann entweder die Unanwendbarkeit der Vorschriften über Willensmängel behaupten — was mit dem angenommenen Rechtsgeschäftscharakter der Urkundenausfertigung kaum zu vereinbaren ist — oder aber genauso wie die Vertragstheorie die Rechtsscheintheorie als Ergänzung heranziehen (wie dies beispielsweise E. Ulmer tut).

Im übrigen bietet die Kreationstheorie eine ganze Reihe von Angriffsflächen, die die kombinierte Vertrags- und Rechtsscheintheorie vermeidet:

1. Wenn man mit der Kreationstheorie die Entstehung des verbrieften Rechts auf ein einseitiges Rechtsgeschäft des Ausstellers zurückführt, werden die Umlaufpapiere zu einem *störenden Fremdkörper* im System des Privatrechts: Verpflichtungsverhältnisse werden nun einmal grundsätzlich durch Vertrag begründet (§ 305 BGB).

2. Die Annahme, daß der Skripturakt als solcher bereits ein Rechtsgeschäft bildet, ist unbefriedigend. Solange der Aussteller die Urkunde nicht in Verkehr gibt, ist sie nicht mehr als ein bloßer *Entwurf;* es fehlt bei der bloßen Ausfertigung ersichtlich an der Endgültigkeit des Willensentschlusses, d. h. an der Absicht, jetzt schon Rechtsfolgen in Geltung zu setzen.

3. Die These vom einseitigen Rechtsgeschäft des Ausstellers hat die mißliche Konsequenz, daß die §§ 111, 180 BGB eingreifen müßten, die von einem beschränkt Geschäftsfähigen ohne Einwilligung des gesetzlichen Vertreters oder von einem Vertreter ohne Vertretungsmacht vorgenommene Ausstellung eines Umlaufpapiers also *genehmigungsunfähig* und damit unheilbar nichtig wäre. Die Anhänger der Kreationstheorie wollen dieses verkehrsfeindliche Ergebnis zum Teil dadurch vermeiden, daß sie die Ausstellung von Umlaufpapieren im Wege der Restriktion den §§ 111, 180 BGB entziehen und im Analogiewege den §§ 108, 177 BGB unterstellen. Diese Lösung ist jedenfalls kaum zwingend aus der ratio legis der betreffenden Normen abzuleiten; sie erscheint deshalb einigermaßen willkürlich.

4. Einem *kraft Gesetzes* (etwa nach § 973 oder nach § 950 oder nach § 959 i. V. m. § 958 BGB) *eintretenden Eigentumserwerb* an der Urkunde die Folge beizulegen, daß damit auch das bisher vielleicht noch gar nicht entstandene verbriefte Recht erworben wird, ist innerlich nicht gerechtfertigt.

5. Das zur Ausfertigung hinzutretende Erfordernis des Eigentumserwerbs des Anspruchstellers läuft bei solchen Wertpapierschuldnern leer, die selbst *nie Eigentümer der Urkunde* waren (z. B. Akzeptanten oder Wechselbürgen). Die Annahme eines vom Berechtigten vorgelegten Wechsels müßte den Akzeptanten nach der Kreationstheorie also entgegen Art. 29 Abs. 1 WG schon mit der bloßen Unterschrift unwiderruflich verpflichten.

6. Die Kreationstheorie kommt in solchen Fällen in Schwierigkeiten, in denen ein Wertpapier *mehrere Verpflichtungen verbrieft* (Beispiel: Wechselurkunde, die bereits akzeptiert ist und zudem eine Wechselbürgschaft enthält). Wenn nun eine dieser Verbindlichkeiten mangels wirksamen Begebungsvertrages nicht entstanden ist, kann eine Weiterübertragung des Wechsels durch den Eigentümer der Urkunde dem Erwerber das betreffende Recht doch nur dann verschaffen, wenn dieser insoweit gutgläubig ist. Das kann die Kreationstheorie — da sie schematisch vom Eigentumserwerb an der Urkunde auf den Erwerb der darin verbrieften Rechte schließt — nicht erklären. Die kombinierte Vertrags- und Rechtsscheintheorie ermöglicht es dagegen, zwischen den Anforderungen an den Eigentumserwerb am Papier und den Entstehungsvoraussetzungen der einzelnen Wertpapierverpflichtungen sachgerecht zu unterscheiden.

   Aus allen diesen Gründen verdient die Kombination von Vertrags- und Rechtsscheintheorie den Vorzug.

III. Inhalt des Begebungsvertrages

Der Begebungsvertrag kann einen unterschiedlichen Inhalt haben. Er kann gleichzeitig auf die Begründung des verbrieften Rechtes und die Verschaffung des Eigentums am Papier gerichtet sein (so z. B. bei der Ausstellung von Inhaberschuldverschreibungen), aber auch ein reines Verfügungsgeschäft sein (so z. B. bei der Übertragung eines Inhaberpapiers) oder aber einen reinen Verpflichtungsvertrag darstellen (so regelmäßig beim Wechselakzept, s. unten . . .). Reine Verfügungsverträge sind beispielsweise auch die Begebung eines Wechsels durch den Aussteller und die Indossierung eines Wechsels. Die Haftung des Ausstellers (Art. 9 WG) und des Indossanten (Art. 15 WG) ist hier nämlich nicht Gegenstand, sondern gesetzliche Nebenfolge des Begebungsvertrages.

ZWEITER TEIL

Einzelne Wertpapiere

ERSTER ABSCHNITT

Die Anweisung

I. Begriff und Wesen der Anweisung

A. Begriff der Anweisung

I. **Anweisung i. S. des BGB ist eine Urkunde, in der der Aussteller** (der Anweisende) **eine andere Person** (den Angewiesenen) **dazu auffordert,** für seine (des Anweisenden) Rechnung Geld oder Wertpapiere oder sonstige vertretbare Sachen **an einen Dritten** (den Anweisungsempfänger) gegen Vorlage der Urkunde durch den letzteren **zu leisten.**

Folgende Momente müssen also zusammentreffen:

1. Die Anweisung **muß schriftlich erteilt sein.**

2. Den Gegenstand der Anweisung müssen **Geld oder vertretbare Wertpapiere** (Effekten) **oder andere vertretbare Sachen** bilden.

3. Der Aussteller muß die Urkunde **dem Anweisungsempfänger aushändigen.**

II. Die Anweisung **soll mittelbare** (indirekte) **Vermögenszuwendungen ermöglichen.** Der Anweisende will dem Anweisungsempfänger eine Leistung zukommen lassen, diese aber nicht selber erbringen und schaltet deshalb einen Dritten, den Angewiesenen, ein, der an seiner Stelle an den Anweisungsempfänger leisten soll.

Z. B.: A hat von B 100,— DM zu fordern und ist seinerseits dem C 100,— DM schuldig. A weist nun über eine dem C ausgehändigte Urkunde den B an, die 100,— DM an C zu zahlen. Führt B die Anweisung aus, so wird der gleiche Erfolg erreicht, wie wenn B zunächst 100,— DM an A zahlt und A alsdann die 100,— DM an C weitergibt. Die Anweisung hat also die Funktion, den Zahlungsvorgang zu vereinfachen. Dementsprechend stellt die Ausführung der Anweisung eine *Simultanleistung* dar: Im technischen Sinne des Bereicherungsrechts bedeutet die Zuwendung, die der Angewiesene an den Anweisungsempfänger erbringt, eine Leistung des Angewiesenen an den Anweisenden und gleichzeitig eine weitere Leistung des Anweisenden an den Anweisungsempfänger.

III. Die bürgerlich-rechtliche Anweisung kommt in der Praxis nur selten vor. Sie hat jedoch für die Wertpapierrechtsdogmatik erhebliche Bedeutung, weil sie die **Grundform für die kaufmännische Anweisung** (§ 363 I S. 1 HGB), **den gezogenen Wechsel und den Scheck** darstellt.

Ein praktischer Anwendungsfall der Anweisung war früher der Kreditbrief, der die Mitnahme von Geld auf Reisen vermeiden sollte und meist auf eine Reihe von Banken lautete (Zirkularkreditbrief). Die ausstellende Bank wies damit andere Banken im Reisezielgebiet an, für ihre Rechnung dem im Kreditbrief Benannten gegen Vorlage der Urkunde Zahlungen bis zu einem bestimmten Höchstbetrag zu leisten. Der Kreditbrief ist allerdings schon vor längerer Zeit durch die Reiseschecks verdrängt worden, die dann ihrerseits später weitgehend durch Kreditkarten und Euroschecks abgelöst wurden.

Relativ häufig kommt die bürgerlich-rechtliche Anweisung heute dagegen bei der Abwicklung von Kfz-Haftpflichtfällen vor. Mit dem gebräuchlichen Formular der Reparaturkosten-Übernahmebestätigung weist der geschädigte Kfz-Eigentümer die Haftpflichtversicherung des Schädigers an, die Leistung unmittelbar an das Reparaturunternehmen zu erbringen (s. MünchKomm-Hüffer § 783 Rdn. 31).

IV. **Von der Anweisung i. S. des BGB** sind **zu unterscheiden:**

1. **Der gezogene Wechsel und der Scheck.** Beide enthalten zwar eine regelrechte Anweisung und sind deren praktisch wichtigste Anwendungsfälle, haben aber besondere Voraussetzungen und Rechtswirkungen.

2. **Die nur mündlich** oder über nicht vertretbare Sachen **erteilte Anweisung.** Derartige Anweisungen im weiteren Sinne sind nach dem Grundsatz der Vertragsfreiheit zulässig; die Vorschriften des BGB über die Anweisung sind aber auf sie nur zum Teil entsprechend anwendbar.

3. **Die kaufmännische Anweisung** (§§ 363—365 HGB). Bei dieser müssen über die Voraussetzungen des § 783 BGB hinaus zwei weitere Momente gegeben sein:

a) Der Angewiesene muß Kaufmann sein und

b) die Leistung, die der Angewiesene erbringen soll, darf in der Urkunde nicht von einer Gegenleistung abhängig gemacht sein.

Der Lieferschein, der im käufmännischen Leben von Bedeutung ist, kann je nach Sachlage kaufmännische Anweisung, bürgerlich-rechtliche Anweisung oder aber Anweisung im weiteren Sinne sein. Mit einem Lieferschein weist ein Kaufmann einen anderen Kaufmann, der ihm aufgrund Kaufvertrages die Lieferung von Waren oder als Lagerhalter die Herausgabe eingelagerter Waren schuldet, dazu an, die betreffenden Waren statt dessen einem Dritten (dem Abnehmer des Ausstellers) auszuhändigen. Falls der Lieferschein ganz bestimmte, unvertretbare Waren betrifft, kommt nur eine Anweisung im weiteren Sinne in Betracht. Lautet der Lieferschein dagegen auf nur artmäßig bestimmte (vertretbare) Waren, wird es sich normalerweise um eine kaufmännische Anweisung handeln. Eine bürgerlich-rechtliche Anweisung ist allerdings dann gegeben, wenn in der Urkunde die Auslieferung der Ware von der Zahlung des Kaufpreises durch den Anweisungsempfänger abhängig gemacht ist (sog. Kassa-Lieferschein, s. dazu BGHZ 6, 378 f.).

Falls die kaufmännische Anweisung nicht die Orderklausel aufweist (s. S. 146), wird sie rechtlich genauso behandelt wie die bürgerlichrechtliche Anweisung; sie unterliegt dann also ausschließlich den §§ 783 ff. BGB (nur aus diesem Grunde konnte oben der Kreditbrief als Anwendungsfall der bürgerlich-rechtlichen Anweisung aufgeführt werden).

4. **Die sog. Postanweisung.** Sie stellt keine dem Anweisungsempfänger ausgehändigte Anweisung dar, sondern bildet einen an die Post erteilten Zahlungsauftrag. Dementsprechend wird durch die Postanweisung lediglich ein Rechtsverhältnis zwischen dem Einzahler und der Post begründet, während der Zahlungsempfänger nur als Adressat in Frage kommt. Vgl. RGZ 60, 27. Im übrigen ist das Rechtsverhältnis zwischen dem Einzahler und der Post öffentlich-rechtlicher Natur (vgl. §§ 7, 9, 26 I PostG).

B. Wesen der Anweisung

I. **Die Anweisung wird wirksam mit ihrer Aushändigung** an den Anweisungsempfänger (§ 783, vgl. auch § 791 BGB). In der Aushändigung liegt nach h. M. der Abschluß eines Begebungsvertrages.

1. **Die Aushändigung** der Anweisung **begründet** kein Schuldverhältnis, sondern **lediglich eine Doppelermächtigung** (§ 783 BGB).

a) Der Angewiesene wird ermächtigt (und aufgefordert), an den Anweisungsempfänger für Rechnung des Anweisenden zu zahlen.

b) Der Anweisungsempfänger wird ermächtigt, die Leistung im eigenen Namen zu erheben. Diese Empfangsermächtigung ist der Sache nach kaum mehr als ein Reflex der dem Angewiesenen erteilten Ermächtigung und begründet nur eine mehr oder minder große tatsächliche Aussicht auf den Erhalt der Leistung. Auch wenn der Anweisende gegen den Angewiesenen einen Anspruch auf die betreffende

Leistung hat, enthält die Anweisung keine Einziehungsermächtigung bezüglich dieser Forderung.

2. **Erst die Annahme der Anweisung** durch den Angewiesenen (vgl. unten C) **begründet ein Schuldverhältnis:** Der Angewiesene wird durch die Annahme zur Leistung an den Anweisungsempfänger verpflichtet. Ob der Angewiesene annehmen will, steht in seinem freien Belieben. Anweisungen, die auf sofortige Zahlung lauten, werden meist ohne vorherige Annahme eingelöst.

3. **Die angenommene Anweisung ist ein Wertpapier,** da sie eine Forderung des Anweisungsempfängers gegen den Angewiesenen verbrieft und der Angewiesene nach § 785 BGB nur gegen Aushändigung der Urkunde zu leisten braucht (Vorlage- und Einlösungspapier). Da der Berechtigte namentlich bezeichnet ist, handelt es sich um ein Rektapapier. Die noch nicht angenommene Anweisung verbrieft zwar kein Forderungsrecht, insbesondere keinen schriftgemäßen Rückgriffsanspruch des Anweisungsempfängers gegen den Anweisenden, aber immerhin doch zwei Ermächtigungen. Da auch diese Anweisungswirkungen von der Vorlage des Papiers abhängen, wird man auch die noch nicht angenommene Anweisung als Wertpapier einzustufen haben.

Sie ist allerdings insofern atypisch, als sie nach § 790 BGB jederzeit widerrufen werden kann.

II. Anweisung und Kausalverhältnis

I. **Die Anweisung** ist ein **abstraktes Rechtsgeschäft,** d. h. von den ihr zugrunde liegenden Rechtsverhältnissen (Kausalverhältnissen, vgl. unten II.) rechtlich losgelöst. Das hat die folgende praktische Bedeutung:

1. **Die Anweisung kann** als abstraktes Rechtsgeschäft **den verschiedensten wirtschaftlichen Zwecken dienen.** Vgl. die Beispiele S. 23 f.

2. **Mängel im Kausalverhältnis lassen** den rechtlichen Bestand der **Anweisung unberührt.**

II. **Der Anweisung liegen zwei** verschiedene **Kausalverhältnisse zugrunde:**

1. **Das Valutaverhältnis,** d. h. das Rechtsverhältnis des Anweisenden zum Anweisungsempfänger.

Die Bezeichnung „Valutaverhältnis“ weist darauf hin, daß diese Rechtsbeziehung darüber Auskunft gibt, weshalb der Anweisende dem Anweisungsempfänger das Leistungsobjekt (die „Valuta“) zugute kommen lassen will. Falls der Angewiesene die Anweisung befolgt und die Valuta an den Anweisungsempfänger auszahlt, wird die darin liegende Zuwendung dem Anweisenden als eigene Leistung i. S. der Bereicherungsdogmatik zugerechnet. Ob diese Leistung mit oder ohne Rechtsgrund erfolgt, richtet sich dann nach dem Valutaverhältnis (s. unten).

2. **Das Deckungsverhältnis,** d. h. das Verhältnis des Anweisenden zum Angewiesenen.

Die Bezeichnung „Deckungsverhältnis“ weist darauf hin, daß diese Rechtsbeziehung darüber entscheidet, ob der Angewiesene für die Geldsumme bzw. die vertretbaren Sachen, die er zum Vollzug der Anweisung an den Anweisungsempfänger „geleistet“ hat, vom Anweisenden einen Ausgleich (also Deckung) erhält.

III. Bei der Anweisung besteht also die **folgende Dreiecksbeziehung:**

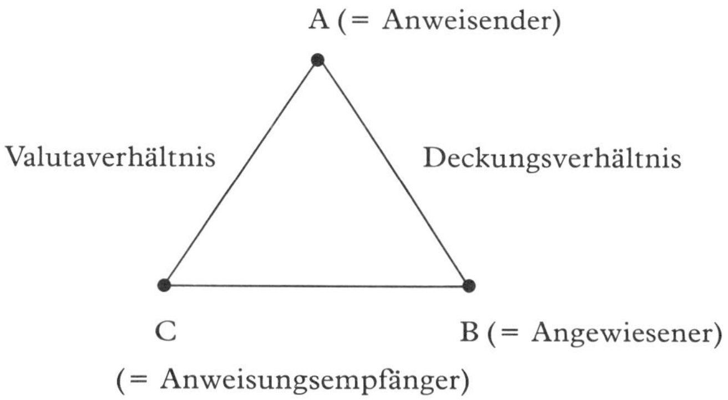

Die Beziehung zwischen B und C bleibt meist unbenannt. Man kann sie als Vollzugsverhältnis bezeichnen. Eine von der Anweisung unabhängige bzw. dieser zugrunde liegende Rechtsbeziehung besteht in diesem Verhältnis jedoch regelmäßig nicht.

A. Das Valutaverhältnis

I. Das **Valutaverhältnis** kann **verschiedenster Art** sein. Die Anweisung kann z. B. erteilt sein:

1. Weil der Anweisende dem Anweisungsempfänger **Kredit geben** will.

Z. B.: A, der dem C 1.000,— DM Darlehen geben will, weist seine Bank (B) an, diesen Betrag an C zu zahlen.

2. Weil der Anweisende eine **Schuld** an den Anweisungsempfänger tilgen will (Anweisung Zahlungs halber).

A, der dem C ein Darlehen in Höhe von 1.000,— DM zurückzahlen muß, weist seinen Freund B, der ihm wiederum Geld schuldet, an, die 1.000,— DM an C zu zahlen.

Oder: C hat bei seiner Bank (A) ein Guthaben in Höhe von 10.000,— DM. Er läßt sich von dieser eine Anweisung über 5.000,— DM an eine auswärtige Bank (B) ausstellen (Kreditbrief).

3. Weil der Anweisungsempfänger einen **Betrag** für den Anweisenden **einziehen** soll (Inkassoanweisung).

Z. B.: A beauftragt die C-Bank, bei B einen Betrag, welchen B dem A schuldet, einzuziehen und weist zugleich den B durch eine der C-Bank ausgehändigte Urkunde an, den Betrag an die C-Bank zu zahlen.

II. **Ausschließlich nach dem Valutaverhältnis bestimmt sich:**

1. **Ob der Anweisungsempfänger verpflichtet ist, die Leistung** bei dem Angewiesenen **zu erheben.**

Unabhängig von dem Kausalverhältnis ist der Anweisungsempfänger immer verpflichtet, dem Anweisenden unverzüglich Anzeige zu machen, wenn er die Anweisung nicht geltend machen kann oder will, oder wenn der Angewiesene die Annahme der Anweisung oder die Leistung verweigert (§ 789 BGB). Bei schuldhafter Verletzung dieser Pflicht muß der Anweisungsempfänger dem Anweisenden Schadenersatz leisten.

2. **Ob der Anweisende** von dem Anweisungsempfänger die **Herausgabe der Leistung** des Angewiesenen **verlangen kann.**

Z. B.: Der Anweisende hat einen Herausgabeanspruch nach §§ 675, 667 BGB, wenn eine Inkassoanweisung vorliegt.

III. Bei der **Anweisung zwecks Erfüllung** einer Schuld tritt die Erfüllung nicht schon mit der Aushändigung oder mit der Annahme der Anweisung, sondern erst dann ein, wenn der Angewiesene an den Anweisungsempfänger leistet **(Anweisung ist keine Zahlung,** § 788 BGB).

Z. B.: A, der dem C 100,— DM schuldet, gibt dem C eine Anweisung auf B, der auch die Anweisung annimmt, dann aber zahlungsunfähig wird. Da durch die Annahme der Anweisung die Forderung des C gegen A noch nicht getilgt ist, kann C sich jetzt wieder an A halten.

IV. Erhebt der Anweisungsempfänger die Leistung, **obwohl das Valutaverhältnis mangelhaft** ist, so erfolgt der bereicherungsrechtliche Ausgleich ausschließlich zwischen den Parteien des Valutaverhältnisses.

Z. B.: A, der dem C 100,— DM zu schulden meint, weist den B an, den Betrag an C zu zahlen. War A in Wirklichkeit dem C nicht verpflichtet, so kann er von C die Herausgabe des von B gezahlten Betrages gem. § 812 BGB verlangen.

B. Das Deckungsverhältnis

I. Auch das **Deckungsverhältnis** kann **verschiedener Art** sein. Die Anweisung kann namentlich erteilt sein:

1. Weil der **Angewiesene Schuldner des Anweisenden** ist und dieser sich durch die Anweisung befriedigen will (Anweisung auf Schuld).

2. Weil der Anweisende **bei dem Angewiesenen Kredit** in Anspruch nehmen will (Anweisung auf Kredit).

II. **Ausschließlich nach dem Deckungsverhältnis bestimmt sich:**

1. **Ob der Angewiesene dem Anweisenden gegenüber zur Leistung** an den Anweisungsempfänger **verpflichtet ist.** Allein dadurch, daß der Angewiesene Schuldner des Anweisenden ist, wird er weder zur Annahme der Anweisung noch zur Leistung an den Anweisungsempfänger verpflichtet (§ 787 II BGB).

Die Bank, bei der der Anweisende ein Konto unterhält, ist verpflichtet, auf Anweisung hin aus dem Guthaben des Anweisenden an Dritte Zahlungen zu leisten. Dagegen ist ein Kaufmann, der einen Betrag aus Warenlieferung schuldet, nicht ohne weiteres verpflichtet, diesen Betrag auf Anweisung seines Gläubigers hin an einen Dritten zu zahlen.

2. **Ob der Angewiesene** von dem Anweisenden **Ersatz** für die bewirkte Leistung **verlangen kann.**

Der Angewiesene hat diesen Anspruch beispielsweise bei der Anweisung auf Kredit.

III. **Bei der Anweisung auf Schuld** wird der **Angewiesene** nicht schon durch die Annahme der Anweisung, sondern **erst durch** die **Leistung** an den Anweisungsempfänger von seiner Schuld **befreit** (§ 787 I BGB).

Diese Vorschrift ist das Gegenstück zu dem Satz „Anweisung ist keine Zahlung". Vgl. oben A III.

IV. Leistet der Angewiesene, obwohl das **Deckungsverhältnis mangelhaft** ist, so erfolgt der Bereicherungsausgleich unmittelbar zwischen den Parteien des Deckungsverhältnisses. Die vom Angewiesenen an den Anweisungsempfänger erbrachte Zuwendung stellt nämlich im Sinne des Bereicherungsrechts eine Leistung des Angewiesenen an den Anweisenden dar. Dies gilt selbst dann, wenn der Angewiesene die Anweisung zuvor bereits angenommen hatte, seine Leistung also auch die abstrakte Verbindlichkeit gegenüber dem Anweisungsempfänger tilgen sollte (s. MünchKomm-Lieb § 812 Rdn. 44).

III. Die Annahme der Anweisung

I. Die **Annahme** erfolgt **durch** einen entsprechenden **schriftlichen Vermerk** des Angewiesenen **auf der Anweisungsurkunde** (§ 784 II S. 1 BGB).

1. Ein bestimmter Wortlaut ist für die Annahmeerklärung nicht vorgeschrieben. Auch die bloße Unterschrift des Angewiesenen auf der Urkunde kann als Annahmeerklärung zu werten sein (Auslegungsfrage). (Eine Analogie zu Art. 25 I S. 3 WG — mit der Folge, daß die bloße Unterschrift des Angewiesenen unwiderleglich als Annahme gelten würde — dürfte sich angesichts der stärkeren Formalisierung des Erklärungstatbestandes beim Wechsel verbieten.)

2. Die Annahme ist kein einseitiges Rechtsgeschäft; sie setzt vielmehr nach den allgemeinen Regeln des Wertpapierrechts zusätzlich zum Skripturakt den Abschluß eines *Begebungsvertrages* zwischen dem Angewiesenen und dem Anweisungsempfänger (bzw. dem die Anweisung vorlegenden Rechtsnachfolger des letzteren) voraus. Hat bereits der Anweisende selbst die Annahmeerklärung des Angewiesenen eingeholt, so kommt der Begebungsvertrag erst mit der Aushändigung der Anweisung an den Anweisungsempfänger zustande. (Der Anweisende überbringt die Offerte des Angewiesenen zum Abschluß des Begebungsvertrages als dessen Bote; ein Zugang der Akzeptation des Anweisungsempfängers ist nach § 151 BGB überflüssig.) Bis zur Aushändigung der Anweisung an den Anweisungsempfänger kann der Angewiesene seine Annahmeerklärung deshalb nach § 784 II S. 2 noch streichen. (Die gleiche Möglichkeit muß der Angewiesene natürlich auch im Falle der Vorlage der Anweisung durch den Anweisungsempfänger haben; auch hier kann er also seine Annahmeerklärung bis zur Rückgabe des Anweisungsbriefes an diesen streichen.)

3. Die Annahme kann auch *mit Einschränkungen* (z. B. nur für einen Teilbetrag oder nur unter einer Bedingung oder Befristung) erklärt werden.

II. **Die Annahme begründet** die **abstrakte** und unwiderrufliche (vgl. § 790 BGB) **Verpflichtung des Angewiesenen** zu der in der Anweisung verbrieften Leistung. Da die Annahme ein selbständiges Rechtsgeschäft bildet, ist die Verpflichtung des Annehmers sowohl gegenüber der Anweisung selbst wie auch gegenüber den beiden der Anweisung zugrunde liegenden Kausalverhältnissen unabhängig. Mängel der Anweisung oder des Deckungs- bzw. Valutaverhältnisses können also die Annahme als solche bzw. die durch die Annahme begründete Forderung des Anweisungsempfängers gegen den Angewiesenen nicht unwirksam machen. Infolgedessen sind die **Einwendungen,** die der Angewiesene nach der Annahme der Anweisung gegenüber dem Anweisungsempfänger erheben kann, **sehr beschränkt:**

1. Nach § 784 I BGB kann der Angewiesene **nur drei Arten von Einwendungen** erheben, nämlich solche:

a) **Die die Gültigkeit der Annahme betreffen,** z. B. Geschäftsunfähigkeit des Angewiesenen, Fälschung der Annahmeerklärung des Angewiesenen.

b) **Die sich aus dem Inhalt der Anweisung** oder der Annahme **ergeben,** z. B. Nichterbringung einer in der Anweisung vorgesehenen Gegenleistung.

c) **Die** dem Angewiesenen **unmittelbar gegen den Anweisungsempfänger zustehen,** z. B. Aufrechnung mit einer Forderung gegen den Anweisungsempfänger.

Dagegen kann der Angewiesene, da seine Haftung lediglich auf der Annahmeerklärung beruht, nicht einwenden, daß die Anweisung nichtig sei, z. B. wegen Fälschung der Unterschrift des Anweisenden (vgl. RGZ 144, 137). Darüber hinaus kann der Angewiesene auch keine Einwendungen aus den Beziehungen der Beteiligten zu dem Anweisenden erheben, insbesondere also keine Einwendungen aus dem Valuta- oder Deckungsverhältnis.

Hat B beispielsweise eine Anweisung des A auf Zahlung von 1.000,— DM an C angenommen, so kann er dem C gegenüber nicht einwenden, daß er selbst den betreffenden Betrag dem A nicht schulde oder daß C diesen Betrag von A nicht zu beanspruchen habe. Der Ausgleich erfolgt in diesen Fällen zwischen den Parteien des mangelhaften Kausalverhältnisses nach den Vorschriften über die ungerechtfertigte Bereicherung. Vgl. oben A. IV. und B. IV.

III. Die Verpflichtung aus der Annahme ist in noch stärkerem Maße **rechtsgrundunabhängig** als ein abstraktes Schuldversprechen i. S. von § 780 BGB. Sie kann nämlich im Gegensatz zum letzteren nicht wegen Fehlens eines Rechtsgrundes kondiziert werden. Da sich der mit der Annahme verfolgte wirtschaftliche Zweck allein aus dem Deckungsverhältnis ergibt, kann der abstrakten Forderung aus der Annahme gar keine Rechtsgrundbeziehung im Verhältnis zum Anweisungsempfänger zugrunde liegen. Aber auch vom Anweisenden kann die Verpflichtung aus der Anweisung bei Unwirksamkeit des Deckungsverhältnisses natürlich nicht kondiziert werden, da der Anweisende durch die Annahme als solche ja noch nichts Herausgabefähiges erlangt.

Der Angewiesene kann dem Anweisungsempfänger die Einrede der Bereicherung (§ 821) auch dann nicht entgegenhalten, wenn sowohl das Deckungsverhältnis wie auch das Valutaverhältnis unwirksam ist: Nach dem heutigen Stand der Bereicherungsdogmatik gibt es bei einem solchen *Doppelmangel* bei Anweisungslagen keine Durchgriffskondiktion des Angewiesenen gegen den Anweisungsempfänger, sondern der Bereicherungsausgleich kann sich auch hier nur im Rahmen der jeweiligen Kausalverhältnisse und damit über Dreieck vollziehen. Der Angewiesene muß sich mithin auch hier an den Anweisenden halten, der seinerseits wiederum beim Anweisungsempfänger kondizieren kann (s. MünchKomm-Lieb § 812 Rdn. 38 ff. m. w. N.).

Dagegen ist auch nach h. M. der Kondiktionsdurchgriff in *Analogie zu § 822* möglich, wenn in einer Anweisungslage das Deckungsverhältnis unwirksam und im Valutaverhältnis eine unentgeltliche Zuwendung gegeben ist (s. MünchKomm-Lieb § 812 Rdn. 43). Falls eine solche Konstellation bei einer Anweisung i. S. von § 783 BGB auftritt, muß also der Angewiesene der abstrakten Forderung aus der Annahme die Einrede der Bereicherung entgegensetzen können.

IV. Der Anspruch des Anweisungsempfängers gegen den Anweisenden aus der Annahme **verjährt in drei Jahren** (§ 786 BGB).

IV. Übertragung und Erlöschen der Anweisung

I. **Der Anweisungsempfänger kann die Anweisung** auf einen Dritten übertragen (§ 792 BGB).

1. **Die Übertragung** der Anweisung ist ein **abstrakter Verfügungsvertrag,** bei dem die Erklärung des Anweisungsempfängers schriftlich abgegeben und die Abtretungsurkunde dem Dritten ausgehändigt werden muß (§ 792 I BGB). Die Abtretungserklärung muß nicht notwendigerweise auf der Anweisung selbst niedergeschrieben werden.

a) Die Anweisung kann auch schon übertragen werden, bevor sie angenommen ist. Wird sie später angenommen, so entsteht die Verpflichtung des Angewiesenen erst gegenüber dem neuen Anweisungsempfänger. Konsequenterweise kann der Angewiesene dann dem Erwerber keine Einwendungen aus einer etwaigen Rechtsbeziehung zwischen ihm und dem Anweisungsempfänger entgegenhalten (§ 792 III S. 1 BGB).

b) Wird die Anweisung, wie es regelmäßig der Fall sein wird, erst nach ihrer Annahme übertragen, so geht die Forderung nach den für die Abtretung geltenden Regeln auf den neuen Anweisungsempfänger über (§ 792 III S. 2 BGB). Hier gelten dann einfach die §§ 404 ff. BGB, bleiben dem Angewiesenen also grundsätzlich alle Einwendungen und Einreden, die er dem bisherigen Gläubiger entgegenhalten konnte, auch gegenüber dem Zessionar erhalten (§ 792 III S. 2 BGB). Falls die Übertragung unwirksam ist, kann der Angewiesene bei Vorlage von Anweisung und schriftlicher Abtretungserklärung nach §§ 792 III S. 2, 409 I S. 2 BGB mit befreiender Wirkung an den Erwerber zahlen (a. M. offenbar Staudinger-Marburger § 792 Rdn. 9).

Anders ist die Situation, wenn ein Dieb D dem Anweisungsempfänger C die bereits mit der Annahme versehene Urkunde stiehlt, eine Abtretungserklärung fälscht und das Papier dem gutgläubigen B vorlegt, der daraufhin an D zahlt. Hierdurch wird B nicht frei. Die Anweisung gehört nicht zu den qualifizierten Legitimationspapieren; ihr kommt deshalb nicht die Liberationsfunktion oder Legitimationsfunktion zugunsten des Schuldners zu.

2. **Der Anweisende** kann die **Übertragung** der Anweisung **ausschließen.**

Die Ausschließung ist aber dem Angewiesenen gegenüber nur dann wirksam, wenn sie sich aus der Anweisungsurkunde ergibt oder dem Angewiesenen vor der Annahme oder Leistung mitgeteilt wird.

II. Die Anweisung **erlischt,** wenn der Angewiesene sie **einlöst.**

Der Angewiesene ist nur gegen Aushändigung der Anweisungsurkunde zur Leistung verpflichtet (§ 785 BGB).

III. Die **noch nicht angenommene Anweisung erlischt, wenn sie** vom Anweisenden dem Angewiesenen gegenüber **widerrufen wird** (§ 790 BGB). Die Anweisung erlischt dagegen nicht durch den Tod oder den Eintritt der Geschäftsunfähigkeit eines der Beteiligten (§ 791 BGB).

ZWEITER ABSCHNITT

Der Wechsel

I. Wechselrechtliche Grundlehren

A. Das Wechselrecht

1. Geschichtliche Entwicklung des Wechselrechts

I. **Der Wechsel** (cambium) hat sich **im Mittelalter gewohnheitsrechtlich** in den oberitalienischen Städten **entwickelt.**

1. **Zuerst** entstand im 12. Jahrhundert der **eigene Wechsel** (vgl. unten B. 2. I.): Wer in einer anderen Stadt eine bestimmte Summe in der dortigen Währung benötigte bzw. an einen Gläubiger zu leisten hatte, zahlte die entsprechende Summe in heimischer Währung nebst einer Provision an einen der Geldwechsler (campsores, bancherii) seiner Heimatstadt und erhielt dafür eine Urkunde, durch die sich der Geldwechsler verpflichtete, den betreffenden Betrag dem Einzahler bzw. seinem Beauftragten am Bestimmungsort zu zahlen bzw. durch einen Geschäftsfreund zahlen zu lassen. Auf diese Weise sparte der Kunde des Geldwechslers den kostspieligen und gefährlichen Bargeldtransport. Er konnte dann anschließend entweder selbst am Bestimmungsort die betreffende Summe mittels der Urkunde erheben oder aber die Urkunde seinem Gläubiger übersenden und diesem die Einziehung der Summe überlassen. Die Bezeichnung cambium und ihre Entsprechungen in den modernen Kultursprachen (Wechsel, cambiale, lettre de change, bill of exchange usw.) erinnern noch daran, daß mit dieser Form der Geldübermittlung ursprünglich wegen der damaligen territoria-

len Zersplitterung und der damit einhergehenden Münzverschiedenheit regelmäßig eine Umwechselung des eingezahlten Betrages in eine andere Münzsorte verbunden war. Eine besondere Bedeutung gewann der Wechsel im Messeverkehr, namentlich auf den französischen Messen (Meßwechsel). Hier entwickelten sich beispielsweise die Annahme des Wechsels (das Akzept), die Selbständigkeit der Akzeptverpflichtung, der Protest mangels Annahme sowie eine besondere Prozeßform zur Durchsetzung der Wechselrechte.

2. **Aus dem eigenen Wechsel entwickelte sich** im 14. oder 15. Jahrhundert **der gezogene Wechsel** (Tratte, vgl. unten B. 2. II.): Der Verpflichtungsschein wurde ersetzt durch die Anweisung an den auswärtigen Geschäftsfreund, an den Einzahler selbst (den Remittenten) oder aber an den in der Urkunde mitbenannten Beauftragten bzw. Gläubiger des Einzahlers (den Präsentanten) zu zahlen. Um 1600 ging man in Süditalien dazu über, die Benennung des Präsentanten durch eine Orderklausel zu ersetzen; der jeweilige Berechtigte erhielt damit die Möglichkeit, noch später eine andere Person als Zahlungsempfänger auf der Urkunde zu bezeichnen. Als Übertragungsform setzte sich vor allem aufgrund der französischen Praxis das kurz vor 1600 in Genua in Gebrauch gekommene Indossament durch. Die weiteren Wirkungen des Indossaments, der Einwendungsausschluß und die Garantiehaftung des Indossanten, bildeten sich im 17. und 18. Jahrhundert heraus. Damit war der Wechsel zu einem voll umlauffähigen Papier geworden.

II. **In Deutschland,** wo sich der Wechsel gegen Ende des Mittelalters in den Hansestädten einbürgerte, war das Wechselrecht **bis zur Mitte des 19. Jahrhunderts landesrechtlich** geregelt.

1. **Im 16.—18. Jahrhundert** entstanden **zahlreiche landesrechtliche Wechselordnungen.** In Hamburg wurde das Wechselrecht durch die Statuten von 1603, in Preußen durch das Allgemeine Landrecht von 1794 kodifiziert.

2. **In der ersten Hälfte des 19. Jahrhunderts** galten **in Deutschland 56 verschiedene Wechselordnungen.** Dieser Zustand, der der damaligen allgemeinen Rechtszersplitterung entsprach, wirkte sich mit dem zunehmenden Handelsverkehr immer nachteiliger aus. Daraus erklärt es sich, daß das Wechselrecht das erste Rechtsgebiet wurde, das in Deutschland einheitlich geregelt wurde.

III. **In den Jahren 1848—1850** wurde in allen Ländern des Deutschen Bundes ein **einheitliches Wechselrecht,** nämlich die auf der konstituierenden Nationalversammlung in Frankfurt am Main beschlossene **„Allgemeine deutsche Wechselordnung"** eingeführt.

1. **Die Wechselordnung beruhte auf** dem **Leipziger Entwurf** von 1847, der durch den Deutschen Zollverein angeregt und durch eine Kommission von Vertretern der deutschen Länder aufgestellt worden war. Ihre Annahme als Reichsgesetz durch die konstituierende Nationalversammlung hatte zwar keine unmittelbare praktische Wirkung, weil die gesetzgeberische Tätigkeit der Nationalversammlung von den Ländern nicht anerkannt wurde. In den

folgenden Jahren wurde aber die Wechselordnung in sämtlichen deutschen Ländern im Wege der Parallelgesetzgebung als Landesgesetz eingeführt und auf diese Weise ein tatsächlich für ganz Deutschland übereinstimmendes („allgemeines“) Wechselrecht geschaffen.

2. **Im Jahre 1857** wurden der in Nürnberg zur Beratung des Handelsrechts tagenden Kommission verschiedene inzwischen entstandene wechselrechtliche Streitfragen zur Entscheidung vorgelegt. Das Ergebnis dieser Entscheidung **(„Nürnberger Novellen“)** wurde gleichfalls in den deutschen Ländern als Landesgesetz eingeführt.

3. **Im Jahre 1867** wurde die Wechselordnung nach Gründung des Norddeutschen Bundes **Bundesgesetz** und im Jahre 1871 mit der Entstehung des Deutschen Reiches **Reichsgesetz.**

2. Das geltende Wechselrecht

I. **Am 1. 4. 1934** trat an die Stelle der Wechselordnung **das Wechselgesetz vom 21. 6. 1933** (WG).

1. Das Wechselgesetz **beruht auf völkerrechtlichen Verträgen,** und zwar auf den Genfer Abkommen zur Vereinheitlichung des Wechselrechts vom 7. 6. 1930.

Durch diese Abkommen verpflichteten sich eine Reihe von Staaten dazu, ein nach Inhalt und Fassung genau festgelegtes „einheitliches Wechselgesetz“ einzuführen. Damit wurden aber die damals schon jahrzehntealten Bestrebungen, für den als internationales Zahlungs- und Kreditpapier dienenden Wechsel ein einheitliches „Weltwechselrecht“ zu schaffen, nur teilweise verwirklicht. Denn eine Reihe wichtiger Handelsstaaten, namentlich die angelsächsischen Länder, beteiligten sich an den Abkommen nicht. Immerhin gilt aufgrund der Abkommen in den wichtigsten europäischen Ländern — mit Ausnahme von Großbritannien — ein einheitliches Wechselrecht.

2. Das Wechselgesetz bedeutete **keine grundsätzliche Umgestaltung** des früheren Wechselrechts.

Alle grundlegenden Fragen (z. B. abstrakte Natur der Wechselverpflichtung, gutgläubiger Erwerb des Wechsels) wurden genauso geregelt wie in der alten Wechselordnung. Im Aufbau wich das Wechselgesetz dagegen erheblich von der alten Wechselordnung ab. Darüber hinaus traten in Einzelfragen zahlreiche Änderungen ein, die teils ein Entgegenkommen gegenüber ausländischen Rechtsauffassungen in Fragen von geringerer Bedeutung darstellten, teils einem praktischen Bedürfnis entsprachen. So wurden namentlich manche Regelungen gegenüber der Wechselordnung elastischer gestaltet (z. B. Zulassung von verzinslichen Wechseln — Art. 5 WG —, Überlegungsfrist für den Bezogenen — Art. 24 WG —, Zulassung der Streichung der Annahmeerklärung — Art. 29 WG —, Ersetzung des Sicherheitsrückgriffs durch den Zahlungsrückgriff — Art. 34 II WG). Darüber hinaus wurde in einigen Fällen die Formstrenge dadurch gemildert, daß unzulässige Vermerke, die nach dem früheren Recht den Wechsel nichtig machten, als nicht geschrieben gelten (vgl. z. B. Art. 9 II, 12 I WG) oder in eine zulässige Klausel umgedeutet werden (vgl. Art. 12 III WG).

3. **Für die Auslegung** des Wechselgesetzes ist dessen **Ursprung** in einem internationalen Abkommen **zu beachten.**

Im Interesse der Rechtseinheit ist das Wechselgesetz nach Möglichkeit aus sich selbst heraus auszulegen und ist die Rechtsanwendung stärker als sonst an den Wortlaut gebunden (s. BGHZ 10, 149, 155; BGH NJW 1986, 2834, 2835). Die Auslegung muß allerdings auch dafür Sorge tragen, daß keine schwerwiegenden Wertungswidersprüche zu benachbarten Teilmaterien des deutschen Privatrechts entstehen. Im übrigen zeigt die Rechtsvergleichung, daß bei der Anwendung des Genfer Einheitlichen Wechselgesetzes in den einzelnen Ländern durchaus erhebliche Unterschiede auftreten (s. z. B. Liesecke, WM 1966, 202). Bestimmungen des Genfer Einheitlichen Wechselgesetzes, die einer früheren nationalen Wechselordnung entnommen sind, sind zwar nicht notwendigerweise, aber doch im Zweifel genauso wie diese Vorgängernorm auszulegen (BGHZ 99, 50, 53).

II. Die **Versteuerung** der Wechsel ist durch das **Wechselsteuergesetz** geregelt, das jetzt in der Fassung vom 24. 7. 1959 gilt.

1. Die Wechselsteuer, die für jeden im Inland umlaufenden Wechsel zu entrichten ist, beträgt grundsätzlich **0,15 DM für je 100,— DM Wechselsumme.** Sie wird fällig, wenn ein inländischer Wechsel von dem Aussteller, eine Blankoannahme von dem Annehmer oder ein ausländischer Wechsel von dem ersten inländischen Inhaber aus der Hand gegeben wird. Die Vorlage zur Annahme darf allerdings unversteuert erfolgen, wenn der Wechsel noch mit keinem inländischen Indossament versehen ist.

Für die Steuer haften außer dem Inhaber des Wechsels die sämtlichen anderen am Umlauf des Wechsels im Inland beteiligten Personen.

2. Die **Wechselsteuer** wird **durch Entwertung von** auf der Rückseite des Wechsels geklebten **Wechselstempelmarken entrichtet** (vgl. das Muster S. 78).

Wird die Steuer nicht entrichtet, so wird dadurch die Gültigkeit des Wechsels nicht beeinträchtigt.

B. Wechselrechtliche Grundbegriffe

1. Begriff des Wechsels

Der Wechsel ist ein **strikten Formvorschriften unterliegendes,** insbesondere im Urkundentext selbst ausdrücklich als Wechsel bezeichnetes **abstraktes und konstitutives Wertpapier, das** eine oder mehrere **auf unbedingte Zahlung einer bestimmten Geldsumme gerichtete Forderungen verbrieft.**

2. Arten des Wechsels

Der Wechseltext kann seiner Struktur nach sowohl eine Verpflichtungserklärung wie auch eine Anweisung sein. Der Aussteller kann in der Wechselurkunde also entweder versprechen, die Wechselsumme selbst an den Wechselnehmer oder dessen Order zu zahlen oder einen anderen zu dieser Zahlung anweisen. Danach unterscheidet man:

I. **Den eigenen Wechsel** (Trockener Wechsel, Solawechsel); er hat die **Form eines Schuldversprechens.**

In der Praxis ist der eigene Wechsel ziemlich selten. Er wird vor allem von der öffentlichen Hand zur Befriedigung eines kurzfristigen Kreditbedarfs eingesetzt (Schatzwechsel). Daneben wird er gelegentlich als Sicherungsmittel benutzt (Kautionswechsel). Der eigene Wechsel lautet in der einfachsten Form:

> Osnabrück, den 1. 12. 1988
>
> Gegen diesen Wechsel zahle ich am 1. 2. 1989 an Herrn Ferdinand Schnieders in Münster 1000 DM
>
> *Hermann Müller*

1. Der eigene Wechsel weist nur **zwei Personen als notwendige Beteiligte** auf: Den **Aussteller** (Wechselschuldner) und den **Wechselnehmer oder Remittenten,** zu dessen Gunsten der Wechsel ausgestellt wird. Der Remittent ist der erste Wechselgläubiger.

2. **Auf Zahlung** des Wechsels **haftet der Aussteller als Hauptschuldner.**

II. **Den gezogenen Wechsel,** der auch als Tratte bezeichnet wird; er hat die Form einer Anweisung.

In der Praxis wird regelmäßig der gezogene Wechsel verwendet. Er lautet in seiner einfachsten Form:

> Osnabrück, den 1. 12. 1988
>
> Gegen diesen Wechsel zahlen Sie am 1. 2. 1989 an Herrn Ferdinand Schnieders in Münster 1000 DM
>
> An Herrn Theodor Pagenstecher
> in Osnabrück
>
> *Hermann Müller*

1. Der gezogene Wechsel führt **drei Beteiligte** auf: Den **Aussteller,** den **Wechselnehmer oder Remittenten** und den **Bezogenen.** Da der gezogene Wechsel Anweisungsform hat, besteht bei ihm das gleiche Beziehungsdreieck wie bei der bürgerlich-rechtlichen oder kaufmännischen Anweisung: Der Aussteller entspricht dem Anweisenden, der Remittent dem Anweisungsempfänger und der Bezogene dem Angewiesenen.

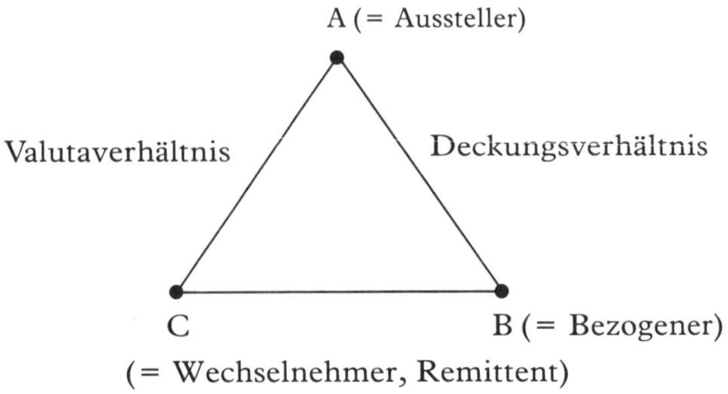

2. **Auf Zahlung** des Wechsels **haftet:**

a) **Als Hauptschuldner** (primär) der Bezogene, aber erst dann, wenn er den Wechsel annimmt. Er heißt dann „Annehmer" oder **Akzeptant.**

b) **Als Rückgriffsschuldner** (sekundär) **der Aussteller.** Er haftet dann, wenn der Bezogene den Wechsel nicht annimmt oder nicht einlöst.

3. Rechtsnatur des Wechsels

I. **Der Wechsel ist ein geborenes Orderpapier,** d. h. er ist auch dann Orderpapier, wenn er die übliche Orderklausel nicht enthält. Der Aussteller kann allerdings eine **negative Orderklausel** („nicht an Order") in die Urkunde aufnehmen. Er **verwandelt damit den Wechsel in ein Rektapapier,** das nur in der Form und mit den Wirkungen einer gewöhnlichen Zession (§§ 398 ff. BGB) übertragen werden kann (Art. 11 II WG). Der Rektawechsel ist jedoch ungebräuchlich.

II. **Der Wechsel ist ein** (konstitutives) **Forderungspapier.** Er verbrieft zunächst einmal nur den Anspruch des Wechselnehmers gegen den Aussteller. *Typischerweise* entstehen aber aus der Wechselurkunde durch neue Skripturakte und Begebungsverträge *weitere Verpflichtungen:* Wer den Wechsel annimmt, indossiert oder mit einer Bürgschaftserklärung versieht, haftet dem Wechselgläubiger ebenfalls, und zwar gesamtschuldnerisch (Art. 47 WG) neben dem Aussteller. Der Wechsel wird damit um so sicherer und wertvoller, je mehr Unterschriften er aufweist. Indossanten, Aussteller und Wechselbürgen haften dem Wechselgläubiger allerdings nur im Wege des „Rückgriffs", d. h. nur bei Einhaltung bestimmter Förmlichkeiten und Fristen (s. unten S. 99 ff.).

III. **Der Wechsel ist ein abstraktes Wertpapier.** Er begründet **eigenständige Forderungen,** die **von dem** etwa **zugrundeliegenden Kausalverhältnis unabhängig** sind. Dieser Umstand erleichtert und sichert die Geltendmachung der Rechte aus dem Wechsel.

1. **Zur Begründung des Wechselanspruchs genügt** die **Vorlegung des Wechsels;** der Gläubiger braucht nicht auf das Kausalverhältnis zurückzugehen. Vielfach besteht zwischen dem Wechselgläubiger und dem in Anspruch genommenen Wechselschuldner überhaupt kein Kausalverhältnis, sondern nur die abstrakte Wechselverpflichtung.

   Z. B.: A stellt dem C einen Wechsel aus, weil er von C ein Darlehen erhält; B nimmt diesen Wechsel an, weil er dem A in gleicher Höhe eine Warenlieferung zu bezahlen hat; C indossiert den Wechsel an D, weil er ihm den Wechsel verkauft hat. Ein Kausalverhältnis besteht hier zwischen dem Annehmer B und dem Aussteller A, zwischen dem Aussteller A und dem Remittenten C, zwischen dem Remittenten C und dem Indossatar D. Dagegen besteht kein Kausalverhältnis, sondern nur eine abstrakte Wechselverpflichtung zwischen D und B (Hauptverpflichtung), zwischen D und A (Rückgriffsverpflichtung) und zwischen C und B (Hauptverpflichtung, wenn C den Wechsel einlöst).

2. **Im Verhältnis eines Wechselverpflichteten zu seinem unmittelbaren Nachmann,** dem er den Wechsel zum Zwecke der Sicherung oder Erfüllung einer anderen (kausalen) Verbindlichkeit gegeben hat, tritt allerdings das Abstraktionsprinzip etwas in den Hintergrund (BGH NJW 1986, 1872, 1873). Die Abstraktheit geht nämlich nicht soweit, daß der Wechselgläubiger auch gegen Einwendungen des Wechselverpflichteten aus der unmittelbar zwischen ihnen bestehenden Kausalbeziehung abgeschirmt würde. Vielmehr **wird die Rechtsmacht des Wechselgläubigers durch die bei der Wechselhingabe getroffene Zweckabrede** bzw. bei Unwirksamkeit des Kausalverhältnisses durch die Bereicherungseinrede (§§ 812 II, I S. 1 1. Alt., 821 BGB) **beschränkt** (s. unten S. 94), solange sich der Wechsel noch in der Hand des ersten Nehmers befindet. Jedenfalls im Grundsatz darf eine Vertragspartei damit auch als Wechselgläubiger nicht mehr Rechte aus dem Wechsel für sich gegenüber dem anderen Vertragspartner in Anspruch nehmen, als ihr aus dem Grundgeschäft zustünden (BGHZ 57, 292, 300; 85, 346, 348). Im Verhältnis zu seinem unmittelbaren Vormann bringt die Abstraktheit der Wechselforderung für den Wechselgläubiger damit *im wesentlichen nur den Vorteil einer Umkehrung der Beweislast:* Er selbst braucht nur die Existenz der abstrakten Wechselforderung darzutun; es ist dann Sache des Schuldners, nachzuweisen, daß die Kausalforderung nicht existiert oder einredebehaftet ist und der Gläubiger den Wechsel deshalb nicht oder noch nicht geltend machen darf.

3. Wird der Wechsel allerdings **weiterübertragen,** so wird dadurch die Wechselforderung regelmäßig vollständig von dem Kausalverhältnis gelöst. Einem Nachmann des ursprünglichen Wechselgläubigers können nämlich **Einreden aus dem Kausalverhältnis** nach Art. 17 WG nur entgegengesetzt werden, wenn er beim Erwerb des Wechsels **bewußt zum Nachteil des Wechselschuldners** gehandelt hat (s. unten S. 94 f.).

Beispiel: A hat von C ein Grundstück gekauft und diesem einen von B akzeptierten Wechsel in Höhe der Kaufpreissumme gegeben. Wenn sich der Kaufvertrag als nichtig herausstellt und B bei Verfall des Wechsels nicht zahlt, kann A dem Rückgriffsanspruch des C (aus Art. 9 I, 43, 44 WG) die Bereicherungseinrede entgegensetzen. Indossiert C den Wechsel an D, so bleibt dem A diese Verteidigungsmöglichkeit nur unter den Voraussetzungen des Art. 17 WG erhalten.

4. Die Wechselstrenge (rigor cambii)

Unter diesem Begriff faßt man einige Eigentümlichkeiten des Wechsels zusammen, die die Eignung des Wechsels als Umlaufpapier erhöhen. Man unterscheidet insoweit die formelle und die materielle Wechselstrenge.

I. Die **formelle Wechselstrenge** zeigt sich in folgenden Grundsätzen:

1. **Für den Wechsel** gelten **strenge Formerfordernisse,** die die Eindeutigkeit der Wechselurkunde sichern.

a) Fehlt auf einem „Wechsel“ ein wesentliches Erfordernis, so ist die Urkunde kein gültiger Wechsel.

b) Nur bestimmte, von dem Gesetz einzeln bezeichnete Erklärungen haben wechselrechtliche Wirkungen (Grundsatz der Geschlossenheit der Wechselerklärungen).

2. Die Geltendmachung der **Wechselansprüche gegen die sekundären Wechselschuldner** ist **an strenge Fristen und Formen gebunden.** Die Inanspruchnahme der sekundären Wechselschuldner setzt grundsätzlich voraus, daß der Wechsel fristgerecht, aber erfolglos dem Bezogenen zur Annahme oder dem Akzeptanten zur Zahlung vorgelegt worden ist und daß dieser Rückgriffsgrund dann innerhalb einer bestimmten Frist durch den sog. Protest (eine besondere Form öffentlicher Beurkundung) festgestellt worden ist.

3. **Zur Einklagung** des Wechselanspruchs steht ein besonders schnelles und schneidiges Prozeßverfahren zur Verfügung, nämlich der Wechselprozeß, eine Abart des Urkundenprozesses. Vgl. Näheres Band 6[2] S. 40 ff.

II. **Die materielle Wechselstrenge** hat folgende Erscheinungsformen:

1. **Der Wechsel begründet** eine **skripturmäßige Haftung** aller Wechselverpflichteten.

Der Inhalt der Verpflichtung bestimmt sich nach dem Inhalt der Urkunde. Diese ist wegen ihrer Bestimmung zum Umlauf *objektiv auszulegen:* Maßgebend ist der typische Sinn der Erklärung. Außerhalb der Urkunde liegende Umstände sind nur dann heranzuziehen, wenn sie dem durchschnittlichen Teilnehmer am Wechselverkehr bekannt oder jedenfalls ohne Schwierigkeiten erkennbar sind

(RGZ 112, 85, 86; 119, 422, 423 f.; BGHZ 64, 11, 14; BGH WM 1979, 362; Hueck-Canaris § 6 VI 1 a; kritisch Joost WM 1977, 1394 ff.).

2. Wer seine Unterschrift auf einen Wechsel gesetzt hat, hat **gegenüber einem späteren redlichen Erwerber** des Wechsels **nur sehr eingeschränkte Verteidigungsmöglichkeiten** (Einwendungsausschluß, s. unten S. 89 ff.).

3. **Alle Wechselschuldner haften gesamtschuldnerisch,** Art. 47 WG.

C. Wirtschaftliche Funktionen des Wechsels

Der Wechsel kann unterschiedliche wirtschaftliche Aufgaben übernehmen. In erster Linie ist er heute ein **Instrument des kurzfristigen Kredits;** er kann aber auch dem bargeldlosen Zahlungsverkehr dienen und schließlich auch als reines Sicherungsmittel eingesetzt werden.

1. Der Wechsel als Kreditmittel

I. **Handelswechsel** sind solche Wechsel, deren Begebung ein wirtschaftlicher Umsatzvorgang, nämlich eine Warenlieferung oder eine Werkleistung, zugrunde liegt (Warenwechsel, Handwerkerwechsel).

Z. B.: A hat an B Waren geliefert, deren Kaufpreis entweder durch sofortige Überweisung mit 2 % Skonto oder aber mit einem Dreimonatsakzept zu zahlen ist. Falls B von der letzteren Möglichkeit Gebrauch macht, also einen von A ausgestellten Wechsel mit einer Laufzeit von drei Monaten annimmt, hat er den Vorteil, daß er den Kaufpreis erst in drei Monaten zu zahlen braucht, also in einem Zeitpunkt, in dem er voraussichtlich die Ware weiterveräußert und das Entgelt hierfür erhalten hat. Andererseits kann A den von B angenommenen Wechsel an seine Hausbank verkaufen (diskontieren, s. unten . . .) und sich dadurch sofort in den Besitz der ihm von B geschuldeten Summe setzen. (Diese verbleibt ihm allerdings nicht notwendigerweise endgültig: A trägt ja das — bei Warenwechseln normalerweise nicht allzu große — Risiko, daß B den Wechsel zu Protest gehen lassen könnte und A dann als Indossant im Wege des Rückgriffs aus dem Wechsel in Anspruch genommen werden könnte.)

Ein Zusammenhang mit einer Warenlieferung besteht auch beim sog. **Akzeptantenwechsel** oder umgedrehten Wechsel. Verkäufer und Käufer vereinbaren hier, daß nicht der Verkäufer, sondern der Käufer den (vom Verkäufer zu diesem Zweck auf den Käufer gezogenen, an eigene Order gestellten und mit einem Blankoindossament versehenen) Wechsel bei seiner Bank zum Diskont geben soll und mit der dadurch erlangten Summe sofort den Verkaufspreis bezahlen soll. Die Ausstellerunterschrift des Verkäufers hat hier nur den Zweck, dem Käufer die Erlangung des Diskontkredits zu ermöglichen. Dieser Weg ist für den Käufer in doppelter Hinsicht vorteilhaft: Er verschafft sich auf diese Weise den Barzahlungsrabatt. Außerdem ist der Diskontkredit billiger als ein Kontokorrentkredit. Die diskontierende Bank hat bei dieser Gestaltung allerdings den Nachteil, daß sie sich vom Käufer als Diskontnehmer nicht auch die zugrundeliegende Kaufpreisforderung als Sicherheit für den Diskontkredit abtreten lassen kann; diese steht ja nicht dem Diskontnehmer, sondern dem Verkäufer zu.

II. **Finanzwechsel** werden nicht im Rahmen eines Umsatzgeschäftes, sondern allein zur Kreditverschaffung eingesetzt. Ihnen liegt also nicht eine Kaufpreis- oder Werklohnforderung, sondern eine Darlehensforderung zugrunde. Finanzwechsel sind nach § 19 I S. 1 BBankG nicht rediskontfähig, werden also von der Bundesbank nicht angekauft.

1. **Manchmal** werden bare **Darlehen gegen Übergabe eines von dem Schuldner angenommenen Wechsels** gewährt.

Z. B.: B sucht ein Darlehen auf drei Monate und erhält es von A gegen Übergabe eines von ihm angenommenen Dreimonatswechsels über die Darlehenssumme zuzüglich Zinsen und Provisionen. A kann dann, wenn er schon vor der Fälligkeit des Wechsels die dem B geliehene Summe wieder benötigt, sich diese Summe durch Diskontierung des Wechsels verschaffen.

2. Beim sog. **Bankakzept** wird dem Kunden nur ein sog. Haftungskredit gewährt (Kreditleihe). Die Bank akzeptiert einen von ihrem Kunden ausgestellten Wechsel und ermöglicht es dem Kunden dadurch, den Wechsel bei einer anderen Bank zur Diskontierung zu geben und sich so das benötigte Geld zu verschaffen.

Z. B.: Der Fabrikant A, der einen gewinnbringenden großen Auftrag übernehmen will, hat nicht die zur Finanzierung des Auftrags erforderlichen Mittel. Seine Bank akzeptierte einen von ihm ausgestellten Dreimonatswechsel; A seinerseits verpflichtet sich, bei Fälligkeit des Wechsels für Deckung zu sorgen. A kann dann diesen Wechsel veräußern oder zur Bezahlung der für die Durchführung des Auftrags erforderlichen Anschaffungen verwenden und erhält so einen kurzfristigen Kredit, da er ja den Wechselbetrag erst bei Fälligkeit des Wechsels an die Bank zu zahlen braucht.

Die Kosten des Kunden bestehen bei dieser Gestaltung lediglich in der Akzeptprovision und den Diskontspesen; sie liegen damit regelmäßig deutlich unter denen eines Kontokorrentkredits.

Die Banken verbinden heute vielfach Akzeptkredit und Diskontgeschäft: Um auch den Diskontzins zu verdienen, diskontiert die Bank den von ihr akzeptierten Wechsel selbst; der Kunde erhält den Diskonterlös gutgeschrieben. Die Bank ihrerseits kann den Wechsel dann entweder bis zum Verfalltage in ihrem Portefeuille behalten oder aber bei Refinanzierungsbedarf rediskontieren, d. h. an die Bundesbank verkaufen. Im ersteren Falle bleibt die Ausstellerunterschrift ohne Konsequenzen, da der Bank als Akzeptantin ja kein wechselrechtlicher Anspruch gegen den Aussteller zusteht.

Vom *Rembourskredit* spricht man, wenn ein Bankakzept zur Sicherung einer Kaufpreisforderung im Überseeverkehr dienen soll (s. dazu Baumbach/Hefermehl, Einl. WG Rdn. 73).

3. **Als Kreditmittel** dient der Wechsel **auch bei** den im Geschäftsleben häufigen **Gefälligkeitswechseln.**

Z. B.: B, ein Geschäftsfreund des A, akzeptiert aus Gefälligkeit einen von A ausgestellten Dreimonatswechsel gegen das Versprechen des A, den Wechsel bei Fälligkeit einzulösen. A verschafft sich durch Diskontierung des Wechsels die Wechselsumme, die ihm dann bis zur Fälligkeit des Wechsels zur Verfügung steht. Eine mißbräuchliche Verwendung des Gefälligkeitsakzepts stellt die sog. *Wechselreiterei* dar. Dabei ziehen finanzschwache Personen gegenseitig Wechsel aufeinander, die dann jeweils bei unterschiedlichen Banken zum Diskont gegeben werden, wobei diesen durch eine „krumme" Wechselsumme vorgespiegelt wird, daß es sich um Warenwechsel handelt. Bei Fälligkeit der ersten Wechsel wird dann das Verfahren wiederholt, wobei sich die Wechselsumme um die anfallenden Diskontzinsen erhöht; mit dem Diskonterlös werden dann die ersten Wechsel bezahlt; usw. Dieses Verfahren kann so lange gutgehen, bis die Banken Verdacht schöpfen oder die Wechselsumme so stark ansteigt, daß keine Käufer für die Wechsel mehr gefunden werden können. Bei derWechselreiterei ist regelmäßig nicht nur die zugrundeliegende Abrede über den Akzeptaustausch, sondern auch jeder einzelne Begebungsvertrag sittenwidrig und damit nach § 138 BGB nichtig (BGH WM 1960, 1381; 1969, 334; 1973, 66).

2. Der Wechsel als Zahlungsmittel

I. **Als reines Zahlungsmittel** wird der Wechsel **im inländischen Wirtschaftsverkehr kaum noch** eingesetzt. Giroüberweisung, Scheck, Postanweisung und Postscheck sind als Mittel des bargeldlosen Zahlungsverkehrs praktischer und — insbesondere infolge der Wechselsteuer — billiger.

II. Der **internationale Zahlungsverkehr** benutzt den Wechsel dagegen auch heute noch in erheblichem Maße (Devisenwechsel).

III. Die Zahlungsfunktion ist aber auch dort, wo die Kreditfunktion im Vordergrund steht, gleichsam eine *Nebenwirkung* der letzteren. Nehmen wir folgendes Beispiel: Der Einzelhändler E gibt dem Großhändler G gegen Stundung einer Kaufpreisforderung ein Dreimonatsakzept; dieser gibt den Wechsel erfüllungshalber und bei Stundung der zugrundeliegenden Kaufpreisforderung an seinen eigenen Gläubiger, den Importeur I; dieser wiederum gibt den Wechsel in gleicher Weise beim Kauf eines Lkw dem Kraftfahrzeughändler H; dieser wiederum überträgt den Wechsel erfüllungshalber mit der gleichen Abrede an den Lkw-Hersteller L; dieser schließlich wiederum gibt den Wechsel auf die gleiche Weise an die Bank B. Falls E den Wechsel bei Verfall einlöst, wird dadurch nicht nur der Kaufpreisanspruch des G gegen E, sondern zugleich auch die Kaufpreisansprüche von I gegen G, von H gegen I und von L gegen H sowie der Darlehensanspruch der B gegen L erfüllt.

IV. **Hinsichtlich der Tilgung der Schuld,** zu deren Bezahlung ein Wechsel hingegeben wird, ist **zu unterscheiden:**

1. **Im Zweifel wird der Wechsel,** wie aus den §§ 364 II, 788 BGB folgt, **nur „zahlungshalber" hingegeben.** Bei der Wechselzahlung wird also die zu erfüllende Schuld nicht schon durch die Hingabe des Wechsels, sondern erst dann getilgt, wenn der Wechselnehmer den Wechsel verwertet und den Erlös endgültig behalten darf (s. unten S. 112).

2. *Ausnahmsweise* wird der Wechsel *an Zahlungs Statt* hingegeben. Dann wird mit der Hingabe des Wechsels die zu erfüllende Schuld getilgt.

Wer Hingabe eines Wechsels an Zahlungs Statt behauptet, muß dies beweisen. Daraus, daß der Gläubiger erklärt hat, „er habe den Wechselbetrag dem Schuldner gutgeschrieben" oder „er habe mit dem Wechsel das Konto des Schuldners ausgeglichen", kann nicht auf eine Annahme an Zahlungs Statt geschlossen werden. Denn diese Erklärungen gelten handelsgebräuchlich als unter dem stillschweigenden Vorbehalt abgegeben, daß der Gläubiger die Wechselsumme auch endgültig erhält. Vgl. RGZ 31, 110; 35, 196.

3. Der Wechsel als Sicherungsmittel (Sicherungswechsel)

I. **Der Wechsel dient** manchmal der **Sicherung des Anspruchs auf Rückzahlung eines Darlehens.** Insbesondere lassen sich Banken manchmal für die Inanspruchnahme von Krediten in laufender Rechnung vom Kreditnehmer Wechselakzepte geben, die sie nach der jeweiligen Sicherungsabrede bis zum Verfalltag nicht geltend machen dürfen **(Depotwechsel).** Die Bank hat damit ein effizientes Sicherungsmittel, da sich die Wechselforderung im Sicherungsfall wegen der Besonderheiten des Wechselprozesses besonders schnell durchsetzen läßt. Außerdem erhöht die Existenz des Wechsels die Wahrscheinlichkeit einer rechtzeitigen Zahlung; der Schuldner kann es sich einfach nicht leisten, den Wechsel zu Protest gehen zu lassen, weil er damit seine Kreditwürdigkeit völlig verlieren würde.

II. Häufig wird der Wechsel auch **anstelle einer Barkaution** gegeben, so z. B. von einem Mieter zum Schutz des Vermieters vor Vertragsverletzungen **(Kautionswechsel).** Auch hierbei wird wieder vereinbart, daß der Sicherungsnehmer den Wechsel vor dem Kautionsfall weder geltend machen noch weiterübertragen darf.

III. Depot- und Kautionswechsel werden zumeist als trassiert-eigene Wechsel (s. S. 58) oder aber auch als eigene Wechsel i. S. von Art. 75 WG ausgestellt.

4. Das Diskontgeschäft

I. Als **Mittel kurzfristiger Kapitalanlage** fungiert der Wechsel bei einem **Diskontgeschäft.** Dieses besteht im Ankauf von noch nicht fälligen Wechseln gegen Barzahlung, wobei der Käufer (Diskonteur oder Diskontgeber) dem Verkäufer (Diskontnehmer) natürlich nicht den vollen Wechselbetrag gutschreibt oder auszahlt, sondern (neben Unkosten und einer Diskontprovision) auch einen Zwischenzins (Diskont) für den Zeitraum zwischen dem Ankaufstag des Wechsels und dem Verfalltag abzieht. Dieser Zwischenzinsabzug hat dem Geschäft den Namen gegeben.

Die Möglichkeit der Diskontierung machte den Wechsel erst zum Zahlungs- und Kreditmittel geeignet, da anderenfalls Wechsel, die erst in einigen Monaten fällig sind, für den Gläubiger einer Forderung aus Warenlieferung oder für den Darlehensgeber meist wenig Wert haben würden. Denn diese Personen werden regelmäßig darauf angewiesen sein, die Summe, über die der Wechsel lautet, schon vor dessen Fälligkeit in ihrem Geschäft zu verwenden.

II. **Die Wechseldiskontierung** wird **hauptsächlich von Banken betrieben;** sie ist eines der gebräuchlichsten Bankgeschäfte.

Der Ankauf von Wechseln ist ein relativ sicheres Geschäft, wenn aus dem Wechsel mehrere zahlungsfähige Schuldner (als Aussteller, Annehmer, Indossanten) haften. Es hat für die Banken vor allem den Vorteil, daß sie ihre Geldanlage jederzeit flüssig machen können: Sie können nämlich die hereingenommenen Wechsel an die Bundesbank (bzw. genauer: deren Hauptverwaltungsstellen, die Landeszentralbanken) weiterveräußern, büßen allerdings dabei dann einen großen Teil des möglichen Gewinns aus dem betreffenden Diskontgeschäft ein: Ihnen bleibt dann nämlich außer der Provision nur die (meist 1—2 % betragende) Differenz zwischen dem Zwischenzins, den sie selbst beim Ankauf des Wechsels abgezogen haben, und dem niedrigeren Rediskont der Bundesbank, dem sog. *Diskontsatz.*

Nicht jeder Wechsel ist aber *rediskontfähig.* Die Bundesbank darf nach § 19 I Nr. 1 BBankG nur gute Handelswechsel ankaufen, aus denen zumindest drei als zahlungsfähig bekannte Verpflichtete haften und die innerhalb von drei Monaten (gerechnet vom Tage des Ankaufs an) fällig werden. Um die Möglichkeit der Rediskontierung zu haben, stellen die Banken beim Ankauf von Wechseln normalerweise die gleichen Anforderungen. Das hat dazu geführt, daß Warenwechsel fast immer eine Laufzeit von drei Monaten haben *(Dreimonatsakzepte).* Soweit Banken überhaupt Finanzwechsel oder andere nicht rediskontfähige Wechsel ankaufen, ziehen sie jedenfalls wegen des erheblich größeren Risikos auch einen wesentlich höheren Zwischenzins ab. Andererseits werden bestimmte besonders sichere Wechsel, die sog. Privatdiskonten (d. h. Akzepte von Großbanken, die zur Finanzierung von grenzüberschreitenden Warengeschäften finanzstarker Unternehmen dienen) zu einem speziellen Privatdiskontsatz gehandelt, der deutlich unter dem normalerweise von den Banken berechneten Zwischenzins liegt.

III. Die **Rechtsnatur** des Diskontgeschäfts **ist streitig.**

Die traditionelle Auffassung sieht darin einen Kaufvertrag. Nach einem Teil des neueren Schrifttums verbirgt sich hinter dem scheinbaren „Ankauf" in Wirklichkeit eine atypische Form des Darlehens (Hueck-Canaris § 5 III 2a). Dieser Streit knüpft daran an, daß sich die Banken in Nr. 42 ihrer AGB für den Fall der Nichteinlösung des Wechsels ein Rückbelastungsrecht vorbehalten haben. Die Kaufvertragstheorie sieht darin die Vereinbarung eines Rücktrittsrechts (BGH NJW 1972, 1084), die Darlehenstheorie dagegen die Offenlegung der Tatsache, daß es sich überhaupt nicht um ein Umsatz-, sondern um ein Kreditgeschäft handelt (Canaris a.a.O.).

D. Wechsel und Kausalverhältnis

I. **Das Kausalverhältnis,** das einer Wechselbegebung zugrunde liegt, **kann ganz unterschiedlicher Art sein:**

1. Bei einem **erfüllungshalber** ausgestellten bzw. akzeptierten Wechsel besteht das Kausalverhältnis in einer Kaufpreisforderung oder einer sonstigen Geldforderung, die mit dem Wechsel über die Abrede i. S. von § 364 II BGB verknüpft ist.

a) Der Gläubiger verpflichtet sich dabei, zunächst Befriedigung aus dem Wechsel zu suchen. Zugleich wird die Kausalforderung für die Laufzeit des Wechsels *gestundet;* der Schuldner kann bei vorzeitiger Geltendmachung der Kausalforderung den Einwand der Wechselhingabe erheben.

b) Die *Kausalforderung erlischt durch Erfüllung,* wenn der Bezogene den Wechsel einlöst; darüber hinaus auch dann, wenn der Gläubiger den Wechsel diskontiert und den erlangten Kaufpreis endgültig behalten darf. Das wiederum setzt voraus, daß er infolge Präjudizierung (s. S. 111) oder Verjährung des Wechsels aus diesem nicht mehr in Anspruch genommen werden kann und darüber hinaus auch nicht aufgrund des Diskontgeschäftes für die Nichteinlösung des Wechsels haftet.

Beispiel: B akzeptiert erfüllungshalber für eine Kaufpreisschuld einen von A ausgestellten Wechsel; der Remittent C erhält den Wechsel erfüllungshalber für eine Darlehensforderung gegen A. Er verkauft den Wechsel an D. Wenn B sich nun als zahlungsunfähig herausstellt, könnte D nach Protesterhebung die Rückgriffsansprüche gegen A und C geltend machen. Versäumt er den Protest, so entfällt nach Art. 53 WG diese Möglichkeit. Gegen seinen Vormann C steht ihm auch ein bürgerlich-rechtlicher Anspruch wegen der Zahlungsunfähigkeit des B nach §§ 437, 438 BGB nicht zu, sofern er die Haftung für Zahlungsunfähigkeit des Bezogenen nicht besonders übernommen hat. Damit erlischt hier die Darlehensforderung des C gegen B.

c) Wird ein Wechsel erfüllungshalber begeben, so *trifft den Gläubiger* aufgrund der Erfüllungsabrede *eine besondere Sorgfaltspflicht* (Diligenzpflicht): Er muß den Wechsel rechtzeitig vorlegen und ggf. Protest erheben, um die wechselrechtlichen Rückgriffsansprüche zu erhalten. Bei schuldhafter Verletzung dieser Pflicht erlangt der Schuldner, der den Wechsel erfüllungshalber begeben hat, nach h. M. einen Schadensersatzanspruch aus positiver Forderungsverletzung, mit dem er gegen die Forderung aus dem der Wechselbegebung zugrundeliegenden Kausalverhältnis aufrechnen kann (BGHZ 59, 197, 201; Baumbach-Hefermehl, Einl. WG Rdn. 45). Nach a. A. ist in derartigen Fällen dem Gläubiger die Geltendmachung der Kausalforderung unter dem Gesichtspunkt des venire contra factum proprium (bzw. in Analogie zu § 351 BGB) versagt (so z. B. Hueck-Canaris § 17 III 4).

d) Der Schuldner verliert den Einwand der Wechselhingabe gegenüber einer Geltendmachung der Kausalforderung im Zweifel schon dann, wenn eine Diskontierung bzw. Inzahlunggabe des Wechsels mißlingt; jedenfalls aber dann, wenn der Wechsel dem Bezogenen bei Verfall erfolglos zur Zahlung vorgelegt worden ist. Der Schuldner braucht in einem solchen Fall nur Zug um Zug gegen Rückgabe des Wechsels zu leisten (§ 273 BGB).

2. Bei einem **Gefälligkeitsakzept** ist das Grundgeschäft ein **Auftrag** (§ 662 BGB). Der Aussteller ist gegenüber dem Gefälligkeitsakzeptanten dazu verpflichtet, für rechtzeitige Einlösung des Wechsels bzw. für rechtzeitige Deckungsgewährung zu sorgen; geschieht dies nicht, hat der Akzeptant nach der Einlösung des Wechsels einen Aufwendungserstattungsanspruch (den sog. *Revalierungsanspruch*) aus §§ 662, 670 BGB. Beim Bankakzept besteht das Kausalverhältnis in einem entgeltlichen Geschäftsbesorgungsvertrag. Ansonsten deckt es sich mit dem Grundverhältnis beim Gefälligkeitsakzept.

3. Bei **Sicherungswechseln** ergibt sich aus der **Sicherungsabrede,** unter welchen Voraussetzungen der Gläubiger den Wechsel geltend machen darf.

4. Wird ein Akzept **schenkweise** erteilt, so ist der Begebungsvertrag nach § 518 I S. 2 BGB formnichtig, sofern nicht ausnahmsweise die Form der notariellen Beurkundung eingehalten ist. Der Einwand der Formnichtigkeit versagt aber gegenüber einem redlichen Erwerber des Wechsels.

II. **Bei Unwirksamkeit des Kausalverhältnisses ist die** erfüllungshalber oder zu Sicherungszwecken begründete **abstrakte Wechselverpflichtung** unstreitig **kondizierbar** (§ 812 II i. V. m. I S. 1 1. Alt. BGB).

Rechtsgrund für die Begründung der abstrakten Forderung ist zwar genaugenommen nicht die zugrundeliegende kausale Geldforderung, sondern die Abrede, daß der Wechsel erfüllungshalber bzw. zur Sicherung für diese kausale Forderung hingegeben wird. Diese Erfüllungs- oder Sicherungsabrede ist aber bei Nichtexistenz der als zu erfüllend bzw. zu sichernd vorausgesetzten Forderung unter dem Gesichtspunkt des Fehlens der Geschäftsgrundlage automatisch nichtig; einer besonderen Rücktrittserklärung bedarf es hier im Gegensatz zu sonstigen Fällen eines Fehlens der Geschäftsgrundlage nicht. (Falls die Erfüllungs- bzw. Sicherungsabrede schon beim Abschluß des unwirksamen Kausalgeschäfts getroffen worden ist, läßt sich die Unwirksamkeit auch auf den Gesichtspunkt der Geschäftseinheit, also auf § 139 BGB stützen). — Die abstrakte Wechselforderung ist nach § 813 BGB auch dann kondizierbar, wenn die zu sichernde bzw. zu erfüllende Kausalforderung zwar wirksam begründet wurde, aber durch eine peremptorische Einrede (wie die der unerlaubten Handlung, § 853 BGB) gehemmt ist; die Verjährungseinrede genügt hierfür allerdings nicht, § 813 I S. 2 BGB. Der Bereicherungsanspruch entfällt nach § 814 BGB, wenn der Wechselschuldner die Unwirksamkeit des Kausalgeschäfts bzw. die Entkräftung der Kausalforderung durch eine dauernde Einrede positiv kannte.

Inhaltlich richtet sich der Bereicherungsanspruch auf Erlaß der Wechselverbindlichkeit und Rückübereignung des Wechsels bzw. Streichung der Unterschrift des Kondiktionsgläubigers, wenn sich auf dem Wechsel noch Unterschriften Dritter befinden. Der Kondiktionsschuldner darf den Wechsel auch nicht wegen anderweitiger Forderungen zurückbehalten (§§ 368, 371 BGB, Art. 39 WG analog; s. BGH NJW 1958, 2112; BB 1983, 1632).

Solange sich der Wechsel noch in der Hand des Kondiktionsschuldners befindet, steht der Wechselforderung gegen den Kondiktionsgläubiger die Einrede der Bereicherung (§ 821 BGB) entgegen.

III. Aufschiebende (dilatorische) Einreden

Falls der zugrundeliegenden Kausalforderung nur eine dilatorische Einrede (wie die des nichterfüllten Vertrages, § 320 BGB, oder die des Zurückbehaltungsrechts, § 273 BGB) entgegensteht, kann sich der Schuldner gegenüber der abstrakten Wechselforderung jedenfalls nicht mit der Bereicherungseinrede verteidigen, weil ihm ein auf Rückgabe des Wechsels gerichteter Bereicherungsanspruch gar nicht zusteht. Eine unmittelbare Anwendung der §§ 320, 273 BGB gegenüber der Wechselforderung scheitert schon daran, daß die Wechselforderung gerade wegen ihrer Abstraktheit nicht aus dem gegenseitigen Vertrag und auch nicht aus „demselben rechtlichen Verhältnis“ stammt (Hueck-Canaris § 17 I 1 b). Solange sich der Wechsel noch in der Hand des ersten Nehmers befindet, kann der Schuldner, dem eine dilatorische Einrede gegenüber der Kausalforderung zusteht, die Erfüllung der abstrakten Wechselforderung dennoch aufgrund der bei der Hingabe des Wechsels getroffenen Zweckabrede verweigern. Eine interessengerechte Auslegung der vertraglichen Vereinbarung über den Zweck der Wechselhingabe (also der Sicherungs- oder Erfüllungsabrede) wird nämlich in aller Regel zu dem Ergebnis kommen, daß **der Gläubiger aus dem Wechsel nur vorgehen darf, wenn und soweit die Kausalforderung wirklich existiert und auch nicht durch eine Einrede gelähmt, sondern durchsetzbar ist** (BGHZ 85, 346, 348; BGH NJW 1986, 1872, 1873; str.). Der Umstand, daß dilatorische Einreden gegen die Kausalforderung über die Zweckabrede in das Wechselrechtsverhältnis ausstrahlen, bedeutet keinen Widerspruch zur Abstraktheit des Wechsels (teilweise abweichend Zöllner ZHR 148, 330 f.). Schon Art. 17 WG zeigt ja, daß die Abstraktheit der Wechselforderung jedenfalls den ersten Wechselnehmer (der zugleich Vertragspartner des Kausalgeschäfts und auch Partei der Zweckabrede ist) nicht vor möglichen Einwendungen aus der Kausalbeziehung bewahrt.

Der Satz, daß der Wechselschuldner seine Einreden aus dem Kausalverhältnis aufgrund der bei der Wechselhingabe getroffenen Zweckabrede auch gegenüber der Wechselklage seines Vertragspartners zur Geltung bringen kann, gilt auch für *dauernde (peremptorische) Einreden,* beispielsweise die Einrede der Wandlung und Minderung, § 478 BGB (BGH NJW 1986, 1873; Flume NJW 1986, 2482; a. A. Hueck-Canaris § 17 I 1 b aa; Zöllner ZHR 148, 333). Dies gilt ganz unabhängig davon, ob man dem Käufer, der der Kaufpreisforderung nach Verjährung der Sachmängelgewährleistungsrechte wegen rechtzeitiger Mängelanzeige die peremptorische Einrede der Wandlung oder Minderung entgegensetzen kann, aus § 813 BGB auch einen Anspruch auf Rückgabe des erfüllungshalber hingegebenen Wechsels zuspricht (dazu Flume a.a.O.). Das Leistungsverweigerungsrecht gegenüber dem Wechselanspruch beruht nämlich nicht auf der Einrede der Bereicherung, sondern auf der bei der Wechselbegebung getroffenen Zweckabrede. Da dem Verkäufer wegen des Sachmangels kein durchsetzbarer Kaufpreisanspruch zusteht, darf er auch die abstrakte Forderung aus dem erfüllungshalber begebenen Wechsel nicht geltend machen. — Falls allerdings die Verjährung der Kausalforderung (etwa nach § 196 Nr. 1 BGB) vor der Verjährung des Wechselanspruchs eintritt, erlangt der Verpflichtete dadurch kein Leistungsverweigerungsrecht gegenüber der Wechselforderung (BGH NJW 1986, 1872, 1873); das wäre nämlich mit der besonderen Regelung der Wechselverjährung in Art. 70 WG und mit den Wertungen der §§ 813 I S. 1, 222 II und 223 II BGB nicht zu vereinbaren.

IV. Die Wechselforderung und der Anspruch aus dem Kausalverhältnis können durch eine isolierte Übertragung entweder nur des Wechsels oder nur der Kausalforderung voneinander getrennt werden. Bei der Übertragung des Wechsels geht die Kausalforderung nicht automatisch, sondern nur bei gesonderter Zession mit über.

E. Die Entstehung der Wechselverbindlichkeit

I. Wechselansprüche können überhaupt erst in dem Moment entstehen, in dem ein **formgültiger** Wechsel vorliegt. Die Formerfordernisse des gezogenen Wechsels sind in Art. 1 ff. WG, die des eigenen Wechsels in Art. 75, 76 WG geregelt (dazu unten S. 55 ff.).

II. **Eine wechselmäßige Verpflichtung** kann nur entstehen durch eine wechselrechtliche Erklärung, **d. h. durch einen entsprechenden Skripturakt auf dem Wechsel** (Unterschrift des Ausstellers, Niederschrift des Indossaments, Niederschrift der Annahmeerklärung).

III. Die Frage, **ob außerdem ein Begebungsvertrag erforderlich ist,** beantwortet das Gesetz nicht ausdrücklich. Die Antwort **ergibt sich** vielmehr **aus den allgemeinen Grundsätzen über die Entstehung einer Wertpapierrechtsverpflichtung.**

Nach der herrschenden und zutreffenden Vertrags- und Rechtsscheintheorie ist **zu unterscheiden:**

1. **Grundsätzlich** ist zur Begründung einer wechselmäßigen Verpflichtung **außer dem Skripturakt ein Begebungsvertrag erforderlich** (z. B. zwischen Aussteller und Remittenten, zwischen Indossant und Indossatar, zwischen Wechselinhaber und Annehmer), zu dem als Vollzugsmoment die Übergabe des Wechsels oder ein Übergabesurrogat gehört.

   Einen Anhaltspunkt für die Notwendigkeit eines Begebungsvertrages bietet Art. 29 I WG, der bis zur Rückgabe des Wechsels die Streichung der Annahmeerklärung zuläßt. Im übrigen folgt die Notwendigkeit des Begebungsvertrags aus der allgemeinen Erwägung (§ 305 BGB), daß eine Verpflichtung, soweit nicht das Gesetz etwas anderes vorschreibt, nur durch Vertrag begründet werden kann.

2. **Wer** durch seine auf den Wechsel gesetzte Unterschrift in ihm zurechenbarer Weise **den Rechtsschein einer wirksamen Wechselverpflichtung geschaffen hat, kann sich aber einem späteren redlichen Erwerber gegenüber auf das Fehlen des Begebungsvertrages nicht berufen.** Das Erfordernis des Begebungsvertrages wird insoweit aus Verkehrsschutzgründen durch den guten Glauben des späteren Wechselerwerbers ersetzt. Der Zweiterwerber ist gutgläubig in die-

sem Sinne, wenn er ohne grobe Fahrlässigkeit von der Existenz des verbrieften Wechselanspruchs ausgegangen ist (Art. 10 und 16 II WG analog).

Z. B.: Dem A ist ein von ihm ausgestellter (oder von ihm später mit einem Indossament versehener) Wechsel gestohlen worden. Wird A später von einem redlichen Erwerber des Wechsels als Rückgriffsschuldner in Anspruch genommen, so kann er nicht einwenden, daß er den Wechsel nicht an den Remittenten (oder an den im Indossament des A genannten Indossatar) begeben habe. Er kann aber z. B. einwenden, daß er bei der Ausstellung des Wechsels (oder des Indossaments) geschäftsunfähig gewesen sei. Denn damit würde die Zurechenbarkeit des Rechtsscheins entfallen.

IV. Die Fähigkeit, Träger von Rechten und Pflichten aus einem Wechsel zu sein, bestimmt sich nach bürgerlichem Recht. Wer rechtsfähig ist, ist also automatisch auch **wechselrechtsfähig.** Wechselrechtsfähig sind wegen ihrer weitgehenden Annäherung an die juristische Person auch die OHG und die KG (§§ 124 I, 161 II HGB). Nicht wechselrechtsfähig ist dagegen die Gesellschaft des Bürgerlichen Rechts (BGHZ 59, 179, 184; 61, 59, 62; str.) oder ein nichtrechtsfähiger Verein.

Ein großer Teil des Schrifttums bewertet die Wechselzeichnung für eine bürgerlich-rechtliche Gesellschaft oder einen nichtrechtsfähigen Verein allerdings als Wechselzeichnung im Namen der Gesellschafter bzw. Mitglieder. — Die Gesellschafter einer *BGB-Gesellschaft* haften im übrigen jedenfalls unter dem Gesichtspunkt des zurechenbar veranlaßten Rechtsscheins wechselmäßig, wenn die Gesellschaft mit Einverständnis aller Gesellschafter als OHG oder KG im Rechtsverkehr auftritt und der geschäftsführende Gesellschafter im Rahmen seiner Vertretungsmacht im Namen der Gesellschaft einen Wechsel zeichnet (BGHZ 61, 59, 68).

Auch die **Wechselgeschäftsfähigkeit** richtet sich nach den allgemeinen Grundsätzen des BGB. Ein beschränkt Geschäftsfähiger kann Wechselverpflichtungen nur mit Zustimmung des gesetzlichen Vertreters (§ 108 BGB) sowie der Genehmigung des Vormundschaftsgerichts (§§ 1822 Nr. 9, 1643 I BGB) eingehen.

V. Falls ein Wechsel mehrere Unterschriften trägt, sind die einzelnen Wechselverpflichtungen nach Art. 7 WG voneinander völlig unabhängig **(Grundsatz der Selbständigkeit der Wechselerklärungen).** Der Umstand, daß der Wechsel eine gefälschte Unterschrift oder die Unterschrift einer erdichteten Person trägt oder daß eine bestimmte Unterschrift beispielsweise wegen Fehlens der Geschäftsfähigkeit des Unterzeichnenden oder mangels eines Begebungsvertrages keine wirksame Wechselverpflichtung begründet hat, kann also nicht die Unwirksamkeit der übrigen Wechselerklärungen zur Folge haben.

Z. B.: Auf einem in Umlauf gesetzten Wechsel ist die Unterschrift des Ausstellers gefälscht. Der Wechsel ist gültig, weil er alle wesentlichen Erfordernisse aufweist, insbesondere auch eine „Unterschrift“. Mit Ausnahme des Ausstellers haften alle Personen, die den Wechsel unterzeichnet haben (Annehmer, Indossanten usw.) wechselmäßig.

Diese Regelung sichert die Umlauffähigkeit des Wechsels. Sie beugt insbesondere dem naheliegenden Schluß vor, daß aus einer Wechselurkunde mit unwirksamer Ausstellerunterschrift keinerlei wechselmäßige Verpflichtung entstehen könne. Wer einen Wechsel erwirbt und wirksam weiterindossiert, trägt also das Risiko, daß er als Indossant in Anspruch genommen wird, selbst aber infolge der Unwirksamkeit der Unterschrift bestimmter Vormänner bei diesen keinen Rückgriff nehmen kann. Wenn er dieses Risiko nicht tragen will, muß er die Haftung aus Art. 15 WG ausschließen.

VI. Wechselerklärungen können — wie sich aus Art. 8 WG ergibt — auch durch einen **Stellvertreter** abgegeben werden. Die Voraussetzungen und Rechtsfolgen wirksamer Stellvertretung richten sich dabei nach bürgerlichem Recht. Der Grundsatz der Eigenhaftung des Handelnden bei fehlender Offenlegung des Vertretungswillens (§ 164 II BGB) wird allerdings durch das Prinzip der formellen Wechselstrenge noch verschärft: Danach muß das Vertretungsverhältnis nicht nur für den Partner des Begebungsvertrages erkennbar sein, sondern aus der Wechselurkunde selbst hervorgehen.

Der unmittelbare Nachmann und Partner des Begebungsvertrages darf sich hierauf allerdings nicht berufen, wenn er den Vertretungswillen erkannt hat (s. BGH WM 1981, 375 f.).

VII. Wer eine Wechselerklärung als **Vertreter ohne Vertretungsmacht** abgibt, **haftet** nach Art. 8 WG **anstelle des Vertretenen wechselmäßig,** d. h. so, als hätte er die Erklärung im eigenen Namen abgegeben. Dies gilt richtiger Ansicht nach auch dann, wenn er den Wechsel nur mit dem Namen des Vertretenen unterschrieben hat, sein eigener Name aus dem Wechsel also gar nicht hervorgeht (h. M.). Das Bedürfnis für eine wechselmäßige Haftung des falsus procurator ist nämlich besonders groß, wenn das Vertretungsverhältnis und damit das Risiko, daß die Erklärung für den Vertretenen infolge fehlender Vertretungsmacht nicht verbindlich sein könnte, überhaupt nicht ersichtlich ist. Die Umlauffähigkeit der Wechsel wäre gefährdet, wenn aus einem solchen Wechsel weder der Vertretene noch der mit dessen Namen unterzeichnende vollmachtlose Vertreter haften würde.

1. Die Haftung aus Art. 8 WG wird im Gegensatz zur Haftung des falsus procurator nach bürgerlichem Recht (§ 179 II BGB) auch dann nicht beschränkt, wenn der Vertreter das Fehlen der Vertretungsmacht weder kannte noch kennen mußte.

2. Hat der Stellvertreter seine **Vertretungsmacht** lediglich **überschritten** — etwa einen Wechsel über 5.000,— DM statt entsprechend der

Vollmacht nur über 4.000,— DM ausgestellt —, so haftet der Vertretene hieraus jedenfalls in Höhe der summenmäßig beschränkten Vertretungsmacht. Daneben haftet nach Art. 8 S. 2 WG auch der Vertreter, nach zutreffender h. M. aber nicht auf die volle Wechselsumme, sondern nur in Höhe des die Vertretungsmacht überschreitenden Mehrbetrages.

Die Gegenauffassung befürchtet, daß die bei einer umfangmäßig beschränkten Haftung des Vertreters eintretende Spaltung der Rückgriffsrechte zu Schwierigkeiten führt. Zu dieser Spaltung der Rückgriffsrechte kann es jedoch auch dann kommen, wenn man den Vertreter auf das Ganze haften läßt, nämlich immer, wenn der Wechselgläubiger zunächst den Vertretenen und erst anschließend wegen des von diesem nicht zu erlangenden Restes den Vertreter in Anspruch nimmt.

3. Art. 8 WG ist entsprechend anzuwenden, wenn jemand eine Wechselerklärung als Vertreter für eine gar nicht existierende Person oder eine nicht wechselfähige Personenvereinigung (BGB-Gesellschaft, nicht eingetragener Verein) abgibt.

4. **Löst der vollmachtlose Vertreter den Wechsel ein,** so erlangt er dadurch nach Art. 8 S. 1 a. E. WG die gleichen Rechte, die der Vertretene im Falle der Einlösung des Wechsels haben würde: Also in erster Linie die Rückgriffsansprüche gegen die Vormänner des Vertretenen, aber auch den Hauptanspruch gegen den Akzeptanten, wenn der Wechsel mangels Zahlung zu Protest gegangen ist. Es wäre ein völlig unverdienter Vorteil für die bisherigen Wechselschuldner, wenn die Rechtsordnung ihre Verpflichtung nur deshalb erlöschen ließe, weil ein vollmachtloser Vertreter eines Nachmanns den Wechsel einlösen mußte.

5. Die Geltendmachung des Anspruchs aus Art. 8 WG wäre **rechtsmißbräuchlich,** wenn der Gläubiger beim Abschluß des Begebungsvertrages mit dem falsus procurator den Mangel der Vertretungsmacht kannte (BGHZ 59, 179, 187). Darüber hinaus wird die Haftung eines minderjährigen falsus procurator in Analogie zu § 179 III S. 2 BGB auszuschließen sein (Hueck-Canaris § 6 II 4a).

6. Wer aus einem Wechsel als Vertreter ohne Vertretungsmacht in Anspruch genommen wird, muß nach dem Schutzzweck des Art. 8 WG und in entsprechender Anwendung der **Beweislastverteilung** des § 179 BGB darlegen und beweisen, daß ihm Vertretungsmacht zur Seite gestanden hat (BGHZ 99, 50, 52). Andernfalls müßte der Wechselgläubiger nämlich bei Unaufklärbarkeit der Vollmachtsfrage sowohl im Prozeß gegen den Vertretenen wie auch im Rechtsstreit mit dem Vertreter unterliegen (BGH a.a.O.).

VIII. Falls eine auf den Wechsel gesetzte Unterschrift *gefälscht* ist, haftet der Namensträger natürlich nicht aus dem Wechsel, und zwar auch nicht gegenüber gutgläubigen Wechselerwerbern: Der durch die Unterschriftsfälschung geschaffene Rechtsschein ist ihm nämlich nicht zurechenbar (s. S. 91).

1. Statt dessen **haftet der Fälscher wechselmäßig** in entsprechender Anwendung von Art. 8 WG; er wird also wegen der übereinstimmenden Interessenlage einem falsus procurator gleichgestellt (h. M.).

2. **Der Namensträger kann** aber nach h. M. analog § 177 BGB **die Wechselfälschung genehmigen** und dadurch für sich die wechselmäßige Haftung begründen (RGZ 145, 87, 92; BGH NJW 1952, 64; 1963, 148; LM Art. 7 WG Nr. 1).

Beispiel: Der Kaufmann Arnold Bernhöft ist in Finanznöten. Er zieht deshalb einen Wechsel über 10.000,— DM auf seinen finanzkräftigen Bruder Burkhard Bernhöft, fälscht dessen Akzept und gibt den Wechsel dann an seinen Hauptgläubiger Ferdinand Meyer. Durch eine Mitteilung des letzteren erfährt Burkhard Bernhöft davon. Er stellt seinen Bruder empört zur Rede, sagt ihm dann aber, er wolle der Familienehre wegen den Wechsel als echt behandeln. Infolge der darin liegenden Genehmigung haftet er nach h. M. so, als habe er selber den Wechsel akzeptiert.

Diese Lösung ist interessengerecht, konstruktiv aber nicht unproblematisch. Eine Genehmigung würde nach allgemeinen Regeln einen genehmigungsbedürftigen und deshalb zumindest schwebend unwirksamen Begebungsvertrag voraussetzen. Ein solcher ist hier aber weder unter eigenem noch in fremdem Namen abgeschlossen worden; vielmehr ist die ordnungsmäßige Begebung des Wechsels durch den Namensträger nur vorgespiegelt worden. Fragt ein Erwerbsinteressent oder jemand, der den Wechsel bereits erworben hat, beim Namensträger an, ob der Wechsel in Ordnung gehe, und bejaht der Namensträger daraufhin die Echtheit seiner Unterschrift, so ist diese Erklärung nach h. M. als Genehmigung der Wechselfälschung zu werten, wenn der Namensträger von der Fälschung wußte oder doch mit ihr rechnete. Das ist allerdings schwerlich haltbar: Die Äußerung des Namensträgers ist ihrem objektiven Erklärungswert nach eine bloße Auskunft (Wissenserklärung), kein Rechtsgeschäft. Die wissentlich unzutreffende Bestätigung der Echtheit kann vielmehr nur dazu führen, daß dem Namensträger eine spätere Berufung auf die Unechtheit der Unterschrift als widersprüchliches Verhalten (venire contra factum proprium) verwehrt sein muß (so Zeiss JZ 1963, 478). Bloßes Schweigen des Namensträgers hat diese Wirkung nicht, da eine Pflicht zur Auskunft für ihn grundsätzlich nicht besteht. Bei Vorliegen besonderer Umstände kann ein derartiges Verhalten jedoch als Verstoß gegen die guten Sitten zu bewerten sein und den Namensträger deshalb bei Vorhandensein eines zumindest bedingten Schädigungsvorsatzes aus § 826 BGB schadenersatzpflichtig machen (BGHZ 47, 110; BGH NJW 1963, 148, 150; WM 1967, 339, 341; 1969, 788).

IX. Bei Verfälschung eines Wechsels, also **bei nachträglichen Veränderungen** des Wechseltextes, ist **zu unterscheiden,** Art. 69 WG:

1. **Wer nach der Änderung** seine Unterschrift auf den Wechsel gesetzt hat, **haftet entsprechend dem geänderten Text.**

2. **Wer vor der Änderung** seine Unterschrift auf den Wechsel gesetzt hat, **haftet entsprechend dem ursprünglichen Text.**

   Z. B.: Der Indossant I_3 fälscht die Wechselsumme durch Hinzufügung einer Null aus 1.000,— DM in 10.000,— DM. Dann haften die Vormänner des I_3 nur auf 1.000,— DM, I_3 selbst und die späteren Indossanten dagegen auf 10.000,— DM. Der Annehmer haftet, wenn er vor der Verfälschung den Wechsel angenommen hat, auf 1.000,— DM, andernfalls auf 10.000,— DM.

   Wer einen verkehrswidrig ausgefüllten und damit **fälschungsgefährdeten Wechsel in Verkehr bringt, haftet,** wenn später die Wechselsumme wirklich durch Verfälschung erhöht wird, einem gutgläubigen Wechselerwerber gegenüber **nach Maßgabe des geänderten Textes** (so die Mehrheit des neueren Schrifttums und früher RGZ 164, 10). Art. 10 WG (s. dazu S. 68 f.) ist insoweit entsprechend anzuwenden.

   Beispiel: B akzeptiert einen Wechsel über 6.000,— DM, bei dem die Buchstabenzeile nicht ausgefüllt ist und die Ziffernangabe nicht durch Sperrstriche eingegrenzt ist. Ein späterer Wechselgläubiger I_3 setzt eine 1 vor die Zahl und trägt in der Buchstabenzeile „Sechzehntausend“ ein. Den so verfälschten Wechsel indossiert er an den ahnungslosen I_4. Richtiger Ansicht nach haftet B aus Art. 28 i. V. m. dem entsprechend anzuwendenden Art. 10 WG in Höhe von 16.000,— DM.

   Der BGH vertritt allerdings dezidiert die gegenteilige Auffassung (BGHZ 47, 95, 101; BGH NJW 1986, 2834). Danach soll eine Haftung des Wechselzeichners für die von ihm fahrlässig ermöglichte Verfälschung des Wechseltextes mit dem eindeutigen Wortlaut des Art. 69 S. 2 WG nicht zu vereinbaren sein. Nur wenn der Unterzeichner Anlaß gehabt habe, mit der Verfälschung durch Einsetzung einer höheren Wechselsumme zu rechnen und diese Möglichkeit in Kauf genommen habe, könne er an den geänderten Text gebunden werden; dann wäre nämlich die Berufung auf die Verfälschung als Rechtsmißbrauch unzulässig (BGHZ 47, 95, 101; dagegen überzeugend Baumbach-Hefermehl Art. 69 WG Rdn. 11 f. und Canaris JZ 1987, 543 ff.).

II. Der gezogene Wechsel

A. Die wechselrechtlichen Erklärungen

1. Die Ausstellung des Wechsels

a) Die Formerfordernisse

Wechselverbindlichkeiten können nur entstehen, wenn ein formgültiger Wechsel vorliegt. Die Erfordernisse eines gezogenen Wechsels ergeben sich aus Art. 1 und 2 WG. Art. 1 WG zählt in 8 Ziffern insgesamt 9 Erfordernisse eines vollständig ausgefüllten gezogenen Wechsels auf (Art. 1 Nr. 7 erhält nämlich 2), von denen aber nur 6 wirklich unentbehrlich sind: Das sind zunächst einmal zwei Voraussetzungen, die die sog. „sachlichen Grundbedingungen" (Zöllner) festlegen, nämlich die Wechselklausel (Art. 1 Nr. 1 WG) und die Summenanweisung (Art. 1 Nr. 2 WG). Unentbehrlich sind weiterhin drei Elemente, die das beim gezogenen Wechsel bestehende Personendreieck offenlegen (Art. 1 Nr. 3, 6 und 8 WG), und schließlich ist auch die Angabe des Ausstellungstages zwingend vorgeschrieben. Die darüber hinaus in Art. 1 Nr. 5 und 7 WG verlangte Angabe des Zahlungsortes und des Ausstellungsortes sind nach Art. 2 III und IV WG durch andere Angaben ersetzbar. Die in Art. 1 Ziff. 4 WG genannte Angabe der Verfallzeit ist sogar überhaupt entbehrlich, also keine Gültigkeitsvoraussetzung (arg. Art. 2 II WG); wenn allerdings die Verfallszeit angegeben wird, muß zur Vermeidung der Formnichtigkeit eine der in Art. 33 WG zugelassenen Zeitbestimmungen gewählt werden.

Die Formerfordernisse werden im folgenden anhand des nachstehenden Musters erörtert, wobei dieses jeweils mit der Abkürzung M und dem Zusatz der jeweils gemeinten hochgestellten Ziffer in Bezug genommen wird; kursiv gedruckte Namen stehen hier und bei späteren Mustern für Unterschriften.

> Berlin, den 1. 12. 1988[1]
>
> Gegen diesen Wechsel[2] zahlen Sie[3] am 1. Februar 1989[4] an Herrn Ferdinand Knobloch[5] DM 5.000,—
> (in Worten: Fünftausend)[6].
>
> *Karl Schulze*[13]
>
> | | | |
> |---|---|---|
> | Bezogener: | Karl Schulze[7] | *Friedrich Meyer*[11] |
> | | in Düren, | Rudolf-Neumeyer-Str. 4 |
> | | Grüner Weg 7 | 1000 Berlin 13 |
> | | | per Aval *Heinrich Lehmann*[12] |
>
> zahlbar in Köln[8]
> bei der Deutschen Bank, Zweigstelle Luxemburger Str. 107[9]
> notfalls beim Bankhaus Lemke & Co. in Köln[10]

aa) Die unersetzbaren Gültigkeitsvoraussetzungen

I. Wechselklausel

Die Urkunde muß **im Text als Wechsel bezeichnet** sein (vgl. M 2), und zwar in der Sprache, in der sie ausgestellt ist (Art. 1 Nr. 1). Hierdurch soll erreicht werden, daß die Urkunde auch bei flüchtigem Lesen als Wechsel erkennbar ist; potentielle Unterzeichner werden damit, da die Schärfe der Haftung aus einem Wechsel allgemein bekannt ist, gewarnt.

Ungültig als Wechsel ist beispielsweise eine Urkunde, die nur in der Überschrift als „Wechsel" bezeichnet ist oder die im Text nur das Wort „Tratte" enthält. Man läßt allerdings auch dort Verbindungen wie „Wechselurkunde" oder „Primawechsel“ zu. Für einen in französischer Sprache ausgestellten Wechsel ist der Ausdruck „lettre de change“ oder „mandat acceptable“ erforderlich, für einen in englischer Sprache ausgestellten Wechsel der Ausdruck „bill of exchange“.

II. Zahlungsklausel

Der Wechsel muß die **unbedingte Anweisung** enthalten, eine **bestimmte Geldsumme** zu zahlen (Art. 1 Nr. 2 WG).

Die Anweisung wird herkömmlicherweise — sprachlich inkorrekt — in die Form eines Aussagesatzes gekleidet: „Gegen diesen Wechsel zahlen Sie . . .“ (M 3).

1. **Im einzelnen** ist folgendes **zu beachten:**

a) **Die Geldsumme** kann **in deutscher Währung oder** in einer beliebigen **ausländischen Währung** (z. B. in Dollar) angegeben sein. Fremdwährungswechsel ohne Effektivvermerk können allerdings nach Art. 41 I, II WG auch in DM bezahlt werden.

b) **Die Geldsumme** kann an einer beliebigen Stelle des Wechsels angegeben werden; sie **braucht nicht im Text der Urkunde zu stehen.** Es reicht also, wenn die Summe nur in der oberen rechten Ecke angegeben ist und der Text darauf Bezug nimmt („Zahlen Sie die obengenannte Summe . . .“).

c) Die Geldsumme kann in Buchstaben oder Ziffern oder auf beide Arten angegeben werden. **Bei Abweichungen gilt,** wenn die Geldsumme, um Fälschungen zu erschweren, in Ziffern und in Buchstaben angegeben ist, die **in Buchstaben angegebene Summe,** bei mehrfacher Angabe in Buchstaben die geringere Summe (Art. 6 WG).

d) **Die Geldsumme muß bestimmt sein;** bloße Bestimmbarkeit (z. B.: „Zahlen Sie den Kurswert von 200 g Feingold . . .“) genügt nicht. Außerdem muß die Geldsumme grundsätzlich in einem einheitlichen Betrag angegeben werden; deshalb müssen etwaige Zinsen schon in die Wechselsumme einberechnet werden. **Zinsklauseln** sind **nur bei Wechseln mit unbestimmter Laufzeit** (Sicht- und Nachsichtwechseln, s. unten S. 64) **zulässig.** Wechsel mit bestimmter Verfallzeit (Tages- und Datowechsel) können nicht verzinslich gestellt werden. Ein Zinsvermerk macht aber den Wechsel nicht nichtig, sondern gilt als nicht geschrieben.

Grund dieser Regelung: Das Gesetz will die Zinsklausel, die die Höhe der zu zahlenden Summe unbestimmt macht, nur insoweit zulassen, als dafür ein wirtschaftliches Bedürfnis besteht. Bei Wechseln mit bestimmter Verfallzeit kann der Aussteller aber von vornherein die Zinsen bis zum Verfalltag ausrechnen und in die Wechselsumme einbeziehen. Das Gesetz läßt deshalb die Zinsklausel nur bei Wechseln mit unbestimmter Verfallzeit zu, weil nur bei diesen Wechseln die Zinsen (eben wegen der noch unbestimmten Verfallzeit) nicht von vornherein eingerechnet werden können.

2. **Ungültig als Wechsel** sind:

a) Urkunden, in denen die Zahlungsanweisung **an eine Bedingung geknüpft** ist, z. B. „Zahlen Sie gegen Vorlegung eines Duplikatfrachtbriefes“. S. auch unten S. 66.

b) Urkunden, die nicht auf eine bestimmte Geldsumme, sondern **auf Lieferung von Waren oder Wertpapieren lauten.**

III. Der Name des Bezogenen

Der Wechsel muß den **Namen** des Bezogenen, also **der Person oder Firma, die zahlen soll,** enthalten (Art. 1 Nr. 3 WG). Der Name braucht nicht im Text der Urkunde zu stehen. Zumeist wird er unten links auf die Vorderseite des Wechsels gesetzt, und zwar entweder mit dem ausdrücklichen Zusatz „Bezogener:“ (s. M 7) oder aber in der Form einer Adresse („Herrn Karl Schulze in Düren“).

1. **Es genügt, wenn irgendein Name genannt ist.** Wechsel, die auf nicht existierende Personen oder Firmen gezogen werden (sog. Kellerwechsel), sind daher voll gültig (Art. 7 WG). Das gleiche gilt, wenn die Person des Bezogenen mangels Angabe der Anschrift (Herrn Fritz Maier in Berlin) nicht zu ermitteln ist.

2. Falls eine **Personenvereinigung als Bezogener** angegeben wird, **muß** diese **wechselfähig** sein bzw. nach der Art der Bezeichnung wechselfähig **sein können.**

   Zulässig also: Gesangverein Harmonie Melle; es kann sich ja um einen eingetragenen Verein handeln. Unzulässig dagegen: Die Wohnungseigentümergemeinschaft des Hauses Osnabrück, Neustraße 34 (diese ist nach § 10 WEG eine Sonderform der Bruchteilsgemeinschaft, mithin nicht wechselfähig).

3. Ist als Bezogener ein **Unternehmen** benannt, so muß die Bezeichnung nicht unbedingt firmenrechtlich zulässig sein (RGZ 119, 198, 202; BGH WM 1962, 421, 422); es kann vielmehr auch eine schlagwortartige Bezeichnung genügen.

4. Es können auch **mehrere Bezogene** angegeben werden, aber nur, wenn jeder zur Zahlung der vollen Wechselsumme angewiesen wird (RGZ 46, 132); nicht dagegen, wenn sie nur alternativ oder pro rata leisten sollen.

5. **Der Aussteller kann sich** nach Art. 3 II WG auch **selbst als Bezogenen bezeichnen** (sog. *trassiert-eigener Wechsel*). Dies kommt dann vor, wenn bei einem Unternehmen mit Filialen die Hauptniederlassung einen Wechsel auf eine Zweigniederlassung zieht (sog. Kommanditwechsel). Obwohl hier wegen der Personenidentität von Aussteller und Bezogenem für eine materielle Betrachtung gar keine Anweisung, sondern nur ein Zahlungsversprechen gegeben sein kann, wird ein solcher Wechsel — der äußeren Form entsprechend — rechtlich doch als Tratte behandelt.

6. Die **Annahme des Wechsels** durch den Bezogenen **hat mit der Ausstellung des (Grund-)Wechsels nichts zu tun.** Sie begründet vielmehr die wechselmäßige Verpflichtung des Bezogenen aus dem bereits entstandenen Wechsel.

IV. Name des Wechselnehmers

Auf dem Wechsel muß der **Name oder die Firma des Wechselnehmers oder Remittenten,** also desjenigen, an den oder an dessen Order gezahlt werden soll, angegeben sein (Art. 1 Nr. 6 WG, s. M 5).

1. Als Remittent muß eine **bestimmte Person** angegeben sein.

Ein Wechsel auf den Inhaber (Au-porteur-Wechsel) ist ungültig. Der Aussteller kann aber praktisch den gleichen Erfolg dann erreichen, indem er den Wechsel an eigene Order stellt und mit einem Blankoindossament (s. unten S. 79) versieht.

Für die Bezeichnung des Remittenten gilt das oben III. 1.—3. Ausgeführte entsprechend.

2. Die Angabe des Wechselnehmers wird häufig mit einer **Orderklausel** verbunden („An Herrn Norbert Neumann oder dessen Order" bzw. „An die Order des Herrn Norbert Neumann"). Diese **ist** jedoch **überflüssig,** da der Wechsel ja ein geborenes Orderpapier darstellt, also auch ohne die Orderklausel durch Indossament übertragen werden kann (Art. 11 Abs. 1 WG s. oben S. 38).

Die Übertragung des Wechsels durch Indossament ist nur dann **ausgeschlossen, wenn** der Wechsel die **„negative Orderklausel"** („nicht an Order") enthält. Diese Klausel macht den Wechsel zum Rektapapier (Rektawechsel), das nur durch Abtretung und Übergabe des Wechsels übertragen werden kann (Art. 11 II WG).

3. **Der Aussteller** kann **sich selbst als Remittenten** bezeichnen *(Wechsel an eigene Order),* Art. 3 I WG (übliche Formulierungen: „Zahlen Sie an eigene Order" bzw. „An mich" oder „An meine Order").

Auf diese Weise ist der Aussteller in der Lage, das Akzept schon einzuholen, bevor er bestimmt, an wen er den Wechsel demnächst begeben will.

Da der Aussteller auch sich selbst als Bezogenen bezeichnen kann (vgl. oben III 5), so können Aussteller, Remittent und Bezogener ein und dieselbe Person sein (trassiert-eigener Wechsel an eigene Order).

Nach BGHZ 56, 323, 324 ist ein Wechsel selbst dann gültig, wenn Bezogener und Remittent dieselbe Person sind.

4. Die Benennung **mehrerer Personen** als Wechselnehmer ist nur zulässig, wenn diesen die Rechte aus dem Wechsel gemeinschaftlich zustehen sollen (§ 432 BGB). Falls ersichtlich eine wahlweise oder anteilige Berechtigung gemeint ist, wäre der Wechsel nichtig.

5. Trotz fehlender Bezeichnung des Wechselnehmers soll der Wechsel gültig sein, wenn das Indossament des Ausstellers auf der Wechselrückseite des Wechsels unzweifelhaft den Anfang der Indossamentenkette bildet; dann soll nämlich eine Auslegung des Wechsels zu dem Ergebnis führen, daß es sich um einen Wechsel an eigene Order handelt (BGH WM 1977, 1376, 1377). Das erscheint unangemessen großzügig. Das Indossament ist nun einmal kein Bestandteil des Grundwechsels; dieser muß aus sich selbst heraus verständlich sein.

V. **Unterschrift des Ausstellers**

Der Wechsel muß nach Art. 1 Nr. 8 WG von dem Aussteller mit seinem Namen oder seiner Firma unterzeichnet sein (vgl. M 11).

1. **Die Unterschrift** des Ausstellers muß auf der Vorderseite des Wechsels und **am Ende der Urkunde** stehen.

Befindet sich der Name des Ausstellers an einer anderen Stelle (z. B. Zahlen Sie an mich, Friedrich Müller), so genügt dies nicht, weil dann keine „Unterschrift" vorliegt. Üblicherweise steht die Unterschrift rechts unter dem Wechseltext.

2. Der Wechsel muß **eigenhändig mit dem Namen unterzeichnet** sein, weil nur dann die vom Gesetz verlangte „Unterschrift" des Ausstellers vorliegt. Es genügt also nicht:

a) Die mechanische Herstellung der Unterschrift durch Stempel oder Druck oder Maschinenschrift.

b) Ein gerichtlich oder notariell beurkundetes Handzeichen (BGH WM 1969, 857).

3. Die Unterschrift muß den Unterzeichner **als Aussteller kennzeichnen.** Steht bei der einzigen Unterschrift auf der Vorderseite ein Zusatz, der dem Unterzeichner eine andere Rolle zuweist („als Bürge", „als Zeuge"), ist der Wechsel formnichtig.

4. **Die Unterschrift durch** einen **Vertreter ist zulässig.** Der Vertreter kann entweder mit seinem eigenen Namen oder mit dem Namen des Vertretenen unterzeichnen. Zeichnet der Vertreter mit seinem eigenen Namen, so muß in dem Wechsel das Vertretungsverhältnis irgendwie zum Ausdruck gebracht werden.

Beispiel: Friedrich Meyer, der von Karl Schulze zur Ausstellung eines Wechsels bevollmächtigt ist, kann unterzeichnen „in Vertretung für Karl Schulze, Friedrich Meyer". Dabei können die Worte in Vertretung für Karl Schulze auch durch einen anderen geschrieben oder gedruckt werden. Meyer kann aber auch einfach mit dem Namen Karl Schulze unterzeichnen (RGZ 74, 69, 74).

5. Ist die Unterschrift des Ausstellers **gefälscht,** so liegt im übrigen doch ein wirksamer Wechsel vor, aus dem der Annehmer und die Indossanten wechselmäßig haften. Vgl. S. 51.

VI. **Ausstellungstag**

Zu den unentbehrlichen Erfordernissen des Wechsels gehört schließlich die Angabe des Ausstellungstages (Art. 1 Nr. 7 WG).

1. Der Ausstellungstag wird **regelmäßig** in die **linke obere Ecke** gesetzt (und zwar zumeist hinter die Angabe des Ausstellungsortes, s. M 1). Diese Plazierung

ist jedoch nicht vorgeschrieben; der Ausstellungstag kann deshalb beispielsweise auch bei der Ausstellerunterschrift stehen.

2. **Das Erfordernis** der Datierung ist **rein formell** aufzufassen. Die Zeitangabe muß nur einen möglichen Ausstellungstag bezeichnen, braucht aber nicht der Wirklichkeit zu entsprechen.

Z. B.: Ein am 1. 12. 1988 ausgestellter, aber auf den 1. 2. 1989 vordatierter Wechsel ist formwirksam. Dagegen ist ein Wechsel, der einen unmöglichen Ausstellungstag angibt (z. B. den 31. 9. oder den 29. 2. eines Nichtschaltjahres) unrettbar formnichtig. Ein Wechsel, der ein nach dem Verfalltag liegendes Ausstellungsdatum trägt, erfüllt zwar an sich die Voraussetzungen des Art. 1 Nr. 7 WG, ist aber in sich widersprüchlich (perplex) und schon aus diesem Grunde nichtig (i. E. BGHZ 53, 11, 13 f.; a. A. Zöllner § 12 V 6).

3. Die Zeitangabe muß einen **bestimmten Tag** bezeichnen: „Ostern 1989" würde nicht genügen, da dann nicht klar ist, ob der 1. oder der 2. Feiertag gemeint ist. Die Angabe muß aber nicht unbedingt zahlenmäßig geschehen: „Buß- und Bettag 1988" wäre ausreichend. Auch die Jahreszahl muß angegeben werden; eine Angabe der Jahreszahl beim Verfalltag ist kein Ersatz.

bb) Die ersetzbaren Formerfordernisse

VII. Ausstellungsort

1. Auch der Ausstellungsort muß nach Art. 1 Nr. 7 WG auf dem Wechsel angegeben werden. Falls diese Angabe jedoch fehlt, **wird** sie **durch den** etwa **beim Namen des Ausstellers angegebenen Ort ersetzt;** der letztere gilt dann nach Art. 2 IV WG als Ausstellungsort. Ist auch dort kein Ort angegeben, so ist der Wechsel ungültig.

Man läßt es im Rahmen des Art. 2 IV WG genügen, wenn die Firma des Ausstellers in adjektivischer Form eine Ortsbezeichnung (z. B.: Quakenbrücker Kornbrennerei Fridolin Meyer OHG) enthält.

2. Das Erfordernis der Angabe des Ausstellungsortes ist — genauso wie das der Datierung — rein formell aufzufassen. Die Ortsangabe muß also einen wirklich bestehenden Ort bezeichnen, braucht aber nicht mit dem wirklichen Ausstellungsort übereinzustimmen; andernfalls wäre nämlich die Formgültigkeit des Wechsels für den Erwerber überhaupt nicht überprüfbar.

Es muß nicht unbedingt die politische Gemeinde angegeben werden, sondern es genügt auch ein im Verkehr bestimmbarer Platz (z. B. ein Stadtteilname). Es schadet auch nicht, wenn der betreffende Name mehrfach vorkommt, die Ortsbezeichnung also zur Identifizierung nicht genügt (z. B.: Neustadt). Falls der angegebene Ausstellungsort aber überhaupt nicht existiert, ist der Wechsel formnichtig. Hierin liegt ein erheblicher Gefahrenpunkt für den Wechselverkehr.

VIII. Zahlungsort

Der Wechsel muß nach Art. 1 Nr. 5 WG den **Ort** angeben, **an dem die Zahlung erfolgen soll.** Nach Art. 2 III WG genügt es aber auch, wenn beim Namen des Bezogenen ein Ort angegeben ist; dieser sog.

Adreßort ist dann zugleich Zahlungsort. Hieraus folgt, daß die Wechselverpflichtung im Zweifel Holschuld ist.

1. Der Zahlungsort kann entweder mit dem Ausstellungsort identisch **(Platzwechsel)** oder ein anderer Ort **(Distanzwechsel)** sein.

   Der Zahlungsort muß einheitlich bestimmt sein. Unzulässig ist daher die Klausel „in Köln oder Berlin“ oder „zahlbar an allen Orten“. Vgl. BGH NJW 1969, 2196, 2197.

2. Der Zahlungsort kann auch **von dem Wohnort des Bezogenen abweichen.** Man spricht dann von einem **Domizilwechsel.** Da der Zahlungsort ausschließlich vom Aussteller festgelegt wird, kann nur er einen solchen Domizilvermerk einsetzen. Dieser kommt vor, wenn der Wechsel bei einer auswärtigen Bank als Domiziliat bezahlt werden soll (s. unten 3.) oder wenn der Bezogene an einem Ort wohnt, der außerhalb des großen Verkehrs liegt, aber an dem verkehrsgünstiger gelegenen Zahlungsort Geschäftsräume hat.

3. Der Wechsel kann auch **bei einem Dritten zahlbar gestellt** sein, und zwar nach Art. 4 WG nicht nur am Wohnort des Bezogenen, sondern auch an einem anderen Ort. Dieser Dritte ist dann die Zahlstelle des Bezogenen; bei ihm ist deshalb der Wechsel vorzulegen und ggf. Protest zu erheben. Bei den meisten Wechseln ist eine Bank als Zahlstelle benannt.

   a) Liegt die Zahlstelle am Wohnort des Bezogenen, spricht man von einem Zahlstellenwechsel (oder auch mißverständlich von einem unechten *Domizilwechsel*). Die Zahlstelle kann nicht nur vom Aussteller, sondern auch noch vom Bezogenen bei der Annahme festgelegt werden (Art. 27 II WG).

   b) Falls der Wechsel als Domizilwechsel ausgestellt wird — der vom Aussteller festgelegte Zahlungsort also vom Wohnort des Bezogenen abweicht —, kann der Aussteller auch bereits die Zahlstelle des Bezogenen an diesem Ort (den sog. Domiziliaten) festlegen. Bei *Domizilwechseln ohne benannten Domiziliaten* kann auch der Bezogene noch bei der Annahmeerklärung die auswärtige Zahlstelle bezeichnen (Art. 27 I WG). Geschieht dies nicht, so wird angenommen, daß der Bezogene selbst am Zahlungsort Zahlung leisten will.

4. Zahlungsort ist die **politische Gemeinde,** in der der Wechsel zu bezahlen ist. Zulässig ist auch die Angabe eines allgemein bekannten Stadtteils (z. B. Bad Godesberg = Bonn 2); Zahlungsort ist dann die ganze Gemeinde. Wird ein mehrfach vorkommender Ortsname (z. B. Neustadt) ohne Konkretisierung angegeben, berührt dies die Wirksamkeit des Wechsels nicht. Der Wechsel kann dann an jedem der gleichnamigen Orte zur Zahlung vorgelegt und protestiert werden. Erhebt der Inhaber allerdings in Kenntnis des gemeinten Ortes bei einem anderen Orte Protest, macht er sich aus § 826 BGB gegenüber den Rückgriffsschuldnern schadenersatzpflichtig (Stranz Art. 1 Anm. 14 WG).

5. Der angegebene Zahlungsort muß wirklich existieren; andernfalls wäre der Wechsel nichtig.

6. Der Zahlungsort muß **bereits im Grundwechsel angegeben** sein; er wird also durch eine etwa beim Akzept stehende Ortsangabe nicht ersetzt. Form und Stelle der Zahlungsortsangabe sind nicht vorgeschrieben. Der Zahlungsort kann deshalb auch außerhalb des zusammenhängenden Wechseltextes plaziert werden. Die gängigen Wechselformulare führen ihn mit den Worten „Zahlbar in . . .“ links unten auf. Die nochmalige Angabe in der rechten oberen Ecke des Wechsels ist ein bloßer Kontrollvermerk ohne wechselrechtliche Bedeutung; Abweichungen führen also nicht zur Nichtigkeit.

cc) Das negative Erfordernis

IX. Keine unzulässige Verfallzeitangabe

1. Das Wechselgesetz unterscheidet die Verfallzeit (Art. 1 Nr. 4, 33 WG) und den Zahlungstag (Art. 38, 44, 72 WG). Verfallzeit ist **der Tag, an dem die Wechselsumme gezahlt werden soll.** Zahlungstag ist demgegenüber der Tag, an dem der Gläubiger die Zahlung verlangen kann. Diese beiden Zeitpunkte fallen regelmäßig zusammen. Wenn der Wechsel aber an einem gesetzlichen Feiertag oder an einem Sonnabend verfällt, kann die Zahlung erst am nächsten Werktag verlangt werden (Art. 72 I S. 1 WG).

2. Der Wechsel **kann** die **Verfallzeit angeben;** die Angabe ist jedoch keine Gültigkeitsvoraussetzung. Fehlt diese (der Sachlogik nach erforderliche) Angabe, wird der Wechsel nämlich kraft Gesetzes ergänzt; er gilt dann nach Art. 2 II WG als Sichtwechsel (s. unten S. 64).

   Gleichzeitig besteht jedoch in dieser Hinsicht ein gleichsam negatives Formerfordernis: **Der Wechsel darf,** wenn er **die Verfallzeit** nennt, diese **nur in einer der in Art. 33 I WG vorgesehenen Möglichkeiten bestimmen.**

3. Die Verfallzeit muß für die ganze Wechselsumme **einheitlich bestimmt** sein. Ratenwechsel sind unzulässig (Art. 33 II WG).

   Ungültig ist beispielsweise ein Wechsel, der bestimmt: „Zahlen Sie ab 1. 12. 1988 ein Jahr lang monatlich 1.000,— DM.“

4. **Als Verfallzeit kann** Art. 33 I WG **angegeben werden:**

   a) **Ein bestimmter Tag** (Tagwechsel), z. B.: „Zahlen Sie am 1. 2. 1989 . . .“ (vgl. M 4).

   Tagwechsel sind in der Praxis am gebräuchlichsten.

Der Tag muß nicht unbedingt zahlenmäßig angegeben werden, es genügt also beispielsweise „Buß- und Bettag 1989“. Auch „Am nächsten Donnerstag“ genügt, weil der Verfalltag dann anhand des Ausstellungsdatums feststellbar ist. Nach Art. 36 III WG genügen auch die Angaben Anfang, Mitte (medio) und Ende (ultimo) eines bestimmten Monats; dies bedeutet dann 1. bzw. 15. bzw. letzter Tag des Monats. Fehlt die Jahreszahl, so ergänzt die h. M. den Wechsel im Wege der Auslegung dahin, daß dann der nächste entsprechende Tag gemeint ist. Angaben wie „Weihnachten 1988“ oder „Ostern 1989“ sollen nach einem Teil des Schrifttums zu unbestimmt sein und damit zur Nichtigkeit des Wechsels führen. Das ist jedoch eine unnötige Förmelei; der Wechsel kann ja nach Art. 72 I WG ohnehin erst am nächsten Werktag präsentiert werden, und dieser Zahlungstag (nach dem sich auch die entscheidenden Fristen richten, vgl. Art. 38, 44 III WG) ist auch bei dieser Art der Verfallzeitangabe genau festgelegt.

Auch wenn vor der Datumsangabe „bis zum“ steht, kann das angegebene Datum als Verfalltag gewertet werden (Baumbach-Hefermehl Art. 33 Rdn. 5; str.). Dagegen wäre bei der bloßen Angabe eines Zeitraums („Zahlen Sie im Monat August“) kein bestimmter Verfalltag festgelegt; ein solcher Fristwechsel wäre deshalb nichtig.

b) **Bei Präsentation** (Sicht) **des Wechsels** (Sichtwechsel)

Üblich sind hierfür die Klauseln „auf Sicht“, „bei Sicht“, „bei Vorlegung“, „jederzeit“, „a vista“, „auf Verlangen“. Der Sichtwechsel wird fällig, wenn er dem Bezogenen vorgelegt wird, um Zahlung zu fordern. Er muß grundsätzlich innerhalb eines Jahres vorgelegt werden. Diese Frist kann vom Aussteller verlängert oder verkürzt, von einem Indossanten nur verkürzt werden. Der Aussteller kann außerdem vorschreiben, daß der Wechsel nicht vor einem bestimmten Datum präsentiert werden darf. Vgl. Art. 34 WG. — Der Sichtwechsel wird vor allem zu Kautionszwecken eingesetzt.

c) **Eine bestimmte Zeit nach Sicht** (Nachsichtwechsel).

Z. B.: „Zahlen Sie 14 Tage nach Sicht . . .“

Die Verfallzeit bestimmt sich dann gem. Art. 35 WG nach dem in der Annahmeerklärung des Bezogenen angegebenen Tag oder nach dem Tag der Protesterhebung mangels Annahme, bei undatierter Annahme im Verhältnis zum Annehmer nach dem letzten Tag der Annahmefrist i. S. von Art. 23 WG. Die Rückgriffsansprüche erhält sich der Wechselgläubiger bei undatierter Annahmeerklärung nur, wenn er wegen der fehlenden Datierung Protest erhebt (Art. 25 II S. 2 WG).

Auch der Nachsichtwechsel kommt vor allem als Kautionswechsel vor.

d) **Eine bestimmte Zeit nach der Ausstellung** (Datowechsel), z. B. „Zahlen Sie drei Monate a dato“ oder „Zahlen Sie heute nach drei Monaten“.

In dieser Form ist die Fristbestimmung sehr häufig. Zur Auslegung von Fristen im einzelnen s. Art. 36, 37 WG.

5. **Wechsel mit anderen** als den nach Art. 33 I WG zulässigen **Verfallzeiten sind** nach Art. 34 II WG **nichtig.**

Unwirksam sind damit insbesondere Usowechsel, bei denen die Zahlung zum üblichen Zeitpunkt erfolgen soll, ebenso Wechsel, bei denen die Verfallzeit sich nach einer Messe oder einem sonstigen Ereignis (z. B. „An meinem 30. Geburtstag") bestimmen soll; ferner Wechsel, bei denen der Verfall von einer Kündigung abhängt. Schließlich — kraft ausdrücklicher Regelung in Art. 33 II WG — auch Wechsel mit mehreren aufeinanderfolgenden Verfallzeiten (Ratenwechsel). Nichtig sind aber auch Wechsel mit einem unmöglichen Verfalldatum (z. B. 31. April). Dies kann von einem potentiellen Wechselgläubiger bzw. -erwerber leicht übersehen werden.

6. Das Gesetz bestimmt keine Schranke für die Laufzeit eines Wechsels. Theoretisch kann die Verfallzeit sogar mehr als 30 Jahre nach der Ausstellung liegen.

dd) Zusätze zum Wechsel

Neben den wesentlichen Erfordernissen weisen die Wechsel vielfach Zusätze auf, die entweder den Inhalt der Wechselverpflichtung oder das Kausalverhältnis betreffen.

I. **Zusätze,** die den **Inhalt der Wechselverpflichtung** betreffen.

1. **Die Zinsklausel,** nach der die Wechselsumme zu verzinsen ist, ist **nur bei Wechseln mit unbestimmter Verfallzeit** (Sicht- und Nachsichtwechseln) zugelassen (Art. 5 WG).

Die Zinsklausel muß den Zinssatz angeben; andernfalls gilt sie als nicht geschrieben. Ist der Beginn der Verzinsung nicht angegeben, so laufen die Zinsen vom Tag der Wechselausstellung an.

Beispiel: „Zahlen Sie gegen diesen Wechsel nach Sicht 1.000,— DM nebst 6 % Zinsen seit dem 1. 12. 1988."

2. **Sonstige** vom Gesetz **zugelassene Zusätze,** die den Inhalt der Wechselverpflichtung betreffen, sind namentlich:

a) Die **Rektaklausel** (negative Orderklausel). Vgl. oben S. 38.

b) Die sog. **Angstklausel** „ohne obligo", durch die sich der Aussteller von der Haftung für Annahme freizeichnet. S. unten S. 90.

c) Der **Domizilvermerk.** Vgl. oben S. 62.

d) Die **negative Protestklausel.** Vgl. S. 102.

e) **Vorlegungsgebot** und **Vorlegungsverbot.** Vgl. S. 71.

f) Die **Notadresse.** Vgl. S. 106.

II. **Zusätze,** die nur das **Kausalverhältnis** betreffen.

1. **Solche Zusätze** sind insoweit **zulässig, als sie** lediglich die Beziehungen der Beteiligten zueinander und deshalb **nicht den Inhalt der**

Wechselverpflichtung berühren. Hierhin gehören namentlich folgende früher verbreitet gewesene, heute aber kaum noch vorkommende Zusätze:

a) Die **Avisklausel** („Zahlen Sie laut Bericht“ oder „Zahlen Sie ohne Bericht“). Sie richtet sich an den Bezogenen und sagt ihm, ob er ohne weiteres oder erst dann zahlen soll, wenn er von dem Aussteller eine besondere Mitteilung erhalten hat.

b) Die **Deckungsklausel** („Stellen Sie mir den Wert in Rechnung“). Sie wendet sich gleichfalls an den Bezogenen und sagt ihm, auf welche Weise er Deckung für die Einlösung des Wechsels erhalten wird. Soll der Betrag einem Dritten in Rechnung gestellt werden — was nach Art. 3 III WG zulässig ist —, spricht man von einem Kommissionswechsel.

c) Die **Valutaklausel** („Wert in Waren erhalten“ oder „Wert in bar erhalten“). Sie ist ein Vermerk darüber, wie der Aussteller von dem Remittenten die Gegenleistung erhalten hat.

Derartige Klauseln finden sich heute vor allen Dingen dann noch, wenn veraltete Wechselformulare benutzt werden. Eine besondere Beweiskraft kommt ihnen auch dann nicht zu, weil derartige Formularbestandteile erfahrungsgemäß häufig auch dann stehen bleiben, wenn sie mit dem wirklichen Sachverhalt nicht übereinstimmen.

2. **Unzulässig** sind dagegen **Zusätze, die dem Wesen des Wechsels widersprechen.** Das sind insbesondere solche, die die Summenanweisung vom Grundgeschäft abhängig machen. Sie führen zur Ungültigkeit des Wechsels.

Z. B.: „Zahlen Sie gegen diesen Wechsel laut Vertrag vom 1. 12. 1988 1.500,— DM“ oder „Zahlen Sie gegen diesen Wechsel als Darlehen 1.000,— DM“.

Der Unterschied zwischen diesen Klauseln und der Deckungsklausel (oben 1 b) liegt darin, daß die Deckungsklausel das zugrundeliegende Rechtsverhältnis nur erwähnt, aber den Inhalt der Wechselverpflichtung unberührt läßt, während die hier genannten Klauseln das zugrundeliegende Rechtsverhältnis an die Stelle der Wechselverpflichtung setzen bzw. die Wechselverpflichtung inhaltlich von diesem Kausalverhältnis abhängig machen. Da dies der abstrakten Natur des Wechsels widerspricht, so machen die genannten Klauseln den Wechsel nichtig, während die Deckungsklausel, weil sie mit dem Inhalt der Wechselverpflichtung selbst nichts zu tun hat, auch die Gültigkeit des Wechsels nicht beeinträchtigen kann.

Läßt sich im Wege der Auslegung nicht klären, ob eine bloße Deckungsklausel oder aber eine unzulässige Verknüpfung der Wechselverpflichtung mit dem zugrundeliegenden Rechtsverhältnis gewollt ist, muß der Wechsel nach dem Grundsatz der formellen Wechselstrenge als nichtig behandelt werden. Im Interesse der Umlauffähigkeit des Wechsels muß nämlich verlangt werden, daß sich die Einhaltung der Formvorschriften eindeutig aus der Urkunde selbst ergibt.

b) Die Folgen eines Formmangels

Wechsel, bei denen ein konstitutives Formerfordernis nicht eingehalten ist, sind als Wechsel nichtig (Art. 2 I WG).

Das sind in erster Linie die im eigentlichen Sinne unvollständigen Wechsel: nämlich solche, bei denen eine unentbehrliche Angabe fehlt; oder solche, bei denen das fehlende Formerfordernis an sich ersetzbar wäre, die als Ersatz geeignete Angabe aber ebenfalls nicht vorhanden ist. Darüber hinaus aber auch solche Wechsel, bei denen die Summenanweisung eine unzulässige Bedingung oder Verknüpfung mit dem Kausalverhältnis enthält.

Zur Abgrenzung des unvollständigen Wechsels vom Wechselblankett s. unten S. 67 ff.

I. **Ein formnichtiger Wechsel begründet** natürlich **keine wechselmäßige Verpflichtung** des Ausstellers. Die formnichtige Tratte läßt sich aber auch nicht als sonstiges Verpflichtungsgeschäft des Ausstellers aufrechterhalten: Sie kann zwar grundsätzlich in eine kaufmännische oder bürgerlich-rechtliche Anweisung **umgedeutet** werden, wenn deren Voraussetzungen genügt ist (OLG Bamberg NJW 1967, 1913 und die h. M.; a. A. RG JW 1930, 1376; 1935, 1778), aber bei beiden Arten der Anweisung gibt es ja keine subsidiäre Haftung des Ausstellers. Eine Umdeutung des formnichtigen gezogenen Wechsels in ein abstraktes Schuldversprechen scheitert wegen der weitergehenden Rechtsfolgen (primäre statt subsidiäre Haftung) am hypothetischen Parteiwillen (str.).

II. **Auch die weiteren wechselrechtlichen Erklärungen,** die auf einen unvollständigen Wechsel gesetzt werden (z. B. Annahmeerklärung, Indossamente) **haben keine Wechselkraft.**

Falls sich die formnichtige Tratte in eine Anweisung umdeuten läßt, haftet der Akzeptant allerdings aus § 784 BGB. Scheitert dieser Weg — wie beispielsweise bei einem Wechsel an eigene Order —, kommt eine **Umdeutung des Akzepts** selbst in ein abstraktes Schuldversprechen (§ 780 BGB) oder in einen kaufmännischen Verpflichtungsschein (§ 363 I S. 2 HGB) in Betracht (so überwiegend die Literatur; a. A. RGZ 136, 210; BGH WM 1955, 1324).

III. Wer **bewußt einen formnichtigen Wechsel ausstellt** und in Verkehr bringt, um sich notfalls auf dessen Ungültigkeit berufen zu können, muß sich nach Treu und Glauben so behandeln lassen, als wäre der Wechsel wirksam. Eine bloß fahrlässige Verursachung des Formmangels macht die Berufung auf diesen allerdings noch nicht zum Rechtsmißbrauch (BGH WM 1961, 25).

IV. **Wird ein unbeabsichtigt unvollständiger Wechsel von einem späteren Inhaber** des Papiers **vervollständigt, so liegt darin eine Verfälschung** der Urkunde (s. oben S. 54 f. sowie BGH NJW 1969, 322). Das gleiche gilt, wenn von einem späteren Inhaber ein Bestandteil gestrichen oder ausradiert wird, der (wie z. B. ein zweiter Zahlungsort oder eine unzulässige Bedingung) zur Nichtigkeit dieses Wechsels führt. Die wohl h. M. läßt allerdings eine nachträgliche Beseitigung des Formmangels mit Ex-nunc-Wirkung bei (formlosem) Einverständnis aller bisherigen Wechselzeichner zu.

c) Der Blankowechsel

Von einem unvollständigen und deshalb formnichtigen Wechsel muß der Blankowechsel (das Wechselblankett) unterschieden werden.

I. Ein **Wechselblankett ist eine Urkunde, die** noch nicht alle wesentlichen Erfordernisse eines Wechsels aufweist, die aber kraft einer entsprechenden Vereinbarung zwischen Blankettgeber und Blankettnehmer von letzterem **zu einem vollständigen Wechsel ergänzt werden darf.** Im Extremfall kann das Wechselblankett aus einem lediglich mit der Unterschrift des Blankettgebers versehenen leeren Blatt Papier bestehen (str.). Der mit der Ausfüllungsermächtigung verbundene Begebungsvertrag wird regelmäßig zwischen dem Aussteller als Blankettgeber und dem Remittenten als Blankettnehmer, unter Umständen aber auch zwischen dem Akzeptanten als Blankettgeber und dem Aussteller als Blankettnehmer geschlossen.

Die erteilte Ermächtigung zur Vervollständigung des Wechsels ist das Kriterium, das den Blankowechsel von einem unvollständigen Wechsel unterscheidet. Der Blankowechsel als solcher begründet noch keine wechselmäßigen Ansprüche. Durch die spätere Ausfüllung des Blanketts entsteht aber ein gültiger Wechsel, und zwar mit rückwirkender Kraft (BGHZ 53, 15). Die Ausfüllungsermächtigung selbst, um deren dogmatische Einordnung man immer noch sehr streitet, ist grundsätzlich unwiderruflich (BGHZ 54, 1, 5; BGH NJW 1969, 2050) und im Zweifel auch (zusammen mit dem noch unausgefüllten Wechsel) übertragbar, vererblich und pfändbar (vgl. RGZ 108, 389; 142, 308; BGH NJW 1969, 2050, 2051). Falls der Blankettnehmer das Blankett als solches weitergibt, spricht eine tatsächliche Vermutung dafür, daß er zugleich die ihm erteilte Ausfüllungsermächtigung weiter übertragen hat (BGH NJW 1969, 2050, 2051).

Beispiel: A, der mit dem Bauunternehmer C einen Werkvertrag über umfangreiche Reparaturmaßnahmen an seinem Haus abgeschlossen hat, gibt dem C ein von ihm ausgestelltes und von B angenommenes Wechselformular, in das C nach Abschluß der Arbeiten den Betrag seiner Werklohnforderung als Wechselsumme einsetzen soll. Aus dem Wechsel haften A und B wechselmäßig, sobald der Wechsel vereinbarungsgemäß von C vervollständigt wird.

II. Wird ein Wechselblankett vom Blankettnehmer bzw. einem späteren Wechselinhaber **abredewidrig komplettiert** — also beispielsweise eine das vereinbarte Limit übersteigende Wechselsumme eingesetzt —, so erlangt er dadurch natürlich keinen wechselmäßigen Anspruch gem. dem ergänzten Wechseltext. Der **Blankettgeber** wird jedoch **wenigstens in Höhe des vereinbarten Höchstbetrages verpflichtet** (RG HRR 1934, 1461). Im übrigen kann der Blankettgeber die abredewidrige Ausfüllung analog § 177 BGB genehmigen.

III. **Wird der abredewidrig ergänzte Wechsel weiterübertragen, so erlangt ein** insoweit **gutgläubiger Wechselerwerber die sich aus dem** ergänzten **Wechseltext ergebenden Ansprüche.** Die Einwendung, daß der Wechsel vertragswidrig komplettiert worden sei, kann der Blankettzeichner nach Art. 10 WG nämlich nur einem bösgläubigen Wechselinhaber entgegenhalten. Er muß dazu nachweisen, daß der Betreffende beim Erwerb des Wechsels die abredewidrige Ausfüllung kannte oder doch nur infolge grober Fahrlässigkeit übersehen hat.

Die gleiche Lösung würde sich übrigens auch schon aus der herrschenden Wertpapierrechtstheorie, der kombinierten Vertrags- und Rechtsscheintheorie ergeben: Infolge der vertragswidrigen Komplettierung weichen Wechseltext und Begebungsvertrag voneinander ab. Das Fehlen eines zum Wechseltext passenden Begebungsvertrages kann aber einem späteren Erwerber nicht entgegengehalten werden, wenn dieser in schutzwürdiger Weise auf den Rechtsschein eines wirksam begebenen Wechsels vertraut hat, den der Wechselzeichner ja mit der Begebung des Wechselblanketts zurechenbar gesetzt hat.

IV. Art. 10 WG ist entsprechend anwendbar, wenn der Blankettnehmer das **Blankett als solches zusammen mit dem Ausfüllungsrecht weiterüberträgt,** den Erwerber dabei über den Umfang der Ermächtigung täuscht und der Erwerber anschließend die (den Angaben seines Vormanns entsprechende, aber objektiv das Ausfüllungsrecht überschreitende) Ergänzung vornimmt (BGHZ 54, 1). Andernfalls wäre nämlich die Umlauffähigkeit des Wechselblanketts, an der der Wirtschaftsverkehr ein starkes Interesse hat, erheblich beeinträchtigt. Der gute Glaube des Erwerbers muß in diesen Fällen nur im *Zeitpunkt* des Blanketterwerbs, nicht auch noch im Zeitpunkt der späteren Komplettierung vorliegen (BGH a.a.O.). Wollte man dem Erwerber auch noch die zwischen Blanketterwerb und Ausfüllung eingetretene Kenntniserlangung vom wirklichen Umfang des Ausfüllungsrechts schaden lassen, so wäre die grundsätzliche Entscheidung für den Gutglaubensschutz weitgehend entwertet: Der potentielle Erwerber eines Blankowechsels müßte dann nämlich vor der Entscheidung für oder gegen die Hereinnahme des Wechselblanketts vernünftigerweise immer erst noch eine Auskunft des Blankettgebers über den Inhalt der Ergänzungsbefugnis einholen.

V. Ein unbeabsichtigt unvollständiger Wechsel ist äußerlich von einem Wechselblankett häufig nicht zu unterscheiden. Wird ein solches **Scheinblankett** als angeblicher Blankowechsel übertragen, muß der redliche Erwerber ebenfalls in Analogie zu Art. 10 WG aus dem Gesichtspunkt eines veranlaßten Rechtsscheins geschützt werden (BGH NJW 1973, 282, 283; WM 1974, 558). Voraussetzung dafür ist allerdings, daß nur solche Angaben fehlen, die beim Wechselblankett typischerweise oder doch zumindest häufiger offengelassen werden.

d) Wirkung der Wechselausstellung

Durch die Ausstellung (und Begebung, vgl. S. 20 ff.) des Wechsels wird der Aussteller wechselmäßig verpflichtet.

I. **Grundsätzlicher Umfang** der Verpflichtung des Ausstellers.

1. **Der Aussteller haftet** aufgrund der Begebung des ausgestellten Wechsels dem Remittenten und den späteren Erwerbern des Wech-

sels (Nachmännern) **dafür, daß der Bezogene den Wechsel** vor Eintritt der Fälligkeit **annimmt und** bei Eintritt der Fälligkeit **die Wechselsumme zahlt** (Art. 9 I WG).

2. **Ihrem Inhalt nach** geht die Haftung des Ausstellers dahin, daß der Wechselgläubiger bei Verweigerung der Annahme oder Zahlung gegen den Aussteller Rückgriff nehmen kann **(Rückgriffshaftung** des Ausstellers). Vgl. S. 99 ff.

II. **Beschränkung der Haftung** des Ausstellers (Art. 9 II WG).

1. **Der Aussteller kann** durch Vermerk auf dem Wechsel (z. B. „ohne Gewähr für die Annahme" oder „ohne obligo") **die Haftung für die Annahme** des Wechsels **ausschließen.**

Diese Befugnis steht in innerem Zusammenhang mit der Möglichkeit, die Vorlegung des Wechsels zu verbieten (vgl. S. 71 f.). Wird die Haftung für die Annahme ausgeschlossen, so kann nicht schon aufgrund der Verweigerung der Annahme, sondern erst aufgrund der Verweigerung der Zahlung des fällig gewordenen Wechsels Rückgriff genommen werden.

2. **Dagegen** kann der Aussteller **die Haftung für die Zahlung** des Wechsels **nicht ausschließen.**

Ein dahin geschriebener Vermerk gilt als nicht geschrieben. Der Wechsel bleibt also im übrigen gültig.

3. Wenn dem Wechselaussteller die sich aus Art. 9 I WG ergebende Einstandspflicht nicht bekannt war bzw. wenn er auf die Wirksamkeit einer von ihm in den Wechseltext aufgenommenen Haftungsausschlußklausel vertraut hat, kann er sich der wechselmäßigen Haftung doch nicht durch Anfechtung des Begebungsvertrages wegen Inhaltsirrtums (§ 119 I 1. Alt. BGB) entziehen. Die Wertung des Art. 9 II WG schließt eine solche Anfechtung aus.

III. **Rechtsnatur der Ausstellerhaftung**

Da der Aussteller des Wechsels seine wechselmäßige Haftung selbst durch den ausdrücklichen Vermerk, er wolle für die Zahlung nicht einstehen, nicht ausschließen kann, läßt sich die Ausstellerhaftung nicht aus dem Parteiwillen ableiten; es handelt sich vielmehr um eine **gesetzliche Einstandspflicht,** die die gesetzliche Nebenfolge des rechtsgeschäftlichen Aktes der Wechselausstellung und Begebung bildet.

2. Die Annahme des Wechsels

Der gezogene Wechsel ist, weil er eine Anweisung des Ausstellers an den Bezogenen enthält, auf Annahme durch den Bezogenen gerichtet. **Durch**

die Annahme (Akzept) **wird der Bezogene,** der nunmehr Annehmer (Akzeptant) heißt, **zum Hauptschuldner des Wechsels.** In der Praxis werden die Wechsel meistens schon vor der Begebung auf Veranlassung des Ausstellers von dem Bezogenen angenommen.

Ist das nicht der Fall, so steht es wechselrechtlich im Belieben des Bezogenen, ob er den Wechsel annehmen oder die Annahme verweigern will. Eine Verpflichtung zur Annahme ergibt sich aber häufig aus dem Kausalverhältnis des Bezogenen zum Aussteller, z. B. aus der ausdrücklich bedungenen oder sich aus einem Handelsbrauch ergebenden Verpflichtung des Warenkäufers, einen von dem Verkäufer über den Kaufpreis ausgestellten Wechsel anzunehmen.

a) Die Vorlegung zur Annahme

Der Wechselinhaber hat, falls der Bezogene noch nicht angenommen hat, ein besonderes Interesse daran, den Bezogenen zur Annahme zu veranlassen und sich dadurch einen weiteren Wechselschuldner zu verschaffen, oder bei Verweigerung der Annahme gegen die Vormänner (Indossanten und Aussteller) Rückgriff zu nehmen. Das Gesetz regelt deshalb eingehend die Vorlegung zur Annahme.

I. Recht zur Vorlegung

1. **Grundsätzlich ist jeder Wechselinhaber** — auch wenn er nicht der Gläubiger, sondern nur der Besitzer des Wechsels ist — **zur Vorlegung** des Wechsels **zur Annahme berechtigt** (Art. 21 WG).

   a) **Die Vorlegung** zur Annahme hat **stets bei dem Bezogenen** zu erfolgen, also auch dann, wenn es sich um einen anderswo zahlbaren Wechsel (Zahlstellen- oder Domizilwechsel) handelt; sie muß grundsätzlich in den Geschäftsräumen des Bezogenen, und wenn sich solche nicht ermitteln lassen, in der Wohnung des Bezogenen geschehen (Art. 87 I WG). Die Vorlegung zur Annahme ist nach Art. 21 WG nur bis zum Verfall des Wechsels zulässig, weil vom Verfalltag an die sofortige Vorlegung zur Zahlung der gebotene Weg ist.

   b) **Der Bezogene,** dem der Wechsel vorgelegt wird, **hat eine Überlegungsfrist:** Er kann verlangen, daß ihm der Wechsel am folgenden Werktag (außer sonnabends) nochmals vorgelegt wird (Art. 24 I S. 1 WG).

   c) **Bei Verweigerung der Annahme** kann der Wechselinhaber „Protest mangels Annahme“ erheben lassen und sodann gegen die Vormänner Rückgriff nehmen. Vgl. S. 99.

2. **Ausnahmsweise** ist die **Vorlegung zur Annahme unstatthaft, soweit** der Wechsel ein **Vorlegungsverbot** enthält (Art. 22 II—III WG).

   Die Zulassung eines Vorlegungsverbotes erleichtert es den Gläubigern, ihre noch nicht fälligen Forderungen zur Grundlage von Wechselkrediten zu machen. Vielfach wird der Schuldner es ablehnen, vor Fälligkeit der Forderung einen Wechsel anzunehmen, aber zur Zahlung bereit sein, wenn ihm bei Eintritt der Fälligkeit ein Wechsel über den Forderungsbetrag zur Zahlung vorgelegt wird. In solchen Fällen will das Vorlegungsverbot dem Gläubiger die Möglichkeit geben, einen Wechsel über die Forderung auf den Schuldner zu ziehen und durch Diskontierung (vgl. S. 45) zu verwerten.

a) **Nur der Aussteller** des Wechsels kann ein Vorlegungsverbot anordnen und zwar unbeschränkt oder für bestimmte Zeit. Im ersteren Falle kann der Wechsel überhaupt nicht zur Annahme, sondern nur nach Verfall zur Zahlung vorgelegt werden.

b) **Unzulässig** ist das Vorlegungsverbot beim Domizil-, Zahlstellen- und Nachsichtwechseln (Art. 22 II WG). Vgl. unten II.

c) **Wird der Wechsel trotz** des **Vorlegungsverbotes vorgelegt** und die Annahme verweigert, so ist **kein Rückgriff mangels Annahme** gegeben. Im übrigen hat ein Verstoß gegen das Vorlegungsverbot keine wechselrechtlichen Folgen. Eine trotz des Verbots eingeholte Annahmeerklärung wäre voll wirksam.

II. Zwang zur Vorlegung

Der Wechselgläubiger ist grundsätzlich nicht verpflichtet, den Wechsel zur Annahme vorzulegen. In zwei Fällen ist er jedoch gezwungen, den Wechsel dem Bezogenen zur Annahme vorzulegen, um sich sein Wechselrecht zu erhalten. Dies ist der Fall:

1. **Beim Nachsichtwechsel.** Hier ist die Vorlegung erforderlich, weil die Verfallszeit von der Vorlegung zur Annahme abhängt (z. B.: „Zahlen Sie zwei Monate nach Sicht“).

a) **Die Vorlegung** zur Annahme muß **binnen einem Jahr** seit der Ausstellung erfolgen, falls nicht der Aussteller oder ein Indossatar etwas anderes bestimmt hat. Indossatare können allerdings die Frist nur abkürzen. Vgl. Art. 23 WG.

b) **Nimmt der Bezogene den Wechsel an,** so muß er, damit aufgrund der Annahmeerklärung die Verfallszeit des Wechsels berechnet werden kann, **die Annahmeerklärung datieren.** Verweigert er dies, so kann der Wechselinhaber „Protest mangels Datierung“ erheben (Art. 25 II WG).

c) **Wird die Vorlegungsfrist versäumt,** so **verliert der Wechselgläubiger die Rückgriffsrechte** gegen die Indossanten und den Aussteller. Dasselbe gilt, wenn bei verweigerter Annahme oder Datierung nicht innerhalb der Vorlegungsfrist Protest mangels Annahme oder Datierung erhoben wird (Art. 53 I, 25 II S. 2, vgl. auch Art. 53 III WG).

2. **Wenn** der Aussteller oder ein Indossant ein **Vorlegungsgebot erlassen,** d. h. die Vorlegung zur Annahme schlechthin oder unter Fristsetzung vorgeschrieben hat (Art. 22 I, IV WG).

Das Vorlegungsgebot ist **bei allen Wechseln zulässig.** Sein Zweck ist namentlich, eine Entscheidung über die Annahme des Wechsels herbeizuführen, um bei Verweigerung der Annahme den Rücklauf des Wechsels abzukürzen.

a) Ist eine bestimmte Frist für die Vorlegung vorgeschrieben, so muß die Annahme, falls sie erfolgt, datiert werden. Evtl. ist auch hier „Protest mangels Datierung“ zu erheben (Art. 25 II WG).

b) Wird die Vorlegungsfrist versäumt oder bei verweigerter Annahme oder Datierung nicht innerhalb der Vorlegungsfrist Protest erhoben, so verliert der Wechselgläubiger die Rückgriffsrechte gegen die Indossanten und den Aussteller. Ist die Vorlegung von einem Indossanten vorgeschrieben, so geht nur das Rückgriffsrecht gegen diesen Indossanten unter. Vgl. Art. 53 II—III, 25 II S. 2, 44 II WG.

b) Die Annahmeerklärung

I. **Die Annahmeerklärung muß** von dem Bezogenen **auf dem Wechsel unterschriftlich** vollzogen werden (Art. 25 I WG).

1. **Nur der Bezogene kann** den Wechsel **annehmen.**

Ein Dritter kann nur als Ehrenannehmer (vgl. S. 106) eintreten oder als Wechselbürge haften. Die bloße Unterschrift eines Nichtbezogenen auf der Vorderseite ist als Wechselbürgschaft für den Aussteller zu werten (Art. 31 III WG).

Was die **Übereinstimmung von Bezogenem und Annehmer** betrifft, so ist nicht die Namensgleichheit (förmliche Identität), sondern die wirkliche Personengleichheit (sachliche oder materielle Identität) entscheidend (h. M.). Die erforderliche Übereinstimmung wird also weder durch einen Namenswechsel des Bezogenen in der Zwischenzeit noch durch eine ungenaue Bezeichnung des Bezogenen (falscher Vorname oder falsche Schreibweise) ausgeschlossen. Die materielle Identität kann erforderlichenfalls durch außerhalb der Urkunde liegende Umstände nachgewiesen werden; der Grundsatz der formellen Wechselstrenge greift hier nicht ein.

2. **Die Annahmeerklärung** muß **unterschrieben** sein, und zwar eigenhändig mit dem Namen oder der Firma des Bezogenen.

Die Annahme ist aber keine höchstpersönliche Willenserklärung. Der Bezogene kann deshalb durch einen Bevollmächtigten vertreten werden. Dieser kann dabei entweder unter Offenlegung der Vertretung mit seinem eigenen Namen oder aber einfach mit dem Namen des Bezogenen unterschreiben. Vgl. S. 60.

3. Die **Unterschrift** muß **auf dem Wechsel selbst** stehen. Auf eine Abschrift oder einen Anhang gesetzte Annahmeerklärungen sind unwirksam.

Meist wird die Annahmeerklärung auf die Vorderseite links quer über den Wechsel geschrieben („Querschreiben“, vgl. das Muster auf S. 56 Ziffer 13).

4. **Als Annahmeerklärung genügt** die **bloße Unterschrift** des Bezogenen, falls sie **auf der Vorderseite des Wechsels** steht.

Der Bezogene kann seiner Unterschrift jeden Vermerk beifügen, der den Annahmewillen zum Ausdruck bringt (z. B. „Angenommen“). Wird die Annahmeerklärung auf die Rückseite des Wechsels gesetzt, so muß sie einen solchen Vermerk enthalten; die bloße Unterschrift würde nämlich nach Art. 13 II S. 1 WG als Indossament gelten.

II. **Einschränkungen der Annahme** sind in gewissem Umfang zulässig.

1. Die **Teilannahme,** d. h. die Beschränkung der Annahme auf einen Teil der Wechselsumme (z. B. „Angenommen für 1.000,— DM"), **ist zulässig** (Art. 26 I WG).

Soweit der Bezogene annimmt, haftet er wechselmäßig. Soweit er nicht annimmt, treten die Folgen der Annahmeverweigerung ein. Der Wechselinhaber kann also insoweit Protest mangels Annahme erheben und gegen seine Vormänner Rückgriff nehmen.

2. **Eine bedingte Annahme** ist **unzulässig** und nichtig (Art. 26 I WG, § 134 BGB). Der Annehmer haftet daraus also überhaupt nicht; es wird also nicht etwa eine Verpflichtung nach Maßgabe der Erklärung begründet; Art. 26 II WG gilt für die bedingte Annahme nämlich nicht (h. M.). Die bedingte Annahme wirkt wie eine Annahmeverweigerung; der Wechselinhaber kann also nach Protesterhebung Rückgriff nehmen. Sonstige (d. h. nicht bereits unter Art. 26 I WG fallende) Abweichungen von dem Wechselinhalt (z. B. hinsichtlich der Zahlungszeit) können dagegen in die Annahme aufgenommen werden (Art. 26 II WG). Im letzteren Falle haftet der Annehmer wechselrechtlich entsprechend dem Inhalt seiner Erklärung. Die Annahme gilt aber als vollständig verweigert. Der Wechselinhaber kann also in voller Höhe der Wechselsumme Protest mangels Annahme erheben und gegen die Vormänner Rückgriff nehmen.

III. **Die Annahmeerklärung** wird (entgegen dem früheren Recht) erst **mit der Rückgabe des Wechsels bindend.**

1. **Bis zu diesem Zeitpunkt kann der Bezogene** die Annahmeerklärung **durchstreichen** (Art. 29 I S. 1 WG).

a) Als Durchstreichung gilt auch jede andere Änderung, die den Sinn der Annahmeerklärung in das Gegenteil verkehrt.

Ein wirksamer Widerruf der Annahmeerklärung liegt beispielsweise auch dann vor, wenn der Bezogene über seine Unterschrift die Worte „nicht angenommen" setzt.

b) Ist auf einem Wechsel die Annahmeerklärung gestrichen, so wird vermutet, daß dies vor der Rückgabe des Wechsels geschehen ist (Art. 29 I S. 2 WG).

2. **Bei rechtzeitiger Durchstreichung** der Annahmeerklärung entsteht **keine wechselmäßige Verpflichtung** des Bezogenen.

Ausnahme: Hatte der Bezogene einem Wechselbeteiligten schriftlich mitgeteilt, daß er den Wechsel angenommen habe, so haftet er diesem Beteiligten gegenüber wechselmäßig nach dem Inhalt seiner gestrichenen Annahmeerklärung (Art. 29 II WG).

3. Art. 29 I WG erklärt sich für die heute herrschende Wertpapierrechtstheorie — die kombinierte Vertrags- und Rechtsscheintheorie — einfach daraus, daß neben dem Skripturakt ein **Begebungsvertrag** erforderlich ist. Die Streichung des Akzepts macht deutlich, daß der Bezogene zum Abschluß dieses Begebungsvertrages nicht bereit ist.

c) Die Wirkungen der Annahme

Die Annahme macht den Akzeptanten zum Hauptschuldner des Wechsels.

1. *Der Annehmer ist verpflichtet,* bei Verfall des Wechsels die *Wechselsumme* (einschließlich etwaiger Zinsen, Art. 5 WG) *zu zahlen* **(Art. 28 I WG).**

2. *Zahlt der Akzeptant* bei Verfall *nicht, so erweitert sich seine Verpflichtung* nach Art. 28 II WG *auf* den Betrag der *Rückgriffssumme* (s. S. 105).

3. Die Indossierung

a) Allgemeines

I. **Die verschiedenen Übertragungsformen**

1. **Die Indossierung** ist die **dem Wechsel als Orderpapier eigene Übertragungsform.** Die Übertragung vollzieht sich hier **durch** den **Skripturakt des Indossaments und** den **Abschluß eines** auf Übereignung des indossierten Wechsels gerichteten **Begebungsvertrages** (h. M.). Die Übereignung erfolgt dabei nach den §§ 929—931 BGB, setzt also die Übergabe des Wechsels oder ein Übergabesurrogat voraus (BGH WM 1975, 947). Das Indossament seinerseits ist ein formelhafter schriftlicher Begebungsvermerk, durch den der bisherige Gläubiger (der Indossant) den an seine Stelle tretenden neuen Gläubiger (Indossatar) benennt.

Nach Zöllner (§ 14 I 1 b) und Huber (FS Flume 1978, 89) richtet sich der Begebungsvertrag nicht auf Übereignung des Wechsels, sondern unmittelbar auf Übertragung der in dem Wechsel verbrieften Rechte; das Eigentum an der Urkunde soll nach § 952 BGB auf den Erwerber übergehen. Danach wäre also eine Indossierung des Wechsels auch ohne Besitzverschaffung möglich.

2. **Daneben** gibt es auch **die Möglichkeit, einen Wechsel** (bzw. genauer die Gesamtheit der Rechte aus dem Wechsel) **durch schlichte Abtretung** (§§ 398 ff., 413 BGB) **zu übertragen.** Nach h. M. setzt diese Form der Übertragung allerdings neben der Einigung der Parteien über den Rechtsübergang in Analogie zu § 792 I S. 3 BGB **noch die**

Übergabe der Wechselurkunde bzw. ein Übergabesurrogat voraus (BGH NJW 1958, 302; WM 1970, 245; a. A. Zöllner § 14 I 2). Nur diese letztere Übertragungsform kommt nach Art. 11 II WG bei solchen Wechseln in Betracht, die die „negative Orderklausel" (vgl. S. 38) enthalten, also Rektapapiere sind. — Eine isolierte Zession einzelner Rechte aus dem Wechsel ist nicht möglich.

Der Erwerb eines Wechsels **durch Indossierung** ist **für den Erwerber** wesentlich **günstiger,** da er ihm die Möglichkeit eines gutgläubigen Erwerbs der Wechselurkunde bei Nichtberechtigung des Indossanten bzw. einzelner darin verbriefter Wechselrechte, die nicht wirksam begründet worden waren, eröffnet, ihn im Falle eigener Redlichkeit auch vor nicht aus der Urkunde ersichtlichen Einreden der Wechselverpflichteten schützt und ihm zudem regelmäßig einen zusätzlichen Rückgriffsanspruch gegen den Indossanten verschafft (s. unten S. 83). Im Falle einer bürgerlich-rechtlichen Zession treten diese speziellen Rechtswirkungen der wechselmäßigen Übertragung nicht ein. Bei mehrfacher Zession eines Wechsels wird die Rechtsposition des jeweiligen Erwerbers wegen des Ausschlusses eines gutgläubigen Erwerbs (§§ 404, 405 BGB) und der Möglichkeit des Freiwerdens der Wechselverpflichteten nach den §§ 406 ff. BGB immer gefährdeter, während bei der wechselmäßigen Übertragung die Rechtsposition des jeweiligen Erwerbers durch jede neue Indossierung sicherer wird. In der Praxis kommt die Zession eines Wechsels deshalb kaum vor.

3. Das Schrifttum hält z. T. noch eine dritte Übertragungsform für möglich, nämlich eine Übereignung des Wechsels ohne Indossament, die dann wiederum nur Zessionswirkung entfalten soll (z. B. Harms 71; Bornemann 160 f.; Schumann 357).

II. Die Rechtsnatur der Indossierung

Die Indossierung ist nach heutigem Verständnis **ein Fall des derivativen und unbedingten Rechtserwerbs:** Die Rechte aus dem Wechsel — also sowohl die im Wechsel als Sonderform der Anweisung enthaltene Doppelermächtigung (s. oben S. 25) wie auch die verbrieften Ansprüche gegen die einzelnen Wechselverpflichteten — werden vom Indossanten auf den Indossatar (unbedingt) übertragen.

Anders früher die *Anweisungstheorie,* nach der das Indossament eine neue Zahlungsanweisung des Bezogenen enthält, nämlich die Anweisung, nicht mehr an den Indossanten, sondern an den Indossatar zu zahlen. Sie wurde zumeist mit der Offertentheorie kombiniert, nach der jeder Wechselzeichner ein Haftungsangebot gegenüber allen späteren Indossataren macht, das von diesen jeweils konkludent angenommen wird. Nach dieser Deutung würde der Indossatar also nicht Rechtsnachfolger des Indossanten werden, sondern — originär — ein neues, selbständiges Recht erlangen (RGZ 84, 121, 124; RG Recht 1913 Nr. 2809). Der Indossant seinerseits bliebe an sich ebenfalls aus dem Wechsel berechtigt und wäre nach der Indossierung nur wegen des ihm nunmehr fehlenden Papierbesitzes bis zur etwaigen Einlösung des rücklaufenden Wechsels an der Ausübung der Wechselrechte gehindert. Diese Konstruktion orientiert sich an der ursprünglichen Funktion des Indossaments — durch das dem Bezogenen ja in der Tat die im Wechseltext vorbehaltene neue Order gegeben wurde —, ist jedoch unnötig kompliziert und mit dem Wortlaut des Art. 14 I WG nicht zu vereinbaren.

Überholt ist auch die sog. *Bedingungstheorie,* nach der der Indossant die Rechte aus dem Wechsel nur unter der auflösenden Bedingung einer späteren Wiedereinlösung des Wechsels überträgt. Diese Konstruktion operiert mit Willensfiktionen und ist zudem auch mit der Bedingungsfeindlichkeit des Indossaments (Art. 12 I 1 WG) nicht zu vereinbaren.

Die Bedingungstheorie erklärt allerdings genauso wie die Kombination von Anweisungstheorie und Offertentheorie problemlos, daß ein gutgläubiger Erwerb des Eigentums am Wechsel oder einer mangels wirksamen Begebungsvertrages zunächst nicht existierenden Wechselforderung jedenfalls nicht zugunsten des nichtberechtigten Indossanten wirkt, wenn dieser den Wechsel später im Rahmen des Rückgriffs einlöst. Es ist fast allgemein anerkannt, daß dem einlösenden früheren Indossanten ein gutgläubiger Erwerb des Wechsels bzw. eines einzelnen Wechselanspruchs durch einen Nachmann nicht zugute kommen darf; der Einlösende wird vielmehr so behandelt, als rückte er in seine ursprüngliche Rechtsstellung wieder ein. Die h. M. erklärt dies zumeist mit der allgemeinen Lehre vom Wegfall der Gutglaubensschutzwirkungen beim Rückerwerb des Nichtberechtigten (s. dazu Gursky, Sachenrecht, 10. Problem). Diese versagt jedoch, wenn der frühere Indossatar den Wechsel nicht beim Rückgriff einlöst, sondern durch ein neues Umsatzgeschäft erwirbt (Harms S. 85). Man wird die geschilderte Einschränkung der Gutglaubensschutzwirkungen deshalb wohl doch als wechselrechtliche Besonderheit anzusehen haben, die auf einer zu Gewohnheitsrecht verdichteten langwährenden Praxis beruht.

III. Allgemeine Voraussetzungen

1. **Das Indossament muß** unbedingt sein und **die ganze Wechselsumme umfassen.**

a) **Bedingungen,** die einem Indossament beigefügt sind, **gelten als nicht geschrieben** (Art. 12 I WG).

b) **Teilindossamente** sind **nichtig,** weil der Wechsel als Wertpapier unteilbar ist (Art. 12 II WG).

2. **Befugt zur Indossierung** ist **der jeweilige Wechselgläubiger,** zunächst also der Remittent und später jeder Erwerber des Wechsels.

a) **Bei mehrfacher Indossierung** entsteht die sog. **„Indossamentenreihe“,** die bei dem Remittenten beginnt, über die weiteren Indossanten des Wechsels führt und bei dem gegenwärtigen Wechselinhaber endigt. Die einzelnen Personen in dieser Reihe werden, je nachdem man sie vom Anfang oder vom Ende der Reihe aus betrachtet, „Nachmänner“ oder „Vormänner“ genannt.

b) Indossatar kann jede beliebige Person sein. Der Wechsel kann insbesondere **auch an den Aussteller, einen früheren Indossanten oder den Bezogenen** indossiert werden (Rückindossament) und dann von diesen Personen weitergegeben werden (Art. 11 III WG).

IV. **Die Möglichkeit der Indossierung endigt mit** der **Protesterhebung mangels Zahlung oder** mit dem **Ablauf der Protestfrist,** weil Wechsel, bei denen der Protest erfolgt oder ausgeschlossen ist, nicht weiter in den Verkehr gebracht werden sollen. Ein später auf den Wechsel gesetztes Indossament (sog. Nachindossament) wirkt nur als Abtretung (Art. 20 WG). Beim Rechtsübergang auf den Nachindossatar findet also Verkehrsschutz nicht statt. Der Nachindossatar bleibt vielmehr den gleichen Einwendungen ausgesetzt, die auch dem Indossanten entgegengesetzt werden konnten.

b) Die Form des Indossaments im einzelnen

Das Indossament besteht aus einem **von dem Indossanten unterzeichneten Vermerk,** der **auf den Wechsel** oder auf ein mit dem Wechsel verbundenes Blatt **(Anhang,** Allonge) gesetzt werden muß (Art. 13 I WG).

Ein bloßes Handzeichen genügt nicht (BGHZ 52, 181). Anders als bei Ausstellung eines Wechsels (vgl. oben S. 60) ist eine Datierung nicht vorgeschrieben.

Die Indossamente werden meist auf die Rückseite des Wechsels geschrieben, und zwar nach Art des folgenden Musters:

7,50 DM Wechselsteuermarken[13a]
Für mich an die Order
des Herrn Karl Neumann.
Berlin, den 10. 12. 1988
Meyer[14]

Für mich an die Order von . . .
. . . .
Berlin, den 2. 1. 1989
Neumann[15]

Für mich an Herrn Kasimir
Reuter, nicht an Order
Wagner[16]
Reuter[17]

An die Firma Karl Schulze
Eisenwaren, Solingen
Christoph Mohn[18]

Für mich an das Bankhaus
Abel und Bergmann in Düssel-
dorf zum Inkasso
Karl Schulze[19]

Man unterscheidet Namens- und Blankoindossamente.

I. **Das Namensindossament** gibt den Namen des Indossatars an.

In dem vorstehenden Muster sind die Indossamente Nr. 14, 16, 18 und 19 Namensindossamente. Ob dem Namen des Indossatars die Orderklausel beigefügt ist, ist gleichgültig. Auch die Beifügung der negativen Orderklausel (M 16) verhindert — anders als die negative Orderklausel des Ausstellers — nicht die Weiterindossierung, sondern beschränkt nur die Haftung des Indossanten. Vgl. S. 83.

II. **Das Blankoindossament** gibt den Namen des Indossatars nicht an (M 15, 17).

Es ist mit dem Blankowechsel (Wechselblankett, s. S. 67 ff.) nicht zu verwechseln. Im Unterschied zum letzteren ist es ohne weitere Ergänzung voll gültig.

1. **Die bloße Unterschrift** des Indossanten **genügt** als Blankoindossament (M 17), wenn sie **auf der Rückseite des Wechsels** oder auf einem Anhang steht (Art. 13 II WG).

Als Blankoindossament gilt auch ein Indossament an den Inhaber (Art. 12 III WG).

2. **Ein Wechsel mit einem Blankoindossament,** das an letzter Stelle steht, **kann wie ein Inhaberpapier umlaufen.** Denn der Wechsel kann, solange das Blankoindossament nicht ausgefüllt wird, ohne jeden weiteren Skripturakt, nämlich durch Übereignung nach den §§ 929—931 BGB, weiterübertragen werden (Art. 14 II Nr. 3 WG). Dann erlangt der Erwerber die vollen Rechte eines Indossatars, während der Veräußerer, weil sein Name nicht auf dem Wechsel in Erscheinung tritt, nicht die Haftung eines Indossanten (vgl. S. 83 f.) übernimmt.

Der Inhaber eines blankoindossierten Wechsels hat aber noch drei andere Möglichkeiten:

Er kann erstens der Wechsel, so wie er ist, durch Blanko- oder Namensindossament weitergeben (Art. 14 II Nr. 2 WG).

Er kann ferner das Blankoindossament durch *Einsetzen seines eigenen Namens* zu einem Namensindossament vervollständigen (Art. 14 II Nr. 1 WG) und den Wechsel anschließend durch Blankoindossament oder Namensindossament weiterübertragen.

Er kann statt dessen aber auch sofort den *Namen dessen, an den er den Wechsel übertragen will,* in das vorhandene Blankoindossament *eintragen* und den Wechsel dann an diesen begeben (Art. 14 II Nr. 1 WG). Auch auf diese Weise vermeidet er die Garantiehaftung des Indossanten, da er ja wiederum auf der Urkunde nicht als Indossant hervortritt.

Nach Erhebung des Protestes mangels Zahlung können die Rechte aus dem Wechsel nicht mehr aufgrund bloßer Blankobegebung, sondern nur noch durch Zession übertragen werden (BGHZ 52, 181).

3. Das **Blankoindossament erhöht,** weil der Erwerber den Wechsel ohne Übernahme einer eigenen Haftung wie ein Inhaberpapier weitergeben kann, **wesentlich die Umlauffähigkeit des Wechsels.** Blankoindossierte Wechsel, die mehrere zahlungsfähige Unterschriften aufweisen, können ähnlich wie Banknoten zu Zahlungszwecken verwendet werden.

c) Die Wirkungen des Indossaments

Die Übertragung des Wechsels durch Indossament hat besondere wechselrechtliche Wirkungen: Das Indossament überträgt das Wechselrecht (sog. Transportfunktion), verpflichtet den Indossanten (sog. Garantiefunktion) und legitimiert den Indossatar (sog. Legitimationsfunktion).

I. **Transportfunktion** des Indossaments

1. Das Indossament (genauer: Die Übereignung des indossierten Wechsels, vgl. S. 75) überträgt alle Rechte aus dem Wechsel (Art. 14 I WG).

2. In einem spezielleren Sinne versteht man unter der Transportfunktion des Wechsels die bei der Wechselübertragung mittels Indossaments nach **Art. 16 II WG** gegebene **Möglichkeit des Erwerbs vom Nichtberechtigten:**

Überträgt ein i. S. von Art. 16 I WG **formell Legitimierter, aber nichtberechtigter Besitzer der Wechselurkunde den Wechsel in den Formen des Wechselrechts weiter, so verschafft er dem Erwerber damit grundsätzlich das Eigentum; dies gilt nur dann nicht, wenn der Erwerber bösgläubig ist,** d. h. die Nichtberechtigung des Veräußerers kennt oder nur infolge grober Fahrlässigkeit nicht erkannt hat (Art. 16 II WG). Die §§ 932 ff. BGB werden hierdurch ausgeschlossen. Damit kommt auch die einschränkende Regelung des § 933 BGB nicht zur Anwendung. Als Begebungsvertrag genügt also auch eine Übereignung durch Besitzkonstitut.

Art. 16 II WG weicht wegen seiner internationalen Herkunft in dreifacher Hinsicht von der üblichen Terminologie ab: Der Eigentumserwerb, der den Wechselanspruch verschafft (vgl. oben S. 75) wird nicht unmittelbar angesprochen, sondern durch die Verneinung einer Herausgabepflicht umschrieben. Böser Glaube bedeutet abweichend von § 932 II BGB nur Kenntnis, da grobe Fahrlässigkeit zusätzlich aufgeführt wird. Der Begriff des Abhandenkommens ist weiter gefaßt als in § 935 I BGB (vgl. unten a cc).

a) Voraussetzung des gutgläubigen Erwerbs

aa) **Der Verfügende muß** i. S. von Art. 16 I WG **formell legitimiert sein.** Erforderlich ist jedoch nur das äußere Bild einer geschlossenen Indossamentenkette; dem Erwerber schadet es also nichts, wenn ein Teil der Indossamente unerkennbar gefälscht ist.

bb) Voraussetzung des gutgläubigen Erwerbs ist weiter, daß ein den Erwerber wechselrechtlich legitimierender Erwerbsakt vorliegt. Der Wechsel muß also durch Übereignung der mit dem Indossament versehenen Urkunde übertragen werden.

Wird dagegen ein Wechsel (ausnahmsweise!) durch Abtretung übertragen, so wird der gute Glaube des Erwerbers nicht geschützt. Denn die Abtretung überträgt nur die Rechte, die der frühere Gläubiger hatte.

cc) **Der gute Glaube** wird **auch dann geschützt, wenn der Wechsel** dem Berechtigten irgendwie **abhanden gekommen** ist. Der Begriff des Abhandenkommens hat dabei eine sehr viel weitere Bedeutung als im Rahmen von § 935 BGB. Abhanden gekommen ist jeder Wechsel, der ohne wirksamen Begebungsvertrag in fremde Hände gelangt ist (vgl. BGH NJW 1951, 402 zum gleichlautenden Art. 21 SchG).

dd) **Der gute Glaube heilt** nicht nur — wie im BGB — den Mangel des Eigentums des Veräußerers, sondern unstreitig **auch die fehlende Befugnis** des Veräußerers, kraft einer entsprechenden Ermächtigung des Berechtigten **über einen fremden Wechsel zu verfügen.** Vorausgesetzt ist natürlich, daß der Verfügende durch ein auf seinen Namen lautendes Vollindossament (verdecktes Prokuraindossament) oder durch ein Blankoindossament formell legitimiert ist. Im Gegensatz zu § 366 HGB ist der Schutz insoweit nicht auf den kaufmännischen Verkehr beschränkt.

ee) Falls der Verfügende Berechtigter ist, aber einem **relativen Veräußerungsverbot** unterliegt, kommt Art. 16 II WG kraft der in §§ 135 II, 136 BGB enthaltenen Verweisung zur entsprechenden Anwendung. Dagegen können die konkursrechtlichen Verfügungsbeschränkungen (§§ 6, 7 KO) durch die Redlichkeit des Erwerbers nicht ausgeschaltet werden; § 7 I KO sieht nämlich einen Gutglaubensschutz nur bei Verfügungen des Gemeinschuldners über Liegenschaftsrechte vor.

ff) Nach h. M. ersetzt der gute Glaube des Indossatars darüber hinaus auch die **fehlende Vertretungsmacht und** die **fehlende Geschäftsfähigkeit** desjenigen, der die Verfügung vornimmt. Das ist jedoch nicht unbedenklich: Beides führt zu einem Mangel des Begebungsvertrages selbst; derartige Mängel lassen sich aber im deutschen Recht nicht schon durch den guten Glauben des am Vertrag beteiligten anderen Teils, sondern erst durch den redlichen Erwerb eines Dritten in einem neuen Umsatzgeschäft überwinden. Im übrigen ist zu beachten, daß in beiden Punkten auch bei den extrem verkehrsfreundlich ausgestalteten Inhaberpapieren ein Verkehrsschutz nicht stattfindet. Was die fehlende Geschäftsfähigkeit betrifft, so ist darauf hinzuweisen, daß die formelle Legitimation des Verfügenden insoweit überhaupt keinen Rechtsschein schafft. Im übrigen ist zu beachten, daß der gutgläubige Erwerb des Wechsels von einem nichtgeschäftsfähigen Indossanten für den Indossatar ohnehin kaum von Nutzen wäre, da er den Wechsel ja rechtsgrundlos erlangt hätte und deshalb nach §§ 812 I S. 1 1. Alt. BGB herausgeben müßte.

Fast unstreitig ist, daß der gute Glaube des Erwerbers über sonstige Mängel des Begebungsvertrages (Willensmängel, Sittenwidrigkeit) nicht hinweghilft (a. A. aber Sedatis 63).

gg) Besonders problematisch ist schließlich, ob auch der gute Glaube des Erwerbers an die **persönliche Identität des Verfügenden mit dem** durch die Indossamentenkette **Legitimierten** geschützt wird. Dies wird zum Teil verneint, weil die Indossamentenkette insoweit keinen Rechtsschein setze und auch die Vermutungswirkung des Art. 16 I WG nur dem letzten Indossatar selbst, nicht aber jedem beliebigen

Besitzer des Papiers zugute komme. Die Frage ist jedoch mit der wohl h. M. zu bejahen, weil insoweit ein unabweisbares Verkehrsbedürfnis für die Schutzgewährung besteht: Jedenfalls in den Fällen der Gleichnamigkeit des Nichtberechtigten mit dem im Wechsel benannten Remittenten oder letzten Indossatar hat der Erwerber gar keine Möglichkeit, sich durch das Vorlegenlassen eines Ausweispapiers Gewißheit über die Identität des Inhabers der Wechselurkunde mit dem Remittenten bzw. letzten Indossatar zu verschaffen; derartige Fälle sind aber keineswegs nur theoretisch, da ein Vollindossament ja nur den Nachnamen des Indossatars angeben muß, Vorname und Adresse aber fehlen können. Man muß insoweit allerdings besonders hohe Anforderungen an den guten Glauben des Erwerbers stellen (Hueck-Canaris § 8 IV 2 b cc; Zöllner § 14 VI 1 c bb [4]).

b) Die Rechtsfolge des Art. 16 II WG besteht darin, daß der gutgläubige Erwerber das Eigentum erlangt. Mit diesem erwirbt er zugleich die bisher schon bestehenden Rechte aus dem Wechsel. Art. 16 II WG hilft aber nicht weiter, **wenn** bestimmte **im Wechsel verbriefte Ansprüche** etwa wegen Nichtigkeit des Begebungsvertrages in Wirklichkeit **nicht entstanden sind.** Der Verkehrsschutz wäre jedoch höchst unvollkommen, wenn der potentielle Indossatar sich nicht auch darauf verlassen könnte, daß er mit dem Eigentum an der Wechselurkunde zugleich sämtliche darin verbriefte einzelne Rechte schriftgemäß erlangen wird. In der Tat wird auch insoweit Gutglaubensschutz gewährt. Soweit es um das Vertrauen in die Existenz eines verbrieften, aber nicht wirksam begründeten oder bereits wieder erloschenen Einzelanspruchs aus dem Wechsel geht, **ergibt sich der Verkehrsschutz aus den allgemeinen Lehren über die Entstehung der Wertpapierverpflichtung,** nämlich aus der kombinierten Vertrags- und Rechtsscheintheorie, die sich insoweit wieder auf die Art. 10 und 69 WG stützt. Soweit es um dem Erwerber unbekannte Einreden gegen den Wechselanspruch geht, die aus einer besonderen schuldrechtlichen Beziehung zwischen dem betreffenden Wechselschuldner und dem Indossanten resultieren, ergibt sich der Verkehrsschutz aus Art. 17 WG. Diese beiden Verkehrsschutztatbestände werden unten S. . . unter dem Gesichtspunkt des Einwendungsausschlusses behandelt.

c) Ein gutgläubiger Erwerb nach Art. 16 II WG findet auch dann statt, wenn der nichtberechtigte Indossant den Wechsel **unentgeltlich** an den redlichen Indossatar überträgt. Der Indossatar muß den Wechsel jedoch nach § 816 I S. 2 BGB an den früheren Berechtigten zurückübertragen.

Beispiel: Ein von B akzeptierter und von A an eigene Order ausgestellter und mit einem Blankoindossament versehener, aber noch nicht begebener Wechsel wird dem A von C gestohlen. Dieser übereignet den Wechsel schenkweise an den redlichen D. D erlangt zwar das Eigentum an der Wechselurkunde, muß den Wechsel jedoch nach § 816 I S. 2 BGB an A zurückübereignen. A hat deshalb gegen eine Inanspruchnahme durch D im Wege des Rückgriffs (Art. 9, 43 WG) die Einrede der Bereicherung, § 821 BGB.

II. Garantiefunktion des Indossaments

Durch das Indossament **übernimmt der Indossant allen Nachmännern gegenüber** — in gleicher Weise wie der Aussteller — **die Haftung für** die **Annahme und Zahlung** des Wechsels (Art. 15 I WG).

Unterbleibt die Annahme oder die Zahlung, so ist der Indossant in gleicher Weise wie der Aussteller rückgriffspflichtig. Durch jedes Indossament tritt also ein neuer Rückgriffsschuldner in den Wechselverband ein.

1. **Der Indossant kann seine Haftung** durch Beifügung der negativen Orderklausel **beschränken.** Er haftet dann nur seinem unmittelbaren Nachmann, nicht aber den weiteren Indossataren (Art. 15 II WG).

A indossiert beispielsweise seinen Wechsel „an Herrn B, nicht an Order". Dann kann, wenn der Bezogene die Annahme oder die Zahlung verweigert, nur B, nicht dagegen ein späterer Indossatar gegen A Rückgriff nehmen. Die negative Orderklausel des Indossanten macht also — anders als die negative Orderklausel des Ausstellers (vgl. S. 38) — den Wechsel nicht zum Rektapapier, sondern berührt nur die Haftung des Indossanten.

2. **Der Indossant kann seine Haftung** darüber hinaus durch eine dahingehende Erklärung in dem Indossament (Angstklausel) **überhaupt ausschließen. Er haftet dann keinem der Nachmänner wechselmäßig (Art. 15 I WG).**

A indossiert den Wechsel z. B. „ohne Gewährleistung" oder „ohne obligo" an B. Dann können sich B und seine Nachmänner nicht an A, sondern nur an dessen Vormänner halten.

III. **Legitimationsfunktion** des Indossaments

Der **Wechselinhaber gilt als Eigentümer des Wechsels,** wenn der Wechsel eine **ununterbrochene Reihe von Indossamenten aufweist,** die auf den Wechselnehmer bzw. beim Wechsel an eigene Order auf den Aussteller zurückführt (formelle Legitimation, Art. 16 I WG). Dabei handelt es sich nicht um eine Fiktion; die formelle Legitimation begründet vielmehr — ähnlich wie §§ 891, 1006 BGB — eine widerlegliche Vermutung für die materielle Berechtigung des Wechselinhabers. Art. 16 I WG erleichtert die Geltendmachung der Rechte aus dem Wechsel, da die Norm dem formell legitimierten Wechselinhaber den Beweis seiner materiellen Berechtigung erspart. Es ist vielmehr Sache des verklagten Wechselschuldners, die Nichtberechtigung des formell legitimierten Wechselinhabers nachzuweisen. Angesichts der Beweismittelbeschränkung im Wechselprozeß (s. S. 40), wird er diesen Nachweis regelmäßig erst im Nachverfahren führen können.

Art. 16 I ist zugunsten des im Besitz des Wechsels befindlichen Wechselnehmers entsprechend anzuwenden, wenn der Wechsel keine oder nur ausgestrichene Indossamente aufweist.

1. **Eine ununterbrochene Reihe von Indossamenten** liegt vor, wenn das erste Indossament vom Remittenten (bzw. beim Wechsel an eigene Order vom Aussteller) unterschrieben ist, wenn jedes folgende Indossament von der in dem vorhergehenden Indossament als Indossatar bezeichneten Person unterschrieben ist und wenn das letzte Indossament auf den Inhaber des Wechsels lautet. Ausgestrichene Indossamente gelten als nicht geschrieben (Art. 16 I S. 2 WG).

Enthält der Wechsel ein Blankoindossament, so gilt folgendes:

a) Steht hinter einem Blankoindossament ein weiteres Indossament, so kann dieses jede beliebige Unterschrift tragen (Art. 16 I S. 3 WG).

b) Ist das letzte Indossament ein Blankoindossament, so legitimiert es jeden Inhaber des Wechsels (Art. 16 I S. 1 WG).

2. **Die Legitimationsfunktion** äußert sich aber nicht nur in der sich aus Art. 16 I WG ergebenden Beweislastumkehr, sondern darüber hinaus auch noch in **weiteren Wirkungen:**

a) Die formelle Legitimation ist die Grundlage für die Möglichkeit des gutgläubigen Erwerbs des Eigentums am Wechsel nach Art. 16 II WG sowie für einen gutgläubigen Erwerb bisher nicht bestehender Wechselansprüche (aufgrund der Rechtsscheintheorie) bzw. den gutgläubigen Erwerb der Einredefreiheit (Art. 17 WG). S. oben S. 82.

b) Sie ist darüber hinaus auch die Basis der Liberationsfunktion des Wechsels: Wer an einen formell legitimierten, aber nichtberechtigten Besitzer des Wechsels zahlt, wird nach Art. 40 III WG befreit, sofern er nicht bösgläubig ist.

c) Die formelle Legitimation ist grundsätzlich Voraussetzung für die Protesterhebung, die wiederum nach Art. 44 WG für einen Rückgriff gegen die Nebenschuldner des Wechsels (Aussteller, Indossanten) erforderlich ist. S. unten S. 100 ff.

3. Eine **Unterbrechung der Indossamentenkette** schließt einen gutgläubigen Erwerb des Wechsels nach Art. 16 II WG nicht aus, wenn an dieser Stelle nachweislich ein außerwechselrechtlicher Rechtsübergang (durch Erbfolge oder Zession) stattgefunden hat und der durch den guten Glauben zu heilende Rechtsmangel erst später eingetreten ist.

Beispiel: Wechselnehmer N stirbt; sein Sohn und Alleinerbe S indossiert den Wechsel an X; diesem wird der Wechsel von Y gestohlen, der ein Blankoindossament des X fälscht und den Wechsel dann an Z übereignet. Z erlangt nach Art. 16 II WG das Eigentum an der Wechselurkunde.

d) Besondere Arten des Indossaments

I. **Prokuraindossament**

1. **Ein (offenes) Prokuraindossament** oder Vollmachtindossament liegt vor, wenn der Indossatar in dem Indossament als Bevollmächtigter bezeichnet ist (Art. 18 I WG).

Das Indossament enthält beispielsweise den Vermerk „zum Inkasso“ (vgl. M 19), „Wert zur Einziehung“ oder „in Prokura“.

Das offene Prokuraindossament (Vollmachtindossament) verschafft dem Indossatar nicht das Eigentum des Wechsels, sondern **legitimiert** ihn **lediglich zur Einziehung** des Wechsels.

a) Der Indossatar kann den Wechsel deshalb auch nur durch ein weiteres Vollmachtindossament übertragen (Art. 18 I WG).

b) Die Wechselschuldner können dem Indossatar, weil dieser im Namen des Indossanten handelt, alle Einwendungen entgegenhalten, die ihnen gegenüber dem Indossanten zustehen (Art. 18 II WG).

2. **Ein verdecktes Prokuraindossament** (Inkassoindossament) liegt vor, wenn nach außen hin ein Vollindossament erteilt ist, der Indossatar aber im Verhältnis zum Indossanten nur zur Einziehung des Wechsels bevollmächtigt ist.

Das verdeckte Prokuraindossament verschafft dem Indossatar gleichfalls nicht das Eigentum an dem Wechsel (bestritten; nach einer anderen Auffassung erwirbt der Indossatar fiduziarisches Eigentum), legitimiert ihn aber, weil es vorbehaltlos erteilt ist, **gegenüber Dritten als Eigentümer** des Wechsels.

a) Der Indossatar kann, weil er nach außen hin als Wechseleigentümer erscheint, den Wechsel durch Vollindossament weitergeben. Der Erwerber wird, weil er gutgläubig ist, Eigentümer des Wechsels.

b) Da der Indossatar nur ein fremdes Recht kraft Ermächtigung des Rechtsinhabers geltend macht, muß an sich bezüglich etwaiger Einwendungen die Person des Indossanten entscheidend sein. Da für den Indossatar aber die Vermutung des Art. 16 I WG spricht, kann der Wechselschuldner Einwendungen, die ihm gegenüber dem Indossanten zustehen, nur dann erfolgreich geltend machen, wenn er nachweist, daß es sich um ein verdecktes Vollmachtindossament handelt.

II. **Pfandindossament**

1. **Ein (offenes) Pfandindossament** liegt vor, wenn das Indossament seinem Inhalt nach nur zur Verpfändung der Rechte aus dem Wechsel dient (Art. 19 I WG).

Beispielsweise: Das Indossament enthält den Vermerk „Wert zur Sicherheit“ oder „Wert zum Pfand“.

a) Das offene Pfandindossament **verschafft dem Indossatar** nicht das Eigentum, sondern **nur ein Pfandrecht** an dem Wechsel. Der Indossatar ist nach § 1294 BGB schon vor der Pfandreife zur alleinigen Einziehung des Wechsels befugt.

Da die Verpfändung mittels Pfandindossamentes ein wechselrechtliches Verkehrsgeschäft bildet, muß auch Verkehrsschutz gewährt werden. Das Pfandrecht kann also analog Art. 16 II WG *gutgläubig erworben* werden; ebenso können Einwendungen gegen einzelne Wechselansprüche durch den guten Glauben des Pfandindossatars überwunden werden. Der Verkehrsschutz wird jedoch umfangmäßig durch das Sicherungsinteresse des Pfandindossatars (d. h. die Höhe der gesicherten Forderung) begrenzt.

b) Die Wechselschuldner können, weil der Indossatar durch das Pfandindossament ein eigenes selbständiges Recht an dem Wechsel erworben hat, dem Indossatar keine *Einwendungen* aus ihren unmittelbaren Rechtsbeziehungen zum Indossanten entgegenhalten, außer wenn der Indossatar beim Erwerb des Wechsels bewußt zum Nachteil des Schuldners gehandelt hat (Art. 19 II WG). Bezüglich des die gesicherte Forderung übersteigenden Anspruchsbetrages paßt Art. 19 II WG dagegen nicht (s. oben a); insoweit bewendet es beim Prinzip des § 404 BGB.

c) Die *Weiterübertragung* des Wechsels durch den Indossatar hat, weil der Indossatar nur Pfandgläubiger ist, nur die Wirkung eines Prokuraindossaments (Art. 19 I WG).

d) Das offene Pfandindossament hat **keine Garantiefunktion** (RGZ 120, 210). Die Rechtsbeziehungen zwischen Pfandindossant und Indossatar bestimmen sich allein nach den Vorschriften des Bürgerlichen Rechts. Und im Verhältnis zu den Nachmännern des Pfandindossatars besteht für eine wechselrechtliche Haftung des Pfandindossanten kein Bedürfnis, da für diese die Beschränkung der Rechtsmacht des Indossatars ja ersichtlich ist.

2. Ein **verdecktes Pfandindossament** liegt vor, wenn nach außen hin ein Vollindossament erteilt ist, der Indossatar aber in Wirklichkeit nur ein Pfandrecht erwerben soll.

Das verdeckte Pfandindossament verschafft dem Indossatar gleichfalls nicht das Eigentum, sondern nur ein Pfandrecht an dem Wechsel, **legitimiert** ihn aber, weil es vorbehaltlos erteilt ist, Dritten gegenüber **als Eigentümer** des Wechsels.

Der Indossatar kann, weil er nach außen hin als Wechseleigentümer erscheint, den Wechsel durch Vollindossament weitergeben. Der Erwerber wird, wenn er gutgläubig ist, nach Art. 16 II WG Eigentümer des Wechsels und damit Gläubiger der im Wechsel verbrieften Rechte. Vgl. S. 80.

Für die Einwendungen der Wechselschuldner gilt das gleiche wie zu 1b.

Der Indossant haftet zwar nicht dem Indossatar selbst, wohl aber dessen gutgläubigen Nachmännern aus Art. 15 WG.

III. **Garantieindossament**

Nach h. M. kann auch eine **außerhalb des Wechselverbandes stehende Person** ein Indossament auf den Wechsel setzen, um damit die Haftung aus Art. 15 I WG zu übernehmen und auf diese Weise das Papier umlauffähiger zu machen. Ein solches Indossament hat dann lediglich Garantiefunktion, entfaltet aber weder Legitimations- noch Transportwirkung.

Ob ein solcher Garantieindossant durch die Einlösung des Wechsels selbst rückgriffsberechtigt wird, ist außerordentlich umstritten (verneinend BGHZ 13, 87 f.).

IV. Zum Nachindossament s. oben S. 78.

4. Die Wechselbürgschaft

Jede Wechselverpflichtung (z. B. die Verpflichtung des Annehmers, die Verpflichtung eines Indossanten) kann durch Wechselbürgschaft (Aval) gesichert werden (Art. 30 I WG).

I. **Die Bürgschaftserklärung** muß **auf den Wechsel oder** einen **Anhang** gesetzt werden (Art. 31 I WG).

1. *Auf der Vorderseite* des Wechsels gilt schon die *bloße Unterschrift als Bürgschaftserklärung,* falls es sich nicht um die Unterschrift des Bezogenen oder des Ausstellers handelt (Art. 31 III WG, vgl. BGHZ 34, 179).

2. *In sonstigen Fällen* ist ein die *Verbürgung zum Ausdruck bringender und* von dem Wechselbürgen *unterschriebener Vermerk* erforderlich (z. B. „Als Bürge" oder „per Aval", vgl. das Muster auf S. 56 Ziff. 12), Art. 31 II WG.

II. **Die Bürgschaftserklärung soll angeben, für welchen Wechselverpflichteten** die **Bürgschaft geleistet** wird (Art. 31 IV WG).

1. *In der Praxis* wird die Bürgschaftserklärung *meist unmittelbar unter oder neben den Namen eines bestimmten Wechselverpflichteten* gesetzt. Daraus folgt dann, daß die Bürgschaft für diesen Wechselverpflichteten geleistet wird.

2. Ist *nicht zu erkennen, für welchen Wechselverpflichteten* die Bürgschaft geleistet wird, so gilt sie als für *den Aussteller* geleistet.

III. **Der Wechselbürge haftet** in der gleichen Weise **wie der Hauptschuldner,** für den er sich verbürgt hat (Art. 32 I WG).

1. *Die Wechselbürgschaft* ist *formell akzessorisch,* d. h. der Wechselbürge haftet nicht, wenn die Hauptschuld wegen eines Formfehlers nichtig ist (Art. 32 II WG).

Z. B.: Der Wechselbürge, der sich für einen Indossanten verbürgt hat, haftet nicht, wenn auf dem Wechsel unter dem Indossament die Unterschrift fehlt.

2. *Dagegen ist die Wechselbürgschaft* — anders als die Bürgschaft nach dem BGB — *materiell selbständig,* d. h. auch dann gültig, wenn die Hauptschuld aus einem anderen Grund als wegen Formfehlers nichtig ist (Art. 32 II WG).

Z. B.: Der Wechselbürge, der sich für einen Indossanten verbürgt hat, haftet auch dann, wenn das Indossament wegen Geschäftsunfähigkeit des Indossanten nichtig ist.

IV. **Der Wechselbürge, der zahlt,** erwirbt die **Ansprüche aus dem Wechsel gegen den Hauptschuldner** und *gegen alle, die diesem* wechselmäßig *haften* (Art. 32 III WG).

Z. B.: A hat sich für den Indossanten B eines Wechsels verbürgt. Er löst, weil der Annehmer des Wechsels nicht zahlt, den Wechsel ein. Dadurch erwirbt A die Rückgriffsansprüche gegen B und dessen sämtliche Vormänner einschließlich des Ausstellers sowie den Anspruch gegen den Annehmer.

B. Die Rechte aus dem Wechsel

1. Allgemeines

I. **Gläubiger des Wechselanspruchs** ist der **Eigentümer der Wechselurkunde.**

1. **Zum Nachweis** des Gläubigerrechts **genügt der Besitz des an den Besitzer indossierten Wechsels,** wenn eine ununterbrochene Reihe von Indossamenten vom Wechselnehmer (bzw. beim eigenen Wechsel vom Aussteller) zu ihm hinführt (Art. 16 I WG, Legitimationsfunktion des Indossaments, vgl. S. 83). Zur formellen Legitimation beim Wechselrücklauf s. unten S. 105.

Der Wechselschuldner, der an den so formell legitimierten Wechselbesitzer nicht zahlen will, muß also die Nichtberechtigung des Besitzers nachweisen.

2. **Auch der Erwerb des Wechsels vom Nichtberechtigten verschafft** dem Erwerber **das Gläubigerrecht,** außer wenn der Erwerber bösgläubig ist, d. h. die Nichtberechtigung des Veräußerers kennt oder infolge grober Fahrlässigkeit übersieht (Art. 16 II WG). S. oben S. 39.

3. **Ein vernichteter Wechsel** kann auf Antrag des Berechtigten im Wege des Aufgebotsverfahrens **für kraftlos erklärt werden;** ebenso ein ab-

handen gekommener Wechsel, der nicht inzwischen von einem Dritten gutgläubig erworben ist (Art. 90 WG, vgl. oben S. 80).

II. **Alle Wechselverpflichteten** (Annehmer, Indossanten, Aussteller, Wechselbürgen) **haften** dem Wechselgläubiger **als Gesamtschuldner** (Art. 47 I WG).

1. **In erster Linie haftet** dem Wechselgläubiger, falls der Wechsel angenommen ist, **der Annehmer.**

2. **Wird der Wechsel nicht angenommen oder** bei Fälligkeit **nicht bezahlt,** so kann der Wechselgläubiger gegen alle anderen Wechselverpflichteten **Rückgriff** nehmen. Vgl. S. 99 ff.

2. Einwendungen gegen den Wechselanspruch

Der Wechsel verbrieft normalerweise mehrere Ansprüche (s. oben S. 38). Es ist aber nicht gesagt, daß diese Ansprüche auch alle existieren und durchsetzbar sind. Für jeden von ihnen ist vielmehr zu prüfen, ob der Anspruchsgegner nicht möglicherweise Einwendungen gegen den Anspruch hat. Dabei wird der Begriff der **Einwendung** im Wertpapierrecht herkömmlicherweise in einem besonderen Sinne gebraucht: Einwendung ist hier nicht nur die Berufung auf Gegennormen, deren Voraussetzung der Anspruchsgegner beweisen müßte, sondern alles, was der Anspruchsgegner überhaupt zu seiner Verteidigung vortragen könnte: Hierher gehört also **auch das Leugnen von Anspruchsvoraussetzungen,** und zwar auch dann, wenn insoweit die grundsätzliche Beweislastumkehr durch Art. 16 I WG nicht eingreift, der Anspruchssteller also die vom Anspruchsgegner bestrittene Tatsache (wie z. B. die Echtheit der Unterschrift des Anspruchsgegners) zu beweisen hätte. Außerdem gehören zu den Einwendungen in diesem speziellen wertpapierrechtlichen Sinne **auch** die sog. rechtshemmenden Einwendungen, also die **Einreden i. S. des BGB.**

Bei der Behandlung der Einwendungen des Wechselschuldners geht es vor allem um die Frage, ob die (zunächst einmal gegebenen) Einwendungen bei einer als wechselmäßiges Verkehrsgeschäft zu qualifizierenden Übertragung oder Verpfändung des Wechsels ohne weiteres Bestand behalten, also auch dem neuen Wechseleigentümer bzw. Pfandgläubiger entgegengehalten werden können, oder ob sie durch den guten Glauben des Erwerbers ausgeschaltet werden; im letzteren Falle ist dann zu klären, welche Anforderungen insoweit an die Redlichkeit des Erwerbers zu stellen sind. Diese Fragen sind im Wechselgesetz selbst nur ganz bruchstückhaft geregelt, nämlich nur für die sog. persönlichen Einwendungen in Art. 17 WG. Im übrigen muß auf die allgemeinen Lehren über die Entstehung der in konstitutiven Wertpapieren verkörperten Ansprüche zurückgegriffen werden.

Dabei gilt es, die Schutzinteressen des Wechselzeichners gegen das Verkehrsbedürfnis, also das Interesse des Wirtschaftslebens an der Umlauffähigkeit des Wechsels, abzuwägen. Damit kommt man zu differenzierenden Lösungen.

Der Wirkung nach kann man absolute (bzw. gutglaubensfeste oder nicht präklusionsfähige) Einwendungen einerseits, die jedem beliebigen Inhaber des Wechsels ohne Rücksicht auf dessen Redlichkeit beim Erwerb des Papiers entgegengehalten werden können, und die ausschlußfähigen (oder gutglaubensschwachen) Einwendungen andererseits, die bei einem wechselmäßigen Verkehrsgeschäft durch die Redlichkeit des Erwerbers überwunden werden, unterscheiden.

I. Absolute Einwendungen

Diese Kategorie von **Einwendungen, die allen Wechselerwerbern gegenüber durchgreifen,** umfaßt zwei sehr unterschiedliche Untergruppen:

1. **Die urkundlichen Einwendungen.** Das sind solche, die sich aus der Wechselurkunde selbst ergeben. Gegenüber derartigen Einwendungen kommt ein Verkehrsschutz schon deshalb nicht in Betracht, weil es ja an einem Rechtsscheintatbestand fehlt: Die Einwendung ist hier ja für jeden rechtskundigen Erwerber aus der Urkunde selbst ersichtlich. Hierzu gehören:

a) Das Fehlen eines wesentlichen *Formerfordernisses.*

b) Der Einwand der *Erfüllung,* wenn die Zahlung auf dem Wechsel vermerkt ist (insbesondere der Teilzahlungsvermerk nach Art. 39 III WG). Ist die Zahlung dagegen nicht auf dem Wechsel vermerkt, so handelt es sich um eine ausschließbare Gültigkeitseinwendung, s. unten S. 92 f.

c) Die Einwendung des Haftungsausschlusses aufgrund eines in den Wechseltext aufgenommenen zulässigen *Freizeichnungsvermerks* (so z. B. der Ausschluß der Haftung des Ausstellers für Annahme, Art. 9 II WG; die Angstklausel bzw. das Indossierungsverbot des Indossanten, Art. 15 I und II WG).

d) Der Ausschluß des Rückgriffs infolge *Präjudizierung* (Art. 53 WG).

e) Die Einrede der *Verjährung* (Art. 70 WG).

f) Der Einwand der *fehlenden formellen Legitimation* des Klägers. Im Gegensatz zu den bisher Genannten führt dieser jedoch nicht notwendigerweise zur Klageabweisung; er ist vielmehr nur ein Hinweis darauf, daß für den klagenden Wechselinhaber nicht die Rechtsvermutung des Art. 16 I WG spricht und daß dieser deshalb auch sein Eigentum an der Wechselurkunde nachweisen muß.

2. **Die Zurechenbarkeitseinwendungen** (oder nichtpräkludierbaren Gültigkeitseinwendungen). Das sind diejenigen Fälle, in denen die betreffende Wechselverpflichtung mangels eines wirksamen Begebungsvertrages bisher nicht entstanden ist und auch eine Inanspruch-

nahme des Wechselzeichners aus Rechtsscheingründen daran scheitert, daß er entweder gar nicht selbst den Rechtsschein einer Wechselverpflichtung gesetzt hat oder daß ihm die Veranlassung des Rechtsscheins jedenfalls nicht zurechenbar ist.

Hierher gehören:

a) Der Einwand der *Fälschung der Unterschrift,* Art. 7 und 69 WG. Dieser Einwand entfällt, wenn der Namensträger die Fälschung genehmigt, s. oben S. 54. Entsprechendes gilt für den Einwand der inhaltlichen Verfälschung des Wechsels. Diesen kann der Anspruchsteller richtiger Ansicht nach aber mit Hilfe der Replik schlagen, daß der Namensträger die Verfälschung durch eine verkehrswidrige Ausfüllung des Wechsels ermöglicht habe (s. oben S. 55).

b) Der Einwand, daß die *Wechselzeichnung durch einen Vertreter ohne Vertretungsmacht* erfolgt ist. Auch dieser Einwand entfällt bei einer späteren Genehmigung durch den Vertretenen.

c) Der Einwand, daß die Wechselzeichnung unter *körperlichem Zwang* (vis absoluta) erfolgte.

d) Der Einwand der *fehlenden oder beschränkten Geschäftsfähigkeit.* Die §§ 104 ff. BGB schützen den nicht voll Geschäftsfähigen vor den für ihn möglicherweise nachteiligen Folgen seines eigenen rechtsgeschäftlichen Handelns. Die Intention dieser Normen würde unterlaufen, wenn an die Stelle der danach nicht wirksamen rechtsgeschäftlichen Verpflichtung eine an das gleiche rechtsgeschäftliche Handeln des nicht voll Geschäftsfähigen anknüpfende Rechtsscheinhaftung mit identischem Inhalt träte: Die Schaffung des Rechtsscheins darf dem nicht voll Geschäftsfähigen angesichts des hohen Rangs, den der Schutz nicht voll Geschäftsfähiger im inneren System unseres Privatrechts einnimmt, nicht zugerechnet werden.

Die volle Geschäftsfähigkeit muß dem Wechselzeichner aber bereits *im Augenblick des Skripturaktes* gefehlt haben, da die Rechtsscheinhaftung ja gerade an diesen Vorgang anknüpft: Es ist ja gerade die Wechselzeichnung als solche, die — für den Fall eines späteren Inverkehrgelangens des unterzeichneten Papiers ohne wirksamen Begebungsvertrag — den Anschein einer wirksam eingegangenen Wechselverpflichtung und damit die Gefährdung potentieller Erwerber hervorruft. Ist der Wechselzeichner bei der Begebung des Wechsels wieder geschäftsfähig, so können die Umstände der Wechselzeichnung angesichts der Wirksamkeit jedenfalls des Begebungsvertrages keine Rolle spielen.

Der Umstand, daß der Wechselzeichner den Skripturakt in einem vorübergehenden Zustand der Unzurechnungsfähigkeit (§ 105 II BGB) vollzogen hat, führt nur dann zu einer Zurechenbarkeitseinwendung, wenn der Wechselzeichner sich nicht selbst schuldhaft in diesen Zustand versetzt hat (s. Hueck-Canaris § 9 II 3d; Baumbach-Hefermehl Art. 17 Rdn. 43), also regelmäßig nicht, wenn die vorübergehende Unzurechnungsfähigkeit auf Alkohol- oder Rauschgiftkonsum beruht.

II. Ausschlußfähige Einwendungen

Auch hier gibt es wiederum zwei Untergruppen von Einwendungen, die sich sowohl im Hinblick auf ihren Entstehungsgrund wie auch bezüglich ihrer Rechtsfolgen (nämlich hinsichtlich der Voraussetzungen, unter denen ein Einwendungsausschluß eintritt) deutlich voneinander unterscheiden.

1. Die **präklusionsfähigen Gültigkeitseinwendungen.** Eine solche ist immer dann gegeben, wenn die Wechselverpflichtung nicht wirksam entstanden oder bereits wieder erloschen ist, der Wechselzeichner aber in zurechenbarer Weise den Rechtsschein einer bestehenden Wechselverpflichtung hervorgerufen hat. In diesem Fall muß er einem redlichen Erwerber, der das Eigentum oder ein Pfandrecht an der Urkunde durch ein wechselmäßiges Umsatzgeschäft erlangt hat, für diesen von ihm zu verantwortenden Rechtsschein durch eine skripturmäßige Haftung einstehen. Und zwar bestimmen sich die Anforderungen an den guten Glauben des Erwerbers nach zutreffender h. M. in Analogie zu Art. 10 und 16 II WG: Dem Erwerber schadet also bereits grobe Fahrlässigkeit, nicht etwa — wie bei den persönlichen Einwendungen des Art. 17 WG — nur bewußtes Handeln zum Nachteil des Wechselzeichners. Bei den präklusionsfähigen Gültigkeitseinwendungen geht es nämlich im Vergleich zu den persönlichen Einwendungen des Art. 17 WG um den schwerwiegenderen Mangel: Nämlich um die völlige Nichtexistenz der betreffenden Forderung, nicht nur um ihre Lähmung durch eine Einrede. Dann ist es aber nur konsequent, bei den (ausschlußfähigen) Gültigkeitseinwendungen auch schärfere Anforderungen an die Schutzwürdigkeit des Erwerbers zu stellen. Im übrigen würde eine Ausdehnung des Maßstabes des Art. 17 WG auf die Gültigkeitseinwendungen — wie sie im neueren Schrifttum gelegentlich vertreten wird — zwangsläufig zu schwerwiegenden Wertungswidersprüchen führen, wie Hueck-Canaris (§ 9 II 4) gezeigt hat.

a) Einem Wechselzeichner, der im Zeitpunkt des Skipturaktes geschäftsfähig war, steht ein solcher präklusionsfähiger Gültigkeitseinwand immer zu:

aa) Wenn ihm der ausgefüllte, aber noch nicht begebene Wechsel *entwendet* worden ist.

Beispiel: Der Aussteller entwendet dem Akzeptanten, der sich vor Rückgabe des Wechsels doch wieder zur Streichung des Akzepts entschlossen hatte, heimlich das Papier.

bb) Wenn er den Wechsel zwar begeben hat, der *Begebungsvertrag* aber *nichtig bzw. erfolgreich angefochten* ist.

(1) Der Begebungsvertrag kann wegen Wuchers (§ 138 II BGB) oder wegen sonstiger Sittenwidrigkeit nach § 138 I BGB nichtig sein: So wenn die Begebung zum Zwecke der Wechselreiterei erfolgt (vgl. BGHZ 27, 175; BGH WM 1960, 1381; 1969, 334; 1973, 66); ferner bei „Neppwechseln“, die Besuchern von Animierlokalen wegen offensichtlich überhöhter Forderungen des Gastwirts abverlangt wer-

den (vgl. Kollhosser JuS 1977, 513 sowie BGH NJW 1987, 2014 für die Parallelproblematik beim abstrakten Schuldanerkenntnis).

(2) Zu den Fällen der Nichtigkeit wegen Willensmangel gehört auch die *Wechselzeichnung* und „Begebung“ *ohne Erklärungsbewußtsein* (Wechselzeichner glaubt, ein Autogramm zu geben).

(3) Bei *schenkweiser Hingabe* eines Wechsels bedarf der Begebungsvertrag in Analogie zu § 518 I S. 2 BGB der *notariellen Beurkundung* (vgl. BGH NJW 1975, 1881 und 1983, 759 für den Scheck); fehlt es daran, ist er nach § 125 S. 1 BGB nichtig (teilweise abweichend Hueck-Canaris § 9 II 3d).

(4) Wird ein Wechsel zur Erfüllung einer *Spiel- oder Wettschuld* oder zur Erfüllung einer Forderung aus einem als Differenzgeschäft abgeschlossenen Börsentermingeschäft oder wegen eines Ehemaklerlohnversprechens begeben, so ist der Begebungsvertrag nach §§ 762 II, 656 II BGB, 52 ff. BörsG nichtig (str.).

In allen diesen Fällen kann die Nichtigkeit des Begebungsvertrages nur dem Partner des Begebungsvertrages selbst und dessen bösgläubigen Nachmännern, nicht aber einem späteren redlichen Erwerber entgegengehalten werden.

b) Zu den präklusionsfähigen Gültigkeitseinwendungen gehört ferner der Einwand der **nicht** auf dem Wechsel **vermerkten Erfüllung.** Der Wechselschuldner, der die Wechselforderung tilgt, ohne sich dabei den Wechsel aushändigen zu lassen bzw. im Falle der Teilzahlung für einen entsprechenden Vermerk auf der Wechselurkunde (Art. 39 III WG) zu sorgen, schafft in grob verkehrswidriger Weise den Rechtsschein, daß die Wechselverpflichtung weiterbesteht. Es ist nur konsequent, daß ihn ein gutgläubiger Erwerber nach Maßgabe dieses von ihm zu verantwortenden Rechtsscheins in Anspruch nehmen darf.

2. Die persönlichen Einwendungen des Art. 17 WG

a) *Begriff und Arten*

Persönliche Einwendungen i. S. des Art. 17 WG sind **rechtshemmende Einwendungen** (= Einreden i. S. des BGB) gegen den Wechselanspruch, die sich **aus einer besonderen, neben dem Wechsel bestehenden Rechtsbeziehung** zwischen dem Wechselschuldner und einem bestimmten Wechselgläubiger ergeben. Dazu gehören

aa) *Sämtliche Einreden aus dem* der Wechselbegebung *zugrundeliegenden Kausalverhältnis* bzw. aus der bei der Wechselbegebung getroffenen Zweckabrede. Beispielsweise die Einrede, daß der Wechselanspruch nach dieser Zweckabrede nicht geltend gemacht werden darf, weil der Schuldner der zugrundeliegenden Kaufpreisforderung die dilatorische Einrede des nichterfüllten Vertrages (§ 320 BGB) oder die peremptorische Einrede der Wandlung (§ 478 BGB) entgegensetzen kann (s. oben S. 49). Ferner der Einwand, daß es sich um einen Depotwechsel (s. oben S. 44) handelt und der Sicherungsfall noch nicht eingetreten ist.

bb) Die *Einrede der Bereicherung* bei Unwirksamkeit des Kausalverhältnisses (§§ 821, 812 II, I S. 1 1. Alt. BGB), s. oben S. 48, ferner die Einrede der Bereicherung, wenn der gegenwärtige Wechselgläubiger den Wechsel schenkweise übertragen bekommen hat und er dabei den bisher nicht existierenden Anspruch gegen den betreffenden Wechselzeichner aus Rechtsscheingründen erworben hat.

Beispiel: Der Aussteller A gibt den von B akzeptierten Wechsel wegen einer Kaufpreisforderung an den Wechselnehmer N. Dem Akzept liegt aber kein wirksamer Begebungsvertrag zugrunde, da B zwar beim Skripturakt geschäftsfähig, bei der Begebung des Wechsels aber bereits wegen Verschwendungssucht entmündigt war. Dann hat B gegen den Anspruch aus Art. 28 I WG eine präklusionsfähige Gültigkeitseinwendung. Falls nun N den Wechsel schenkweise an den gutgläubigen I_1 indossiert, erlischt diese Einwendung. I_1 ist dafür einer neuen, persönlichen Einwendung aus §§ 816 I S. 2, 821 BGB ausgesetzt. Diese wiederum erlischt bei einer Weiterindossierung des Wechsels an I_2 unter den Voraussetzungen des Art. 17 WG. Während I_1 schon grobe Fahrlässigkeit geschadet hätte, schadet dem I_2 also nur ein bewußtes Handeln zum Nachteil des I_1.

cc) *Einwendungen aus einer besonderen* — neben dem Wechsel bestehenden — *Absprache* zwischen dem Wechselschuldner und einem bestimmten Wechselgläubiger.

Hierher gehört beispielsweise die Einrede der (nicht auf dem Wechsel vermerkten) Stundung (Prolongationseinrede).

Besonderheiten bestehen bei der Einwendung der Gefälligkeitsabrede. Der gefälligkeitshalber gezeichnete Wechsel darf vom Partner der Gefälligkeitsabrede natürlich nicht gegen den Wechselzeichner geltend gemacht werden. Aber die Gefälligkeitsabrede geht eventuelle Nachmänner überhaupt nichts an; die Gefälligkeitszeichnung soll ja gerade die Umlauffähigkeit des Wechsels steigern. Das ist aber nur möglich, wenn das daraus resultierende Verbot der Inanspruchnahme des Gefälligkeitszeichners von vornherein auf die Beziehungen der unmittelbar an der Gefälligkeitsabrede Beteiligten beschränkt bleibt. *Die Einrede der Gefälligkeitsabrede erlischt* also *bei jeder* (auch nicht wechselmäßigen) *Weitergabe des Wechsels,* und zwar ohne Rücksicht auf den guten Glauben des Erwerbers.

b) Wirkungsweise

aa) **Grundsätzlich** können persönliche Einwendungen **nur der Person** entgegengesetzt werden, **der gegenüber** die die Einwendung begründende **Rechtsbeziehung besteht.**

bb) **Anderen Wechselinhabern** können persönliche Einwendungen nur ausnahmsweise entgegengesetzt werden, nämlich **nur dann, wenn** der Inhaber bei dem Erwerb des Wechsels **bewußt zum Nachteil des einwendungsberechtigten Schuldners** gehandelt hat (Art. 17 WG).

Z. B.: Der Wechselinhaber A hat, um eine vermeintlich gegenüber B bestehende Kaufpreisschuld zu tilgen, diesem den Wechsel indossiert. Verlangt B im Rückgriffswege von A die Einlösung des Wechsels, so kann A die persönliche Einwendung erheben, daß die Kaufpreisschuld in Wirklichkeit bereits getilgt gewesen sei und B ihm deshalb den Wechsel als ungerechtfertigte Bereicherung herausgeben müsse. Geht dagegen C, dem B den Wechsel weiterindossiert hat, im Rückgriffswege gegen A vor, so kann A diese Bereicherungseinrede ihm gegenüber grundsätzlich nicht erheben. Nur dann steht ihm diese Einrede auch dem C gegenüber zu, wenn C bei dem Erwerb des Wechsels bewußt zum Nachteil des A gehandelt hat. Hierzu ist kein absichtliches Zusammenwirken zwischen B und C erforderlich. Es genügt vielmehr, wenn C beim Erwerb des Wechsels die dem A infolge des Verlustes der Einrede drohende Schädigung gekannt hat. — Wer einen Warenwechsel vom Verkäufer in Kenntnis einer vom Käufer erhobenen Sachmängelrüge erwirbt, aber mit einer erfolgreichen Nachbesserung bzw. einer Lieferung einwandfreier Ersatzwaren durch den Verkäufer rechnet, hat nicht das in Art. 17 WG vorausgesetzte Schädigungsbewußtsein.

3. Bei beiden Arten von ausschlußfähigen Einwendungen kann ein gutgläubiger Erwerb der Einwendungsfreiheit **nur bei einem wechselmäßigen Verkehrsgeschäft** stattfinden. Ein Erlöschen der Einwendung durch gutgläubigen Erwerb kommt also nicht in Betracht

a) wenn es bereits an einem wirklichen Verkehrsgeschäft fehlt.

Beispiel: Der alleinige Gesellschafter einer Ein-Mann-GmbH indossiert den Wechsel an die letztere. Oder: Der Indossatar erhält den Wechsel als uneigennütziger Treuhänder des Indossanten.

b) Wenn die Übertragung des Wechsels nicht mittels Indossaments, sondern durch bürgerlich-rechtliche Zession erfolgt.

4. Dagegen findet eine automatische Einwendungserstreckung auf einen redlichen Wechselerwerber nicht schon deshalb statt, weil dieser außer dem Wechselrecht auch die persönliche Forderung gegen den in Anspruch genommenen Wechselschuldner übertragen bekommen hat. Diese zusätzliche Übertragung der Kausalforderung ändert nichts daran, daß hinsichtlich des Wechsels ein schutzwürdiger Erwerbsvorgang gegeben ist. Es wäre widersinnig, wenn die zusätzliche Abtretung der persönlichen Forderung, die die Rechtsstellung des Indossatars doch nur verstärken soll, hier zu seinem Nachteil ausschlüge. Vgl. RGZ 166, 313; BGH NJW 1953, 219.

3. Zahlung des Wechsels

I. Fälligkeit des Wechsels

1. **Der Wechsel wird fällig** (Verfalltag, vgl. auch S. 63 f.):

a) **Bei Tagwechseln** an dem im Wechsel genannten Tag.

b) **Bei Sichtwechseln** am Tage der Vorlegung.

c) **Bei Nachsicht- und Datowechseln,** wenn die von der Vorlegung oder der Ausstellung des Wechsels an bestimmte Frist abgelaufen ist (Art. 35 WG).

Vor dem Verfalltag braucht der Wechselgläubiger die Zahlung nicht anzunehmen (Art. 40 I WG im Gegensatz zu § 271 II BGB).

2. **Durch** Stundung des Wechselanspruchs **(Prolongation),** die nur eine persönliche Einrede gegenüber dem stundenden Wechselgläubiger

gewährt, wird die **Verfallzeit** des Wechsels **nicht hinausgeschoben.**

Die Prolongation erfolgt regelmäßig so, daß der Wechselschuldner dem Gläubiger einen neuen Wechsel (Prolongationswechsel) zur Verwertung durch Diskontierung übergibt und daß andererseits der Gläubiger dem Schuldner den alten Wechsel zurückgibt oder sich zur Einlösung dieses Wechsels verpflichtet, damit der Schuldner nicht doppelt in Anspruch genommen wird (vgl. BGHZ 8, 276).

Hiervon zu unterscheiden ist eine Änderung der Verfallszeit, die der Wechselgläubiger mit Zustimmung aller Wechselbeteiligten durch einen entsprechenden Vermerk auf dem Wechsel vollziehen kann (str.).

3. **Der Zahlungstag,** an dem die Zahlung des Wechsels verlangt werden kann, **fällt regelmäßig mit dem Verfalltag zusammen.**

Ausnahme: Wird der Wechsel an einem Sonnabend, Sonntag oder gesetzlichen Feiertag fällig, so ist Zahlungstag der nächste Werktag (Art. 72 I S. 1 WG; dies entspricht § 193 BGB).

II. **Vorlegung zur Zahlung**

Der Wechselgläubiger muß, wenn er Zahlung erhalten will, den Wechsel zur Zahlung vorlegen.

1. **Die Vorlegung** des Wechsels zur Zahlung kann **frühestens am Zahlungstag** und muß **spätestens an dem zweiten Werktag nach dem Zahlungstag** (außer sonnabends) erfolgen (Vorlegungsfrist; Art. 38 I WG).

Sichtwechsel werden erst mit der Vorlegung zur Zahlung fällig. Sie müssen, falls keine andere Frist bestimmt ist, binnen einem Jahr seit der Ausstellung vorgelegt werden (Art. 34 WG).

a) **Die Vorlegung** muß an dem im Wechsel genannten Zahlungsort und **bei der Person, die** nach dem Inhalt des Wechsels **zahlen soll,** geschehen.

Regelmäßig ist der Wechsel dem Bezogenen (Annehmer) an dessen Wohnort vorzulegen. Zahlstellenwechsel sind der Zahlstelle, Domizilwechsel am Domizilort dem Domiziliaten, evtl. dem Bezogenen vorzulegen.

b) **Der Vorlegung steht** die **Einlieferung** des Wechsels **in eine Abrechnungsstelle gleich** (Art. 38 II WG).

Die Abrechnungsstellen sind Einrichtungen, die von den Banken geschaffen sind, um die gegenseitigen Forderungen durch unbare (bargeldlose) Zahlung auszugleichen. Der Bundesjustizminister bestimmt, bei welchen Abrechnungsstellen und unter welchen Voraussetzungen Wechsel eingereicht werden können (Art. 38 III WG). Vgl. VO v. 10. 11. 1953 (BGBl. I S. 1521). Abrechnungsstellen befinden sich bei den Landeszentralbanken.

2. Wird durch **höhere Gewalt** (im objektiven Sinne, also beispielsweise durch eine Naturkatastrophe) die Einhaltung der Frist für die Vorlegung des Wechsels unmöglich, so **verlängert sich die Frist.** Der

Wechselinhaber muß die höhere Gewalt unverzüglich seinem unmittelbaren Vormann mitteilen und auf dem Wechsel oder einem Anhang vermerken (Art. 54 WG).

3. **Bei Versäumung der Vorlegungsfrist** gilt folgendes:

a) **Die Rückgriffsansprüche** gegen die Vormänner **erlöschen;** nur der etwaige Annehmer des Wechsels bleibt wechselmäßig verpflichtet (Art. 53 I WG).

Grund: Die Rückgriffsschuldner sollen nicht unbestimmte Zeit über den Verfalltag hinaus im ungewissen darüber gelassen werden, ob sie in Anspruch genommen werden.

b) **Der Akzeptant oder ein Wechselbürge des Akzeptanten kann** die Wechselsumme bei der zuständigen Behörde (Amtsgericht) **hinterlegen** (Art. 42 WG).

III. **Prüfungspflicht** des Zahlenden

1. **Der Zahlende muß** vor Einlösung des Wechsels **nachprüfen:**

a) **Die Identität des Wechselinhabers** mit dem Gläubiger, der in dem Wechsel genannt ist.

b) **Die wechselrechtliche Legitimation des Wechselinhabers** (d. h. die Frage, ob eine zusammenhängende, mit dem Wechselinhaber endende Reihe von Indossamenten vorliegt, vgl. oben S. 83 f.). Dagegen braucht der Zahlende die Echtheit der Unterschriften der Indossamente nicht nachzuprüfen (Art. 40 III S. 2 WG).

2. **Die Zahlung an einen Nichtberechtigten befreit** den Zahlenden (und die Rückgriffsschuldner), **außer bei Arglist oder grober Fahrlässigkeit** des Zahlenden (Art. 40 III S. 1 WG).

Durch die Wahl des Begriffes „Arglist“ bringt das Gesetz zum Ausdruck, daß hier mehr als bloße Kenntnis von der Nichtberechtigung des Wechselbesitzers gemeint ist. Arglistig handelt der Wechselschuldner trotz eigener Kenntnis nur, wenn ihm auch bewußt ist, daß er über liquide Beweismittel verfügt, mit denen er die Nichtberechtigung des Wechselinhabers ohne weiteres nachweisen könnte. Denn angesichts der für den Wechselinhaber sprechenden Rechtsvermutung aus Art. 16 I WG befindet sich der Wechselschuldner von vornherein in einer ungünstigen Prozeßsituation. Es ist ihm nicht zuzumuten, das Risiko eines Prozeßverlustes im Interesse des wirklichen Wechselberechtigten auf sich zu nehmen. Ohnehin droht ihm ja, wenn der Wechselinhaber trotz seiner nachweisbaren Nichtberechtigung Protest mangels Zahlung erhebt, allein schon wegen dieser Tatsache eine Kreditschädigung. — Entsprechend muß dann auch der Begriff der groben Fahrlässigkeit interpretiert werden. Er bezieht sich nämlich darauf, daß der Wechselschuldner die Nichtberechtigung des Wechselinhabers und deren sofortige Beweisbarkeit nur infolge eines groben Sorgfaltsverstoßes nicht erkannt hat.

Zahlt also der Annehmer, obgleich er die Nichtberechtigung des Wechselinhabers kennt und durch liquide Beweismittel nachweisen kann, so wird er nicht befreit, weil ihm Arglist zur Last fällt. Beweispflichtig für die Arglist des Annehmers ist der wirkliche Wechselgläubiger, der die nochmalige Zahlung des Wechsels verlangt. — Zahlt der Annehmer, obgleich die Indossamentenreihe eine Lükke aufweist, an den letzten Indossatar, so verletzt er normalerweise grobfahrlässig seine Pflicht zur Legitimationsprüfung (oben 1 b). Anders u. U. bei Unleserlichkeit der entscheidenden Unterschrift. Er wird daher nicht befreit, wenn der letzte Indossatar nicht der wirklich Berechtigte ist. — Nimmt der Wechselschuldner ohne grobe Fahrlässigkeit an, daß der in Wirklichkeit geschäftsunfähige Wechselinhaber geschäftsfähig ist, so wird er befreit.

3. **Zahlt der Bezogene vor Verfall,** so **handelt er** aber **auf eigene Gefahr** (Art. 40 II WG).

Er wird selbst dann nicht befreit, wenn er im besten Glauben an einen Nichtberechtigten bezahlt. Er kann sich auch nicht dadurch schützen, daß er sich den Wechsel vom Inhaber indossieren läßt. Art. 40 II WG geht Art. 16 II WG vor (bestr.).

IV. Ausführung der Zahlung

1. **Die Zahlung** braucht **nur gegen Aushändigung des quittierten Wechsels** zu erfolgen (Art. 39 I WG).

Bei **Teilzahlungen,** die der Wechselgläubiger, wenn sie angeboten werden, **nicht zurückweisen** darf (Ausnahme von § 266 BGB), kann nur ein Vermerk der Zahlung auf dem Wechsel und Erteilung einer besonderen Quittung verlangt werden (Art. 39 III WG).

2. **Wechsel,** die **auf eine ausländische Währung** gestellt sind, können (entsprechend § 244 BGB) **auch in Inlandswährung** gezahlt werden, außer wenn sie den „Effektivvermerk“ tragen (vgl. Art. 41 WG).

Die Eingehung von Valutaverbindlichkeiten ist allerdings im Inland unter Gebietsansässigen gem. § 3 WährungsG i. V. m. § 49 AußenwirtschaftsG v. 28. 4. 1961 genehmigungspflichtig und dadurch weitgehend eingeschränkt.

V. Wirkung der Zahlung

1. **Zahlt der Bezogene** (Annehmer) den Wechsel, **so erlischt der Wechsel,** und sämtliche Wechselschuldner werden befreit.

Das gleiche gilt, wenn jemand für den Bezogenen zahlt, z. B. eine Zahlstelle oder ein Domiziliat.

2. **Zahlt ein Rückgriffsschuldner** einen Wechsel, dessen Bezahlung durch den Bezogenen nicht zu erlangen ist, so will er nur seine eigene Rückgriffsschuld erledigen (Einlösungsrecht, vgl. S. 104). Der Anspruch gegen den Akzeptanten erlischt dadurch genausowenig wie die Rückgriffsansprüche gegen die Vormänner des Zahlenden; diese Ansprüche gehen vielmehr im Wege der Legalzession auf den Zahlenden über (Art. 47 III WG). Verkehrsschutz findet bei diesem

Rechtsübergang nicht statt. Dem Einlösenden kommt darüber hinaus auch nicht der gutgläubige Erwerb eines Nachmanns zugute (s. oben S. 77).

VI. **Ausbleiben der Zahlung**

1. **Ist die Zahlung** des Wechsels von dem Bezogenen (Annehmer) **nicht zu erlangen,** so hat der Wechselgläubiger **Protest mangels Zahlung** erheben zu lassen (Art. 44 I WG).

a) **Der Protest** muß am **1. oder 2. Werktag** (die Sonnabende nicht mitgerechnet) **nach dem Zahlungstag** erhoben werden (Art. 44 III S. 1 WG).

b) **Bei Sichtwechseln** muß der Protest mangels Zahlung **innerhalb der Vorlegungsfrist** erhoben werden (vgl. oben II 1 und Art. 44 III S. 2 WG).

2. **Der rechtzeitige Protest** ist **Voraussetzung des Rückgriffs** gegen die im Wechsel bezeichneten Rückgriffsschuldner.

Ist die rechtzeitige **Protesterhebung unterblieben, so erlöschen** — ebenso wie bei unterbliebener Vorlegung — **die Rückgriffsansprüche. Nur** der **Anspruch gegen** den etwaigen **Annehmer** bleibt bestehen.

4. Rückgriff

a) Voraussetzungen des Rückgriffs

Der Wechselinhaber kann gegen seine Vormänner (Indossanten, Aussteller, Wechselbürgen) Rückgriff nehmen, wenn der Wechsel notleidend wird, d. h. wenn mit der Einlösung des Wechsels durch den Bezogenen nicht zu rechnen ist.

I. **Im einzelnen** kommen **folgende Fälle** des Rückgriffs in Frage:

1. **Rückgriff mangels Annahme** kann genommen werden, wenn die Annahme des noch nicht fälligen Wechsels verweigert wird (Art. 43 II Nr. 1 WG).

Dies gilt allerdings nicht, soweit ein Vorlegungsverbot besteht (Art. 22 II WG) oder die Haftung für die Annahme ausgeschlossen ist (Art. 9 II, 15 I WG). In diesen Fällen kann nur Rückgriff gem. 2 oder 3 genommen werden.

2. **Rückgriff wegen Unsicherheit** kann nach Art. 43 II Nr. 2, 3 WG genommen werden:

a) **Wenn der Bezogene** seine **Zahlungen** eingestellt hat **oder** wenn eine **Zwangsvollstreckung** in sein Vermögen **fruchtlos** verlaufen ist. Ob der Bezogene den Wechsel angenommen hat, ist gleichgültig.

b) **Wenn** über das Vermögen des Bezogenen (oder Annehmers) das **Vergleichsverfahren oder** der **Konkurs eröffnet** worden ist.

Falls die Vorlegung des Wechsels zur Annahme untersagt ist (Art. 22 II WG), liefern die gleichen Ereignisse in der Person des Ausstellers einen Rückgriffsgrund.

3. **Rückgriff mangels Zahlung** kann genommen werden, wenn der fällige Wechsel nicht freiwillig bezahlt worden ist (Art. 43 I WG).

Dies ist der **praktisch wichtigste Fall des Rückgriffs.** Die Fälle zu 1 und 2, in denen schon vor Fälligkeit des Wechsels Rückgriff genommen werden kann, haben eine viel geringere praktische Bedeutung.

Der Rückgriffsanspruch hat in allen drei Fällen den gleichen Inhalt; er **geht stets auf Zahlung** des Wechsels, genauer: der nach Art. 48 WG berechneten Rückgriffssumme.

Auch der Rückgriff mangels Annahme oder wegen Unsicherheit geht also, obschon in diesen Fällen der Wechsel noch nicht fällig ist, auf Zahlung. Nach dem früheren Recht konnte dagegen in diesen Fällen der Wechselinhaber von den Rückgriffsschuldnern nur Sicherheitsleistung verlangen. Das Wechselgesetz hat diesen Unterschied beseitigt, weil er sich in der Praxis nicht bewährt hatte.

II. **Formelle Voraussetzung des Rückgriffs** ist regelmäßig ein gegen den Bezogenen erhobener **Protest** (Art. 44, 53 I WG).

1. Der Protest ist die **behördliche Feststellung gewisser wechselrechtlicher Tatsachen** in einer öffentlichen Urkunde.

a) **Zuständig** für die Aufnahme von Protesten sind nach Art. 79 WG **bestimmte Beamte,** und zwar:

aa) Die Notare und nach den Landesgesetzen bestimmte Gerichtsbeamte (Richter, Rechtspfleger, Gerichtsvollzieher).

bb) **Die Postbeamten.** Die Post übernimmt aber Protestaufträge nur, wenn es sich um einen Protest mangels Zahlung handelt und die Wechselsumme 3.000,— DM nicht übersteigt. Vgl. Näheres § 40 der PostO v. 16. 5. 1963 (BGBl. I 341).

Erhebt ein Postbeamter in anderen Fällen einen Protest, so ist der Protest gleichwohl voll wirksam.

b) **Die Erhebung des Protests** vollzieht sich in folgender Weise:

aa) **Trifft der Protestbeamte** die Person, gegen die Protest erhoben werden soll **(Protestat), an,** so hat er sie **zunächst zu der** von dem Wechselinhaber **verlangten Leistung** (z. B. zur Zahlung der Wechselsumme) **aufzufordern.** Wird dieser Aufforderung gefolgt (z. B. die Wechselsumme gezahlt), so kommt ein Protest nicht mehr in Frage.

Der Protestbeamte ist kraft Gesetzes zur Annahme der Wechselsumme befugt (Art. 84 WG).

bb) **Trifft der Protestbeamte den Protestaten nicht an oder wird die verlangte Leistung verweigert,** so hat der Protestbeamte den Protest durch **Aufnahme der Protesturkunde** zu erheben.

Die Proteste sollen nur in der Zeit von 9.00—18.00 Uhr erhoben werden, zu einer anderen Zeit nur mit Einwilligung des Protestaten (Art. 86 WG).

c) Der Protest muß **auf den Wechsel selbst oder** auf einen **Wechselanhang,** der an der Verbindungsstelle mit dem Amtssiegel versehen werden soll, **gesetzt werden** (Art. 81 I, III WG).

Er soll unmittelbar hinter dem letzten Vermerk auf der Rückseite des Wechsels oder, wenn die Rückseite keine Vermerke enthält, unmittelbar an den Rand der Rückseite gesetzt werden (Art. 81 II WG); vgl. ferner wegen einiger Sonderfälle Art. 81 IV, 82 WG.

In die Protesturkunde, von der eine Abschrift bei dem Protestbeamten verbleibt (vgl. Art. 90 I, 85 II, III WG) **muß aufgenommen werden:**

aa) Der Name oder die Firma des Beteiligten (Art. 80 I Nr. 1 WG).

Soll wegen derselben wechselrechtlichen Leistung gegen mehrere Personen protestiert werden, so ist nur eine Protesturkunde erforderlich (Art. 83 WG).

bb) **Die Vornahme der Prostesthandlung** (Art. 81 I Nr. 2 WG).

α) Wird der Protestat angetroffen, so ist in der Protesturkunde festzustellen, daß der Protestat vergeblich zu der verlangten wechselrechtlichen Leistung aufgefordert worden ist. Im Falle des Protestes mangels Annahme ist auch das Verlangen des Bezogenen, ihm den Wechsel am nächsten Tag noch einmal vorzulegen (vgl. S. 71), in der Protesturkunde zu vermerken (Art. 80 II WG).

β) Wird der Protestat nicht angetroffen, so ist dies in der Protesturkunde festzustellen (Platzprotest).

γ) Wird das Geschäftslokal oder die Wohnung des Protestaten nicht ermittelt, so ist dies in der Protesturkunde festzustellen (Windprotest). Ein solcher Protest ist auch dann wirksam, wenn das Geschäftslokal hätte ermittelt werden können (Art. 87 II WG).

cc) **Die Unterschrift** des Protestbeamten und dessen Dienstsiegel oder Amtsstempel (Art. 80 III WG).

2. **Die Protesterhebung ist vorgeschrieben, um** den **Rückgriffsgrund** einwandfrei **festzustellen und** um eine **verspätete Rückgriffnahme zu verhindern.** Im einzelnen ist folgendes zu beachten:

a) **Wird die Annahme** des Wechsels **verweigert,** so kann der Wechselinhaber **Protest mangels Annahme** erheben und Rückgriff nehmen.

Die Vorlegung zur Annahme und die Protesterhebung bei verweigerter Annahme ist zur Erhaltung der Rückgriffsrechte **nur erforderlich, wenn** ein **Vorlegungsgebot** erlassen ist. Andernfalls kann der Wechselinhaber auch bis zum Eintritt der Fälligkeit des Wechsels warten und dann evtl. Protest mangels Zahlung erheben.

b) **Wird der Bezogene unsicher,** so kann der Wechselinhaber, obwohl der Wechsel noch nicht fällig ist, sich wegen sofortiger Bezahlung an den Bezogenen wenden. Wird die Zahlung abgelehnt, so kann der Wechselinhaber **Protest mangels Zahlung** erheben und Rückgriff wegen Unsicherheit nehmen (Art. 44 V WG).

Auch in diesem Falle kann der Wechselinhaber zunächst die Fälligkeit des Wechsels abwarten.

c) **Wird die Zahlung** des fällig gewordenen Wechsels **verweigert,** so muß der Wechselinhaber **rechtzeitig Protest mangels Zahlung** erheben. Andernfalls erlöschen seine Rückgriffsansprüche.

Hatte der Wechselinhaber bereits vor Fälligkeit des Wechsels Protest mangels Annahme erhoben, so braucht er bei Eintritt der Fälligkeit weder den Wechsel vorzulegen noch Protest mangels Zahlung zu erheben. Denn die nochmalige Protesterhebung wäre eine leere Formalität, weil der Wechselinhaber ja schon aufgrund des mangels Annahme erhobenen Protestes von den Rückgriffsschuldnern Zahlung verlangen kann (Art. 44 IV WG).

3. **Ausnahmsweise** ist zur Rückgriffnahme **kein Protest erforderlich,** und zwar:

a) **Wenn der Protest** durch einen auf den Wechsel gesetzten Vermerk **erlassen ist** (negative Protestklausel, Protesterlaß; Art. 46 I WG).

Beispiel: Der Aussteller hat dem Wechsel die Worte „ohne Protest“ oder „ohne Kosten“ eingefügt. Der Zweck des Protesterlasses ist, die Protestkosten zu sparen.

aa) **Der Protesterlaß befreit** den Wechselinhaber **nicht von der Pflicht zur rechtzeitigen Vorlegung** des Wechsels. Der Rückgriffsanspruch erlischt also, wenn der Wechsel in den Fällen, in denen eine Vorlegung zur Annahme vorgeschrieben ist, nicht rechtzeitig zur Annahme oder in anderen Fällen nicht rechtzeitig zur Zahlung vorgelegt wird. Der in Anspruch genommene Wechselschuldner trägt nach Art. 46 II 2 WG die Beweislast für die Nichteinhaltung der Frist.

bb) **Nur der vom Aussteller verfügte Protesterlaß** wirkt **gegenüber allen Rückgriffsschuldnern.** Hat ein sonstiger Rückgriffsschuldner (Indossant oder Wechselbürge) den Protesterlaß verfügt, so kann nur gegen diesen Rückgriffsschuldner ohne Protesterhebung Rückgriff genommen werden (Art. 46 III WG).

b) **Wenn** über das Vermögen des Bezogenen (evtl. des Ausstellers, vgl. oben 1 I 2b) das **Vergleichsverfahren oder** der **Konkurs** eröffnet worden ist.

In diesem Falle genügt zur Ausübung des Rückgriffs wegen Unsicherheit die Vorlegung des gerichtlichen Beschlusses über die Eröffnung des Vergleichsverfahrens oder des Konkurses (Art. 44 VI WG).

c) **Wenn** die Protesterhebung infolge **höherer Gewalt** unmöglich ist und die höhere Gewalt länger als 30 Tage andauert (Art. 54 IV WG).

4. Der Protest ist nur wirksam, wenn er von der richtigen Person erhoben wird. Das ist nach h. M. **nur der auch förmlich berechtigte Wechselgläubiger** (RGZ 114, 365, 368; BGH WM 1977, 839, 840; 1984, 799; OLG München WM 1972, 607). Falls die Indossamenten-

kette durch einen Rechtsübergang im Wege der Erbfolge oder der bürgerlich-rechtlichen Zession unterbrochen ist, kann der Wechselgläubiger also nicht wirksam Protest erheben und verliert dadurch die Rückgriffsmöglichkeit. Diese Lösung ist nicht unbillig: Schließlich wird der potentielle Erwerber eines derartigen Wechsels ja durch die Unterbrechung der Indossamentenkette gewarnt und kann vom Ankauf des Wechsels Abstand nehmen. Nur wenn der gegenwärtige Wechselgläubiger selbst den Wechsel durch Erbgang erworben hat, bestand diese Möglichkeit nicht. Hier wird man es deshalb für einen wirksamen Protest ausreichen lassen müssen, daß der Gläubiger neben dem Wechsel einen Erbschein vorlegt, so daß der Wechselschuldner sicher sein kann, zumindest nach § 2367 BGB frei zu werden (s. Zöllner § 20 II 4).

b) Durchführung des Rückgriffs

I. **Der Wechselinhaber** muß seinen **unmittelbaren Vormann und den Aussteller** von der Protesterhebung mangels Annahme oder Zahlung **benachrichtigen** (Notifikation, Art. 45 S. 1 WG).

Die gleiche Benachrichtigungspflicht besteht im Falle des Protesterlasses dann, wenn der Wechsel vergeblich zur Annahme oder zur Zahlung vorgelegt worden ist.

1. **Die Benachrichtigung** muß **innerhalb der ersten 4 Werktage** (die Sonnabende nicht mitgerechnet) **nach der Protesterhebung** abgesandt werden. Eine Form für die Benachrichtigung ist nicht vorgeschrieben, insbesondere genügt auch die einfache Rücksendung des Wechsels. Es empfiehlt sich aber die Verwendung eines eingeschriebenen Briefes, da der Wechselinhaber für die Einhaltung der Benachrichtigungsfrist beweispflichtig ist.

2. **Der Zweck der Benachrichtigung** ist, den Rückgriff anzukündigen und es **jedem Rückgriffsschuldner zu ermöglichen, den Wechsel einzulösen** (vgl. unten II 2b) und dadurch die Kosten des mehrfachen Rückgriffs zu sparen. Es muß daher der unmittelbare Vormann des Wechselinhabers die Nachricht binnen 2 Werktagen an seinen Vormann weitergeben und so fort, bis die Nachricht an den Aussteller gelangt (Art. 45 I S. 2 WG).

3. **Die Versäumnis der Benachrichtigung** hat nicht zur Folge, daß der Rückgriffsanspruch erlischt. Sie **macht** aber **schadenersatzpflichtig** (z. B. wegen der durch mehrfachen Rückgriff entstandenen höheren Kosten), jedoch nur bis zur Höhe der Wechselsumme (Art. 45 VI WG).

II. **Rückgriffsschuldner** sind **alle Vormänner des Wechselinhabers** (Indossanten, Aussteller und deren Wechselbürgen), soweit sie nicht in zulässiger Weise ihre Rückgriffshaftung ausgeschlossen haben (vgl. S. 90). Sie **haften alle als Gesamtschuldner** (Art. 47 I WG).

1. **Der Wechselinhaber kann** nach seiner Wahl **jeden beliebigen** Rückgriffsschuldner **in Anspruch nehmen.**

a) Er kann gegen einzelne oder gegen mehrere zusammen vorgehen und ist dabei an die Reihenfolge der Indossamente nicht gebunden (**Sprungregreß,** Art. 47 II WG).

b) Die versuchte, aber nicht zur vollständigen Befriedigung führende Inanspruchnahme eines Rückgriffsschuldners hindert den Wechselinhaber nicht daran, nunmehr gegen einen Vormann oder Nachmann des zuerst in Anspruch Genommenen vorzugehen (**ius variandi,** Art. 47 IV WG).

Beispiel: A ist Inhaber eines protestierten Wechsels, der von B zugunsten des C ausgestellt und an D, E, F, G, H und zuletzt an A indossiert worden ist. A kann gegen B, C, D, E, F und H einzeln oder zusammen Rückgriff nehmen. Er kann sofort gegen B vorgehen. Hat er von B Zahlung verlangt, so kann er, solange B nicht gezahlt hat, von jedem Indossanten Zahlung verlangen.

Die Inanspruchnahme des Rückgriffsschuldners kann auch dergestalt erfolgen, daß der Wechselinhaber auf diesen einen neuen Wechsel zieht, der auf Sicht lautet und am Wohnort des betreffenden Rückgriffsschuldners zahlbar ist (vgl. Art. 52 WG). Dieser sog. Rückwechsel kommt in der Praxis allerdings kaum noch vor.

2. **Der Rückgriffsschuldner, der den Wechsel eingelöst** hat, **kann** seinerseits **gegen** einen **beliebigen Vormann vorgehen** (Remboursregreß oder Einlösungsrückgriff oder Ersatzrückgriff, Art. 47 III WG).

a) **Die Rückgriffnahme** wird **so lange wiederholt, bis** der Wechsel **an den Aussteller zurückgelangt.**

Beispiel: Hat im vorigen Beispiel F den Wechsel eingelöst, so kann er gegen einen beliebigen Vormann Rückgriff nehmen. Löst C den Wechsel ein, so kann er seinerseits gegen B Rückgriff nehmen.

b) **Jeder Rückgriffsschuldner** (und auch der Annehmer) kann, auch wenn er noch nicht in Anspruch genommen ist, den Wechsel einlösen (**Einlösungsrecht,** Art. 50 WG).

Das Gesetz gewährt das Einlösungsrecht, weil die Rückgriffssumme sich bei jedem weiteren Rückgriff erhöht (vgl. unten III) und weil deshalb jeder Rückgriffsschuldner, der mehrere Nachmänner hat, ein Interesse daran hat, den Wechsel selbst einzulösen, bevor die Nachmänner in Anspruch genommen werden.

c) **Der Rückgriffsschuldner,** der den Wechsel eingelöst hat, **muß sich alle Einwendungen entgegenhalten lassen, die vor Weitergabe des Wechsels gegen ihn begründet waren.**

Auf guten Glauben seiner Nachmänner kann er sich nicht berufen. Denn der Verkehrsschutz des Art. 17 WG kommt nur dem vorlaufenden Wechsel im Interesse seiner Umlauffähigkeit zugute (BGH NJW 1971, 806).

3. **Der Wechselinhaber** und jeder Rückgriffsschuldner, der den Wechsel einlöst, **kann,** falls der Wechsel angenommen ist, **auch gegen den Annehmer vorgehen.** Der Annehmer haftet als Gesamtschuldner mit

den Rückgriffsschuldnern und in gleicher Höhe wie diese (Art. 28 II WG, vgl. S. 75.

Ob auch der Aussteller, der den Wechsel einlöst, gegen den Annehmer vorgehen kann, beurteilt sich letzten Endes nicht nach dem Wechselrecht, sondern nach dem zwischen Aussteller und Annehmer bestehenden Kausalverhältnis (vgl. S. 46 ff.).

III. **Der Rückgriffsanspruch geht** — wie schon erwähnt — **stets auf Zahlung.** Seine Höhe richtet sich danach, ob es sich um den ersten oder um einen weiteren Rückgriff handelt.

1. **Der letzte Wechselinhaber kann** im Wege des Rückgriffs **verlangen,** Art. 48 I WG:

a) **Die Wechselsumme** nebst den etwa vereinbarten Zinsen (bei Sicht- oder Nachsichtwechseln, Art. 5 WG). Wird der Rückgriff vor Verfall des Wechsels genommen, so werden von der Wechselsumme Zwischenzinsen abgezogen (Art. 48 II WG).

b) **Wechselzinsen** seit dem Verfalltag in Höhe von 2 % über dem jeweiligen Bundesbankdiskontsatz, mindestens aber in Höhe von 6 % (Art. 48 I Nr. 2 WG).

c) **Die Protestkosten** und andere Auslagen, z. B. Portokosten für Zahlungsaufforderungen.

d) **Eine Provision** in Höhe von 1/3 % der Wechselsumme.

2. **Wer den Wechsel eingelöst hat, kann** im Wege des Remboursregresses von seinen Vormännern **verlangen,** Art. 49 WG:

a) **Den von ihm** bei Einlösung des Wechsels **gezahlten Betrag** nebst Wechselzinsen seit dem Tag der Einlösung.

b) **Seine Auslagen.**

c) **Eine Provision** von 1/3 % der Wechselsumme.

IV. **Jeder Rückgriffsschuldner** braucht **nur gegen Aushändigung des Wechsels und** einer quittierten Berechnung der Rückgriffssumme **(Retourrechnung) zu zahlen** (Art. 50 I WG, vgl. auch Art. 51 WG).

Durch den Besitz des Wechsels wird der Rückgriffsschuldner zur weiteren Rückgriffnahme wechselrechtlich legitimiert. Er ist aber auch berechtigt, auf dem Wechsel sein Indossament und die Indossamente seiner Nachmänner zu streichen und auf diese Weise seine frühere formelle Legitimation wiederherzustellen (Art. 50 II WG).

C. Ehreneintritt

1. Allgemeines

Ehreneintritt (Intervention) ist das **Eintreten eines Dritten für einen notleidenden Wechsel.** Dies kann in Gestalt einer Ehrenannahme oder in Form einer Ehrenzahlung geschehen.

Wer einen Wechsel ausstellt oder weitergibt, hat wegen seines Kredits und auch zur Vermeidung der Rückgriffskosten ein Interesse daran, daß der Wechsel auch dann ohne Rückgriffnahme eingelöst wird, wenn er nicht angenommen oder nicht bezahlt wird. Jeder Rückgriffsschuldner kann daher im Wechsel eine Person (Notadresse) benennen, die im Notfalle zu seinen Gunsten eintreten und den Wechsel „in Ehren halten" soll. Auch aufgrund eines formlosen Auftrags oder aber als Geschäftsführer ohne Auftrag kann ein Dritter für einen Wechselschuldner eintreten.

I. **Nach der Person des Eintretenden** unterscheidet man:

1. **Den Eintritt der Notadresse,** der aufgrund eines auf den Wechsel gesetzten Auftrags erfolgt.

Die Notadresse steht meist vorn auf dem Wechsel unter der Adresse des Bezogenen. Üblich sind die Worte: „Falls bei Herrn X" oder „Im Falle der Not bei Herrn A", vgl. das Muster auf S. 56 Ziff. 10.

a) Notadressant kann jeder Rückgriffsschuldner sein (Art. 55 I WG).

b) Notadressat kann jedermann sein, mit Ausnahme des Bezogenen. Der Notadressant kann sich auch selbst als Notadresse angeben.

2. **Den Eintritt eines Dritten,** der nicht als Notadresse beauftragt ist.

II. **Der Ehreneintritt** erfolgt **zugunsten** („zu Ehren") **eines bestimmten Rückgriffsschuldners** (des *„Honoraten"*), Art. 55 II WG.

Honorat kann also ein Indossant, der Aussteller oder ein Wechselbürge sein, dagegen *nicht der Bezogene.*

2. Ehrenannahme

Die Ehrenannahme erfolgt **durch** einen **unterschriebenen Vermerk auf dem Wechsel,** üblicherweise in der Fassung: „Angenommen zu Ehren des Herrn X" (Art. 57 WG).

I. **Zulässig** ist die Ehrenannahme **in allen Fällen, in denen vor Verfall des Wechsels Rückgriff** genommen werden kann (Art. 56 WG).

Gegen den Bezogenen ist beispielsweise Protest mangels Annahme erhoben.

Steht auf dem Wechsel eine auf den Zahlungsort des Wechsels lautende **Notadresse,** so muß der Wechselinhaber den Wechsel **zunächst** dem **Notadressaten zur Annahme vorlegen.** Verweigert der Notadressat die Ehrenannahme, so ist gegen ihn Protest (Interventions- oder Kontraprotest) zu erheben. Nur dann kann der Wechselinhaber gegen die Rückgriffsschuldner vorgehen.

II. **Der Ehrenannehmer wird** durch die Annahme des Wechsels nicht — wie der Bezogene durch die Annahme — Hauptschuldner des Wechsels, sondern lediglich **Rückgriffsschuldner:** Er haftet den Nachmännern des Honoraten in derselben Weise wie der Honorat (Art. 58 I WG).

1. **Die Nachmänner des Honoraten** können, weil sie durch Ehrenannahme gesichert sind, **keinen Rückgriff vor Verfall** nehmen. Vgl. aber Art. 56 III S. 2, auch Art. 58 II und 55 IV WG.

2. **Am Verfalltag** ist der Wechsel, weil der Ehrenannehmer nur als Rückgriffsschuldner haftet, **zunächst dem Bezogenen zur Zahlung vorzulegen** und gegebenenfalls mangels Zahlung zu protestieren. Andernfalls erlischt die Rückgriffsverpflichtung des Ehrenannehmers.

3. Ehrenzahlung

Die Ehrenzahlung **muß den vollen Betrag umfassen,** den der Honorat zahlen müßte; Teilzahlungen brauchen nicht angenommen zu werden (Art. 59 II WG, vgl. auch Art. 62 WG).

I. **Zulässig** ist die Ehrenzahlung **in allen Fällen, in denen der Wechselinhaber** bei Verfall oder vor Verfall **Rückgriff nehmen kann.** Sie muß spätestens am dritten Werktag (außer sonnabends) nach dem Zahlungstag des Wechsels erfolgen (Art. 59 I, III WG).

Z. B.: Eine Ehrenzahlung kann geleistet werden, wenn bei Verfall des Wechsels gegen den Bezogenen Protest mangels Zahlung erhoben wird. Sie kann aber auch dann geleistet werden, wenn gegen den Bezogenen Protest mangels Annahme erhoben wird.

1. **Der Wechselinhaber darf** eine ihm angebotene **Ehrenzahlung nicht zurückweisen.** Tut er dies doch, so verliert er den Rückgriff gegen die Nachmänner des Honoraten (Art. 61 WG).

2. **Der Wechselinhaber muß,** falls der Bezogene nicht zahlt, die am Zahlungsort des Wechsels wohnenden **Notadressaten und Ehrenannehmer** spätestens am dritten Werktag nach dem Zahlungstag (Sonnabend nicht mitgerechnet) **um Ehrenzahlung angehen.** Tut er dies nicht, so verliert er die Rückgriffsansprüche gegen die Honoraten und deren Nachmänner (Art. 60 WG). Bei Zahlungsverweigerung muß der Wechselinhaber zur Erhaltung seiner Rückgriffsansprüche „Protest wegen unterbliebener Ehrenzahlung" erheben.

II. **Der Ehrenzahler wird** durch die Ehrenzahlung **Wechselgläubiger.**

Die *Wechselansprüche gegen den Honoraten,* gegen dessen *Vormänner und* gegen den *Annehmer* gehen auf den Ehrenzahler über. Dagegen werden die Nachmänner des Honoraten durch die Ehrenzahlung befreit. Vgl. Näheres Art. 63 WG.

D. Vervielfältigung des Wechsels

Es gibt zwei Arten der Vervielfältigung des Wechsels: die Wechselausfertigung (Duplikat) und die Wechselabschrift (Kopie).

1. Wechselausfertigungen

I. **Begriff und Zweck** der Ausfertigungen

1. **Wechselausfertigungen** sind **mehrere Originalurkunden** (Urschriften) **ein und desselben Wechsels** (Art. 64 I WG).

Auf sämtlichen Ausfertigungen sind *alle Wechselerklärungen zu wiederholen,* außer der Annahme, die nur auf einer der Ausfertigungen zu erklären ist. Wer auf mehreren Ausfertigungen des Wechsels die Annahme erklärt, haftet aus jeder Annahmeerklärung selbständig (Art. 65 I S. 2 WG).

2. **Der Zweck der Wechselausfertigungen** ist namentlich, es zu ermöglichen, zu gleicher Zeit **ein Exemplar** des Wechsels dem Bezogenen **zur Annahme** vorzulegen und **ein anderes Exemplar in Umlauf** zu setzen. Die Wechselausfertigung kommt deshalb namentlich im überseeischen Großhandel vor.

Z. B. Der Bezogene eines in Deutschland umlaufenden Wechsels wohnt in Amerika. Wird eine Wechselausfertigung hergestellt, so kann ein Exemplar zwecks Annahme nach Amerika gesandt werden und das andere Exemplar weiter in Deutschland umlaufen.

II. **Herstellung und Form** der Ausfertigungen

1. **Die Herstellung** der Ausfertigungen, die grundsätzlich jeder Wechselinhaber verlangen kann (Art. 64 III S. 1 WG), **geht immer vom Aussteller** des Wechsels **aus.**

2. **Der Wechselinhaber muß** den **Wechsel** über seine Vormänner **an den Aussteller senden,** der ihn auf demselben Wege mit den Ausfertigungen zurücksendet (Art. 64 III S. 1 WG). Die Indossanten sind verpflichtet, ihre Indossamente auf den Ausfertigungen zu wiederholen (Art. 64 II WG).

3. **Die mehreren Ausfertigungen** müssen **gleichlautend** sein **und** das **Duplikatzeichen** enthalten, d. h. im Text mit „Prima", „Sekunda" usw. oder sonst mit fortlaufenden Nummern bezeichnet sein. *Fehlt das Duplikatzeichen,* so gilt *jede Ausfertigung* als ein *für sich bestehender Wechsel* (Art. 64 II S. 2 WG).

4. **Wird eine Ausfertigung zur Annahme versendet,** so sind die zurückgehaltenen Exemplare (Umlaufexemplare) mit dem **Depositionsvermerk** zu versehen, d. h. mit der Angabe, wo das versendete Exemplar (Versandexemplar) anzutreffen ist (Art. 66 II S. 1 WG). Der rechtmäßige Inhaber des Umlaufexemplars kann von dem Inhaber des Versandexemplars dessen Herausgabe verlangen (Art. 66 I S. 2 WG).

III. **Rechtliche Bedeutung** der Ausfertigungen

1. **Die mehreren Ausfertigungen** sind in ihrer Gesamtheit **Träger eines einzigen Wechselrechts.** Jede Wechselerklärung wirkt, auch wenn sie

auf allen Ausfertigungen steht, nur einmal. Daher erlöschen, wenn eine Ausfertigung bezahlt wird, auch die Rechte aus den anderen Ausfertigungen (Art. 65 WG).

Es haftet aber:

a) *Der Annehmer, der auf mehreren Ausfertigungen* die *Annahme erklärt, aus jeder Annahmeerklärung* selbständig. Vgl. oben I 1.

b) *Der Indossant, der mehrere Ausfertigungen an verschiedene Personen indossiert, aus jedem Indossament* selbständig (Art. 65 II WG).

2. **Hinsichtlich der Geltendmachung des Wechselanspruchs** ist für den praktisch wichtigsten Fall, daß der Gläubiger das mit Depositionsvermerk versehene Umlaufexemplar besitzt, **zu unterscheiden:**

a) **Händigt der Verwahrer das Versandexemplar aus,** so kann der Gläubiger **aufgrund des Versandexemplars gegen den Bezogenen vorgehen** und *bei Verweigerung der Annahme oder der Zahlung* gegen die Vormänner (Indossanten und Aussteller) *Rückgriff* nehmen.

b) **Verweigert der Verwahrer die Aushändigung** des Versandexemplars, so muß der Wechselgläubiger aufgrund des in seinem Besitz befindlichen Umlaufexemplars zunächst gegen den Verwahrer Protest mangels Herausgabe (sog. **Ausfolgungsprotest)** und sodann gegen den Bezogenen Protest mangels Annahme oder mangels Zahlung erheben. Erst aufgrund dieses doppelten Protestes kann er gegen die Vormänner Rückgriff nehmen (Art. 66 II WG).

2. Wechselabschriften

I. *Begriff und Zweck* der Abschriften

Wechselabschriften sind **Abschriften eines Originalwechsels,** die **zur Indossierung** verwendet werden können.

Die Herstellung der Wechselabschriften erfolgt — ebenso wie die Herstellung von Ausfertigungen — *zu dem Zweck,* die *Versendung des Originalwechsels zur Annahme* mit der Indossierung der Abschriften verbinden zu können.

II. **Herstellung und Form** der Abschriften

1. **Die Abschriften,** die anders als die Wechselausfertigung nicht nur der Aussteller (vgl. oben 1 II 1), sondern **jeder Inhaber des Wechsels** herstellen kann (Art. 67 I WG), müssen den ganzen Inhalt des Wechsels genau wiedergeben und die **Angabe** enthalten, **wo die Abschrift endet** („Bis hierhin Abschrift“, sog. *Arretierungsvermerk*). Art. 67 II WG.

2. **Die Urschrift kann** nach Herstellung der Abschrift **mit dem** sog. **Sperrvermerk versehen werden,** der die Weiterindossierung der Urschrift verhindert. Der Sperrvermerk lautet meistens: *„Von hier ab gelten Indossamente nur auf der Abschrift.“* Er bewirkt, daß ein später auf die Urschrift gesetztes Indossament nichtig ist (Art. 68 III WG).

3. **Auf der Abschrift** ist, wenn sie indossiert wird, zu vermerken, wer die Urschrift verwahrt **(Depositionsvermerk).** Der rechtmäßige Inhaber der Abschrift kann von dem Verwahrer die Herausgabe der Urschrift verlangen (Art. 68 I WG, vgl. unten 2 III 2).

III. **Rechtliche Bedeutung** der Abschriften

1. **Indossamente und Wechselbürgschaften** können mit derselben Wirkung **auf die Abschrift gesetzt** werden wie auf die Urschrift. Andere auf eine Abschrift gesetzte Wechselerklärungen sind nichtig (Art. 67 III WG).

Die weiteren Indossamente und Wechselbürgschaften, die auf die Abschrift gesetzt werden, bilden **zusammen mit der Urschrift den vollständigen Wechsel.** Solange auf der Abschrift noch keine neuen Wechselerklärungen stehen, hat die Abschrift noch keine wechselrechtliche Bedeutung.

2. **Hinsichtlich der Geltendmachung des Wechselanspruchs** durch den rechtmäßigen Besitzer der Abschrift ist **zu unterscheiden:**

a) **Händigt der Verwahrer die Urschrift** des Wechsels **aus,** so gelten für die Geltendmachung des Wechselanspruchs die **allgemeinen Vorschriften.**

b) **Verweigert der Verwahrer die Aushändigung der Urschrift,** so kann der Besitzer der Abschrift nur gegen die Indossanten und Wechselbürgen vorgehen, deren Originalunterschriften auf der Abschrift stehen. Zuvor muß er gegen den Verwahrer der Urschrift den **Ausfolgungsprotest** erheben (Art. 68 II WG, vgl. oben 1 III 2).

E. Wechselverjährung und Wechselbereicherung

1. Die Wechselverjährung

Das Wechselgesetz regelt nur Beginn und Dauer der **Verjährungsfrist** der Wechselansprüche. **Im übrigen gelten** für die Verjährung der Wechselansprüche, insbesondere für die Unterbrechung und Hemmung der Verjährung, **die Vorschriften des BGB.** Vgl. Band I S. 16 ff.

I. **Der Wechselanspruch gegen den Annehmer** verjährt **in drei Jahren.**
Die Verjährung *beginnt mit dem Verfalltag* des Wechsels (Art. 70 II WG).

II. **Hinsichtlich der Verjährung der Rückgriffsansprüche** ist zu unterscheiden:

1. **Die Rückgriffsansprüche des Wechselinhabers** (erster Rückgriff) gegen die Indossanten und den Aussteller verjähren **in einem Jahr seit** dem rechtzeitig erhobenen **Protest** (Art. 70 II WG).

Liegt kein rechtzeitig erhobener Protest vor, so hat der Wechselinhaber regelmäßig überhaupt keine Rückgriffsansprüche, so daß eine Verjährung nicht in Frage kommt. Ist eine Protesterhebung ausnahmsweise deshalb nicht erforderlich, weil der *Protest erlassen* ist, so beginnt die Verjährungsfrist *mit dem Verfalltag.*

2. **Die Rückgriffsansprüche eines Indossanten** gegen seine Vormänner (Remboursregreß) verjähren **in 6 Monaten seit dem Tage, an dem der Wechsel** von dem Indossanten **eingelöst** *oder* ihm gegenüber *gerichtlich geltend gemacht* worden ist (Art. 70 III WG).

Z. B.: Hat der Indossant B den Wechsel im Rückgriffsweg freiwillig zurückgenommen, so beginnt die Verjährungsfrist gegen ihn von der Rücknahme des Wechsels an zu laufen. Hat er dagegen erst gezahlt, nachdem er auf Klage eines Nachmannes hin dazu verurteilt worden war, so beginnt die Verjährungsfrist gegen ihn nicht erst von der Zahlung, sondern schon von der Klagezustellung an zu laufen.

2. Der Wechselbereicherungsanspruch

Ein Wechselgläubiger ist immer der Gefahr ausgesetzt, seine Rückgriffsansprüche infolge nicht rechtzeitiger Vorlegung bzw. Versäumung des Protestes zu verlieren **(Präjudizierung).** Angesichts der Kürze der Verjährungsfristen kann es — insbesondere wenn der Wechsel schon durch mehrere Stationen zurückgelaufen ist — auch leicht zu einer Verjährung von Wechselansprüchen kommen. Die Präjudizierung bzw. Verjährung trifft den Wechselgläubiger naturgemäß besonders dann empfindlich, wenn ihm auch aus den Kausalverhältnissen kein durchsetzbarer Anspruch mehr zusteht. Auf der anderen Seite bedeutet das Erlöschen bzw. Undurchsetzbarwerden des Anspruchs für den freiwerdenden Wechselschuldner häufig einen innerlich nicht gerechtfertigten Vorteil. Während das Gesetz normalerweise solche Härten bzw. unverdienten Vorteile als unvermeidliche Nebenfolgen einer Anspruchspräklusion oder -verjährung hinnimmt, schafft es hier eine besondere Form des Billigkeitsausgleichs, nämlich den wechselrechtlichen Bereicherungsanspruch (Art. 89 WG). Dieser ist **von den bürgerlich-rechtlichen Bereicherungsansprüchen der §§ 812 ff. BGB scharf zu unterscheiden,** auch wenn er mit dem letzteren das generelle Ziel, materiell ungerechtfertigte Vermögensverschiebungen zu korrigieren, teilt. Bei dem wechselrechtlichen Bereicherungsanspruch handelt es sich um ein Überbleibsel (residuum) oder schwächeres Surrogat des ursprünglichen Wechselanspruchs. Er kann deshalb, wenn seine Voraussetzungen urkundlich nachweisbar sind, im Wechselprozeß geltend gemacht werden (str.).

I. **Der Wechselbereicherungsanspruch** kann dem Wechselgläubiger nur **gegenüber dem Aussteller oder dem Akzeptanten** (nicht aber gegenüber einem Indossanten oder Wechselbürgen) zustehen. Er hat folgende **Voraussetzungen:**

1. Es muß ein **formgültiger Wechsel** vorliegen.

2. Der bisherige **Wechselanspruch** gegen den Anspruchsgegner muß **durch Präjudizierung erloschen oder durch Verjährungseintritt undurchsetzbar geworden** sein.

3. Der materiell **berechtigte Wechselinhaber** muß durch die Präjudizierung oder Verjährung einen **Schaden erlitten** haben.

   Das ist nach der heute herrschenden *abstrakten Schadenstheorie* immer dann der Fall, wenn der Wechselinhaber auch keinen anderen durchsetzbaren Wechselanspruch mehr hat. Der Umstand, daß dem Anspruchsteller noch ein bürgerlichrechtlicher Anspruch gegen seinen Vormann aus dem Kausalverhältnis zusteht, schließt einen Schaden in diesem Sinne dagegen nicht aus. Ebensowenig spielt es eine Rolle, wenn der Anspruchsteller den Wechsel unentgeltlich erworben hat.

4. Der **Anspruchsgegner** (Aussteller oder Annehmer) muß (zum Schaden des Anspruchstellers) **bereichert** sein.

   Nach der bis vor kurzem herrschenden Theorie des Differenzgewinns sollte eine Bereicherung des Anspruchsgegners immer dann gegeben sein, wenn dieser für den Wechsel mehr an Valuta erhalten hat, als er selbst dafür ausgegeben hat. Danach wäre beispielsweise beim Gefälligkeitsakzept der Annehmer, der vor der Präjudizierung oder Verjährung bereits Deckung erhalten hatte, „bereichert" und damit dem Anspruch aus Art. 89 ausgesetzt. Demgegenüber hat Canaris (WM 1977, 34 f.; Hueck-Canaris § 15 II 5) nachgewiesen, daß *nur derjenige bereichert* sein kann, *der nach den Kausalverhältnissen* ohne die Verjährung oder Präjudizierung *letztlich für die Bezahlung des Wechsels hätte aufkommen müssen* (also im Falle des Gefälligkeitsakzepts der Aussteller). Das neuere Schrifttum hat diese Methode der Bereicherungsermittlung einhellig übernommen.

   Beispiele: B hat einen von A über 1.000,— DM ausgestellten Wechsel angenommen, und zwar erfüllungshalber für eine Kaufpreisforderung des A gegen ihn. Der Wechselnehmer C verkauft und indossiert den Wechsel an D. D verlegt den Wechsel und findet ihn erst wieder, als nicht nur die Rückgriffsansprüche mangels Vorlegung des Wechsels erloschen, sondern auch der Anspruch gegen den Annehmer B verjährt ist. An seinen Vormann C kann sich D auch nicht aufgrund des Kausalverhältnisses halten, weil C seine Verpflichtung aus dem Verkauf des Wechsels durch dessen Indossierung erfüllt hat. D ist also durch den Verlust des Wechselanspruchs endgültig geschädigt. Andererseits ist die Kaufpreisschuld des B gegenüber A spätestens in dem Zeitpunkt erloschen, in welchem A nicht mehr als Rückgriffsschuldner aus dem Wechsel in Anspruch genommen werden konnte (vgl. oben S. 44).

   Nach der Theorie des Differenzgewinns ist hier B bereichert, da er von seiner Kaufpreisschuld gegenüber A befreit worden ist, ohne seinerseits eine Leistung erbracht zu haben. Aber auch nach der neueren, von Canaris begründeten Auffassung ist B bereichert, weil er nach dem Kausalverhältnis zu A von letzterem für die Zahlung der Wechselsumme keine Deckung oder Erstattung erhalten sollte. — B akzeptiert schenkungshalber einen von A ausgestellten Wechsel über 1.750,— DM. A gibt diesen erfüllungshalber seinem Gläubiger C. Dieser verkauft und indossiert den Wechsel an I. I verlegt den Wechsel; er findet ihn erst wieder, nachdem nicht nur die Vorlegungsfrist abgelaufen, sondern auch der Anspruch gegen den Akzeptanten verjährt ist. Hier steht dem I der Wechselbereicherungsanspruch gegen B zu. I ist durch die Verjährung und Präjudizierung geschädigt, weil ihm nunmehr überhaupt kein durchsetzbarer Wechselanspruch mehr zusteht. Und B ist dadurch bereichert, weil er nach dem Kausalverhältnis zu A letztlich die Wechselsumme aufbringen sollte. (Der Umstand, daß das Kausalverhältnis nach § 518 I S. 2 BGB zunächst formnichtig war, kann keine Rolle spielen, denn der Formmangel ist jedenfalls nach § 518 II BGB geheilt worden, da A infolge der Verwertung des Wechsels durch C endgültig von seiner Kaufpreisschuld gegenüber C freigeworden ist. C, der den Wechsel erfüllungshalber von A erhalten hat, kann den erlangten Kaufpreis ja endgültig behalten, da er infolge der Präjudizierung nicht aus dem Wechsel und nach § 437 BGB auch nicht aus dem Kaufvertrag haftet). Die frühere Theorie des Differenzgewinns hätte dagegen den wechselrechtlichen Bereicherungsanspruch gegen A gegeben: Dieser hat ja durch den Wechsel eine Schuldbefreiung erlangt, selbst aber für den Wechsel nichts verausgabt.

II. **Gegenstand des Wechselbereicherungsanspruchs,** der nach Art. 89 I S. 2 WG in drei Jahren seit dem Erlöschen des Wechselanspruchs verjährt, ist eine **Geldzahlung in Höhe der** dem Anspruchsgegner zugeflossenen **Bereicherung.**

DRITTER ABSCHNITT

Der Scheck

I. Scheckrechtliche Grundlehren

A. Begriff und geschichtliche Entwicklung des Schecks

I. **Der Scheck** ist eine **in besonderer Form erteilte schriftliche Zahlungsanweisung** des Ausstellers an den Bezogenen (Art. 1 SchG). Er ähnelt damit dem gezogenen Wechsel. Der Scheck darf nach Art. 3, 54 SchG nur auf ein Kreditinstitut gezogen werden, bei dem der Aussteller ein Guthaben hat.

Ein Verstoß hiergegen macht den Scheck zwar nicht ungültig (Art. 3 S. 2 SchG). Der nicht auf eine Bank oder Sparkasse gezogene Scheck ist jedoch nach § 6 Nr. 3 WStG wechselsteuerpflichtig. Praktisch werden Schecks deshalb ausschließlich auf Kreditinstitute als Bezogene ausgestellt. Der Scheck ist daher, praktisch betrachtet, eine Anweisung eines Bankkunden auf sein Bankguthaben.

Im Gegensatz zum gezogenen Wechsel ist der Scheck **nur Zahlungsmittel des bargeldlosen Geldverkehrs,** kein Kreditpapier. Für diese Beschränkung des Einsatzbereichs sorgen das Akzeptverbot des Art. 4 SchG (und die dieses ergänzenden Verbote eines Indossaments und einer Scheckbürgschaft des Bezogenen, Art. 15 III, 25 II SchG) sowie die Art. 28, 29, 40 SchG, die ein Hinausschieben der Fälligkeit verhindern und den Scheckinhaber durch drohende Rechtsnachteile zu einer schnellen Vorlage anhalten (s. unten S. 126 f.).

1. **Die Schecks** i. S. des Scheckgesetzes **können** rechtlich unterschiedlich ausgestaltet **sein:**

a) Während der Wechsel nur Order- und Rektapapier sein kann, kann der Scheck **auch als Inhaberpapier** ausgestellt werden.

aa) Ein Inhaberscheck liegt vor:

(α) Wenn dem Namen des Zahlungsempfängers der Zusatz „oder Überbringer“ oder ein gleichbedeutender Zusatz beigefügt ist (Art. 5 II SchG, sog. „alternative Inhaberklausel“).

In dieser Form werden die Schecks in der Praxis meist ausgestellt (vgl. M. 7).

(β) Wenn ein Zahlungsempfänger überhaupt nicht genannt oder der Inhaber als Zahlungsempfänger angegeben ist (Art. 5 III SchG).

bb) Ein **Orderscheck** (Namensscheck) liegt vor, wenn in dem Scheck **der Name des Zahlungsempfängers ohne Inhaberzusatz** angegeben ist. Der Namensscheck ist — ebenso wie der Wechsel — ein „geborenes Orderpapier“; die Hinzufügung der Orderklausel ist also unnötig (Art. 5 I, 14 I SchG).

Orderschecks kommen im Inlandverkehr praktisch nicht vor, weil die Banken nach ihren Geschäftsbedingungen Schecks, in denen der Zusatz „oder Überbringer“ gestrichen ist, nicht einlösen, um sich hinsichtlich der Identitätsprüfung zu entlasten.

cc) Ein **Rektascheck** liegt vor, wenn dem Namen des Zahlungsempfängers die **negative Orderklausel** (vgl. S. 38) beigefügt ist (Art. 5 I, 14 II SchG).

Der Rektascheck ist im Inland praktisch bedeutungslos. Ein protestierter oder mit dem Nichteinlösungsvermerk versehener Order- oder Inhaberscheck kann nur mit den Wirkungen einer bürgerlich-rechtlichen Zession übertragen werden, steht also einem Rektascheck gleich (Art. 24 I SchG).

b) Sie können **Barschecks** (Zahlungsschecks) **oder Verrechnungsschecks** sein, je nachdem sie dem Bezogenen die Einlösung in bar gestatten oder die Einlösung durch Verrechnung vorschreiben. Ähnlichen Zwecken wie der Verrechnungsscheck dient der — im Inland noch nicht zugelassene — „gekreuzte Scheck“.

2. **Keine Schecks** i. S. des Scheckgesetzes **sind:**

a) Die sog. **Überweisungsschecks.** Sie enthalten den Auftrag auf Ausführung einer Überweisung im Banküberweisungsverkehr. Sie sind besonders im Verkehr zwischen Banken üblich und heißen im Bankgiroverkehr „rote Schecks“, während die eigentlichen Schecks „weiße Schecks“ genannt werden.

b) Die sog. **Effektenschecks.** Sie enthalten eine Verfügung über Wertpapiere, die bei einer Bank deponiert sind, und sind im Börsenverkehr üblich.

c) Die sog. **Einkaufsschecks.** Sie werden von manchen Geschäften (nicht Kreditinstituten) zum Bezug einer bestimmten Warenmenge herausgegeben. Es handelt sich lediglich um Gutscheine.

3. Eine **besondere Scheckart** ist der **Reisescheck:**

Er unterscheidet sich vom normalen Scheck dadurch, daß außer dem Scheckinhaber und dem Bezogenen **auch die emittierende Stelle genannt** wird. Der Reisescheck soll — wie der früher meist verwandte Kreditbrief — den sicheren Erhalt von Bargeld am Reiseziel gewährleisten.

Er lautet auf feste, runde Summen (50,—, 100,—, 500,— DM). Der Erwerber zeichnet als Aussteller und ist gleichzeitig Anweisungsempfänger (Scheck an eigene Order, s. oben S. 59). Das Emissionsinstitut füllt die Rubrik „Ort/Zeit" aus, setzt aber nur seinen Firmenstempel auf die Vorderseite (meist links unten). Es haftet damit nicht scheckrechtlich, sondern nur aufgrund besonderer Vereinbarung. Bezogener ist die Einlösungsstelle, meist eine Korrespondenzbank des Emissionsinstituts am Reiseziel des Erwerbers. — Die Rechtsnatur des Reireschecks ist außerordentlich streitig. Nach zutreffender h. M. handelt es sich um einen echten, an eigene Order des Reisenden gestellten Scheck i. S. des Scheckgesetzes (s. Canaris, Bankvertragsrecht I Rdn. 859). — Der Reisescheck ist heute weitgehend durch die Scheckkarte verdrängt worden.

II. **Der Scheck** hat **erst in der Neuzeit wirtschaftliche Bedeutung erlangt,** und zwar als Bankdepotanweisung im kaufmännischen Verkehr.

1. Die **Heimat des Schecks** ist **Italien;** die ältesten erhaltenen Schecks stammen aus dem 15. Jahrhundert.

Von Italien gelangte der Scheck nach den Niederlanden, wo er im 17. Jahrhundert an den großen Handelsplätzen als kaufmännisches Zahlungsmittel üblich wurde, und von dort aus nach England.

2. **In England entwickelte sich** zu Beginn des 19. Jahrhunderts ein **ausgedehnter Scheckverkehr.** Von England aus verbreitete sich der Scheck nach allen Ländern. Besonders rasch kam er in den Vereinigten Staaten in den allgemeinen Gebrauch.

Aus England stammt auch der Name „Scheck". Er wurde dort zuerst für die von dem König auf die Schatzkammer (exchequer) ausgestellten Anweisungen gebraucht.

3. **In Deutschland** entwickelte sich der Scheckverkehr **erst in größerem Umfang, nachdem** die **Reichsbank** im Jahre 1883 mit einer Reihe von Banken eine **Abrechnungsstelle gegründet hatte.**

III. **Die** erste **gesetzliche Regelung** fand das Scheckrecht in dem Scheckgesetz vom 11. 3. 1908, an dessen Stelle später das **Scheckgesetz vom 14. 8. 1933** getreten ist.

Das Scheckgesetz von 1933 beruht auf internationalen Abkommen, die im Anschluß an die wechselrechtlichen Abkommen den Text eines einheitlichen Scheckgesetzes festgelegt haben. Dieses Gesetz, das in einer Reihe von Staaten eingeführt ist, bedeutet — ebenso wie das Wechselgesetz — keine grundsätzliche Umgestaltung des früheren deutschen Scheckrechts. Es stimmt vielmehr in allen grundsätzlichen Fragen mit dem früheren Recht überein.

B. Wesen und Zweck des Schecks

I. **Seinem Wesen nach** ist der Scheck eine **gesetzlich formalisierte abstrakte Zahlungsanweisung** des Ausstellers an ein Kreditinstitut, aufgrund deren den Aussteller eine Haftung für die Einlösung des Schecks trifft. Der Scheck enthält damit zweierlei:

1. Die **abstrakte und unbedingte Anweisung** des Ausstellers **an den Bezogenen,** die Schecksumme an den Schecknehmer (Remittenten) bzw. dessen Rechtsnachfolger zu zahlen. Darin liegt die gleiche Doppelermächtigung wie bei der bürgerlich-rechtlichen Anweisung, nämlich

a) die Ermächtigung des Bezogenen, dem berechtigten Scheckinhaber die Schecksumme für Rechnung des Ausstellers (also zu Lasten von dessen Konto) zu zahlen; und

b) die Ermächtigung des Schecknehmers, die Schecksumme bei dem bezogenen Kreditinstitut im eigenen Namen zu erheben.

2. **Das implizite** bzw. vom Gesetz unterstellte **Versprechen** des Ausstellers, **daß der Bezogene zahlen wird.** Der Aussteller haftet daher nach Art. 12, 40 SchG als Rückgriffsschuldner, wenn der Bezogene den Scheck nicht einlöst.

Durch dieses Versprechen unterscheidet sich der Scheck wesentlich von der bürgerlich-rechtlichen und der kaufmännischen Anweisung. Weitere Unterschiede zwischen Anweisung und Scheck liegen darin, daß der Scheck an zusätzliche gesetzliche Formerfordernisse gebunden ist, daß er nur aufgrund eines Guthabens ausgestellt und nur auf ein Kreditinstitut gezogen werden soll und daß er nicht angenommen werden kann.

II. **Der Scheck dient** dem Aussteller **dazu, aus** seinem **Guthaben bei einer Bank eine Zahlung zu leisten.**

Will z. B. A an den B 1.000,— DM Kaufpreis zahlen, so gibt er dem B einen Scheck über 1.000,— DM auf seine Bank. B kann dann aufgrund des Schecks die Summe bei der Bank des A abheben. — Die Zahlung durch Scheck ist so verkehrsüblich, daß der Gläubiger einen ihm zugesandten Scheck unverzüglich zurückgeben muß, wenn er ihn nicht behalten will. Vgl. BGHZ 44, 182.

1. **Tatsächliche Voraussetzung** einer ordnungsmäßigen Scheckausstellung ist das **Bestehen eines Bankvertrags** (Giro- und Scheckvertrags) zwischen dem Aussteller und der bezogenen Bank, der die Bank verpflichtet, die ausgestellten Schecks bis zu dem jeweiligen Betrag des Guthabens des Ausstellers einzulösen.

a) Bei Abschluß des Bankvertrages wird dem Bankkunden ein Konto eröffnet und ihm ein Scheckbuch ausgehändigt, das eine Anzahl von fortlaufend numerierten Scheckformularen enthält, die der Kunde bei der Scheckausstellung benutzen muß.

b) Ein zur Scheckziehung verwertbares Guthaben bildet jedenfalls der durch Einzahlung und Überweisung entstandene Habensaldo des Girokontos des Kunden. Als Guthaben i. S. des Art. 3 SchG gilt aber auch das dem Kunden von der Bank eingeräumte Kreditlimit.

2. **Die Einlösung des Schecks** durch die bezogene Bank kann **in verschiedener Weise** erfolgen:

a) **Vielfach** erfolgt die Scheckeinlösung **durch bare Auszahlung** der Schecksumme.

Die Bank schreibt nach der Auszahlung die Schecksumme dem Guthaben des Ausstellers ab.

b) **Vielfach** erfolgt die Einlösung **durch Verrechnung** *(unbare Zahlung).* Vorgeschrieben ist diese Art der Einlösung beim Verrechnungsscheck (Art. 39 SchG).

aa) *Hat auch der Scheckinhaber ein Konto bei der bezogenen Bank,* so wird der Scheck dadurch eingelöst, daß die Schecksumme dem Konto des Scheckinhabers *gutgeschrieben und* dem Konto des Ausstellers durch eine Belastungsbuchung *abgeschrieben* wird.

bb) *Hat der Scheckinhaber* zwar kein Konto bei der bezogenen Bank, wohl aber ein *Konto bei einer anderen Bank,* so wird der Scheck *dadurch eingelöst, daß die Schecksumme zwischen den beiden Banken verrechnet* und sodann dem Konto des Scheckausstellers abgeschrieben und dem Konto des Scheckinhabers gutgeschrieben wird.

Zur Erleichterung der Verrechnung unter den Banken sind die *„Abrechnungsstellen"* geschaffen, in denen die Banken täglich ihre gegenseitigen Forderungen im Wege der Skontration ausgleichen. (Vgl. auch S. 96).

3. **Der Scheck** wird **im Zweifel** nicht „an Zahlungs Statt", sondern **nur „zahlungshalber" gegeben.** Dies folgt, da der Scheck eine Sonderform der Anweisung ist, aus analoger Anwendung von § 788 BGB.

Bei Hingabe von Schecks zwecks Schuldzahlung tritt also — ebenso wie bei der Wechselhingabe — die *Erfüllung erst ein, wenn der Schecknehmer die Schecksumme* von dem Bezogenen *erhält* oder wenn er den Scheck weitergibt und nicht mehr im Rückgriffweg in Anspruch genommen werden kann.

III. **Das Verhältnis des Schecks zum gezogenen Wechsel,** der gleichfalls eine Zahlungsanweisung und ein Zahlungsversprechen enthält, ergibt sich *aus folgendem:*

1. **Der Scheck** ist im Gegensatz zum Wechsel, der in erster Linie ein Kreditmittel ist, **lediglich ein Zahlungsmittel.** Daraus folgt:

a) **Die Annahme des Schecks ist ausgeschlossen.** Der Bezogene soll lediglich Zahlstelle des Ausstellers sein und deshalb nicht selbständiger Schuldner des Scheckinhabers werden.

b) **Der Scheck ist stets bei Sicht zahlbar** und muß alsbald nach der Ausstellung zur Zahlung vorgelegt werden. Der Scheck strebt nach alsbaldiger Einlösung und nicht, wie der Wechsel, nach u. U. längerem Umlauf.

2. **Im übrigen stimmen Scheck und** gezogener **Wechsel weitgehend überein.**

a) *Das Scheckgesetz* hat deshalb *vielfach die Vorschriften des Wechselgesetzes wörtlich übernommen.* Im folgenden kann daher, um Wiederholungen zu vermeiden, weitgehend auf die Darstellung des Wechselrechts verwiesen werden.

b) *Auch das internationale Scheckprivatrecht schließt sich* im allgemeinen *an das Wechselgesetz an.* Vgl. Näheres Art. 60—65 SchG sowie Liesecke, Neuere Entwicklungen im internationalen Scheckrecht WM 1971, 1222.

C. Wirtschaftliche Bedeutung des Schecks

Die wirtschaftliche Bedeutung des Schecks liegt darin, daß die zur Begleichung der laufenden Zahlungen erforderlichen *privaten Geldmittel bei Banken konzentriert* werden *und dort nutzbar gemacht* werden können.

I. **Dem Scheckaussteller** bringt der Scheckverkehr den **Vorteil einer zweckmäßigen Verwendung der flüssigen Gelder.**

1. Die *Mühewaltung der Kassenführung* und das Risiko des Geldverlustes werden *erspart.*

2. Die *Zahlung mittels Scheck ist einfacher und billiger als die Barzahlung.*

II. **Der Allgemeinheit** bringt der Scheckverkehr **den Vorteil, daß** die **auf Scheckkonten eingezahlten** bedeutenden **Gelder für die Gemeinwirtschaft nutzbar gemacht** werden können.

Voraussetzung hierfür ist allerdings, *daß der Scheckverkehr unbar* (bargeldlos) *abgewickelt wird,* daß also die Schecks nicht in bar, sondern durch Verrechnung eingelöst werden. Denn die Banken werden in der Verwendung der auf Scheckkonto eingezahlten Gelder stark eingeschränkt, wenn sie ständig mit großen Barabhebungen rechnen müssen. Ein weiteres Mittel der bargeldlosen Zahlung ist die Banküberweisung, die im Inlandsverkehr eine weit größere praktische Bedeutung hat als der Scheck. Es wird auch keine Wechselsteuer (vgl. oben S. 36) erhoben; s. aber unten S. 120 zu III 2a).

II. Die Form der scheckrechtlichen Erklärungen

A. Ausstellung des Schecks

Die einzelnen Erfordernisse des Schecks ergeben sich aus dem nachstehenden Muster.

> Scheck-Nr. 14150 Konto-Nr. 40 277
>
> Commerzbank in Düsseldorf[2]
>
> Zahlen Sie[3] gegen diesen Scheck[4] aus meinem/unserem Guthaben[5]
>
> an Firma Paul Schulze in Wuppertal[6] oder Überbringer[7] ....
>
> DM Eintausend[8] .... DM 1000,—[1]
>
> Düsseldorf, den 3. Dezember 1988[10]
>
> *Heinrich Meier*[9]
>
> Schecks, in denen der Zusatz „oder Überbringer" gestrichen ist, werden nicht eingelöst. Die Angabe einer Zahlungsfrist auf dem Scheck gilt als nicht geschrieben.

Schecks bis zu 3.000,— DM werden vielfach als Inhaber-Verrechnungsschecks auf der linken Vorderseite einer Postkarte ausgestellt. Diese **„Postkartenschecks"** haben rechtlich nur die Besonderheit, daß sie auf einfache Weise durch Postversand dem Empfänger übergeben werden können.

1. Wesentliche Erfordernisse

Eine Urkunde muß, um ein wirksamer Scheck zu sein, die nachfolgend aufgezählten Erfordernisse aufweisen. Blankoschecks sind — ebenso wie Blankowechsel — zulässig. Vgl. S. 67 ff. und Art. 13 SchG.

I. **Scheckklausel**

Die Urkunde muß **im Text** als Scheck bezeichnet sein (vgl. M. 4), und zwar in der Sprache, in der sie ausgestellt ist (Art. 1 Nr. 1 SchG).

II. **Zahlungsklausel**

Der Scheck muß die **unbedingte Anweisung** enthalten, eine **bestimmte Geldsumme zu zahlen** (vgl. M. 1, 3, 8). Im einzelnen gilt Entsprechendes wie beim Wechsel, jedoch ist ein Zinsversprechen unzulässig; es gilt als nicht geschrieben. Vgl. Art. 1 Nr. 2, Art. 7, 9 SchG.

III. **Name des Bezogenen** (Adresse, vgl. M. 2), Art. 1 Nr. 3 SchG.

1. **Der Scheck darf,** weil er lediglich dem Zahlungsverkehr dienen soll, **nur auf einen Bankier gezogen werden, bei dem** der **Aussteller** ein verfügbares **Guthaben besitzt.** Art. 3 S. 1 SchG.

Als Banken im Sinne des SchG gelten nach Art. 54 SchG auch:

a) Die in das Handelsregister eingetragenen *Firmen, die gewerbsmäßig Bankiergeschäfte betreiben.*

b) Die sonstigen Geldinstitute, nämlich die dem Zahlungsverkehr dienenden öffentlichen oder unter Staatsaufsicht stehenden Anstalten (z. B. Bundesbank, Bundespost [vgl. S. 134 ff.], Kreditinstitute der Gemeinden usw.), die eingetragenen Kreditgenossenschaften und die öffentlichen Sparkassen.

2. **Die Vorschrift** zu 1 ist eine **Sollvorschrift** (Art. 3 S. 2 SchG). Vollgültig sind daher auch:

a) Schecks, die auf andere Personen als Bankiers gezogen sind. Solche Schecks unterliegen aber der Wechselsteuer.

b) Schecks, die ohne Vorhandensein eines Guthabens ausgestellt sind (ungedeckte Schecks). Die Ausstellung eines solchen Schecks setzt den Aussteller, falls er nicht rechtzeitig für Deckung sorgt, bei der zu erwartenden Einlösungsverweigerung durch die Bank der Rückgriffshaftung nach Art. 12, 40 SchG aus. Ein weitergehender Schadensersatzanspruch kann dem Schecknehmer aus § 823 II BGB i. V. m. Art. 3 S. 1 SchG zustehen. Auch kann in der Ausstellung des Schecks ein gemäß § 263 StGB strafbarer Betrug liegen. Nach BGHSt 24, 386 gilt dies sogar bei Zahlung mit einem durch Scheckkarte garantierten ungedeckten Scheck (str.). Hier ist jedenfalls § 266 b StGB erfüllt.

IV. Datum

1. **Tag und Ort der Ausstellung** müssen auf dem Scheck (vgl. M. 10) angegeben sein (Art. 1 Nr. 5 SchG). Im einzelnen gilt Entsprechendes wie beim Wechsel (vgl. S. 60 f.).

2. **Vordatierte Schecks** sind **zulässig.** Sie können aber auch schon vor dem Tage, der in ihnen als Ausstellung angegeben ist, vorgelegt und eingelöst werden (Art. 28 II SchG). Die Vordatierung von Schecks ist daher kein wirksames Mittel, um eine längere Kreditumlaufzeit zu gewinnen.

V. Unterschrift

Der Scheck muß von dem Aussteller **mit** seinem **Namen oder** seiner **Firma unterzeichnet** sein (vgl. M. 9). Im einzelnen gilt Entsprechendes wie beim Wechsel. Art. 1 Nr. 6 SchG, vgl. S. 60.

Da ein **Unterschriftsfaksimile nicht genügt,** ergeben sich in der Praxis Schwierigkeiten für Großfirmen, die täglich hunderte Schecks ausstellen müssen. Scheckzeichnungsmaschinen, wie sie in den USA üblich sind, kommen in Deutschland wegen der anderen Rechtslage nicht in Betracht. Oft werden aber mit den Banken besondere Vereinbarungen über die Hereinnahme solcher „Schecks“ getroffen.

2. Zusätzliche Angaben

I. Angabe des Zahlungsortes

Sie wird zwar in Art. 1 SchG als Formerfordernis des Schecks genannt, ist aber in Wirklichkeit kein solches:

1. Zahlungsort ist mangels einer besonderen Angabe der beim Namen des Bezogenen angegebene Ort (Art. 2 II SchG, vgl. M 2). Fehlt auch dort die Ortsangabe, so ist der Ort der Hauptniederlassung des bezogenen Kreditinstituts der Zahlungsort (Art. 2 III SchG).

2. Der Scheck kann auch einen Domizilvermerk enthalten (Art. 8 SchG); praktisch kommt ein solcher nicht vor.

II. Guthabenklausel

Die Guthabenklausel („Zahlen Sie aus meinem Guthaben") gehört, entgegen dem früheren Recht, **nicht zu den wesentlichen Erfordernissen** des Schecks, ist aber noch üblich.

Die Guthabenklausel sollte den Inhaber des Scheckformulars daran erinnern, daß er keine ungedeckten Schecks ausstellen darf. Dieser Zweck wurde aber, da formularmäßige Klauseln fast nie gelesen werden, nicht erreicht. Das neue Scheckgesetz hat deshalb davon abgesehen, die Aufnahme der Guthabenklausel zur Gültigkeitsvoraussetzung des Schecks zu machen.

III. Sichtklausel

Die Aufnahme der Sichtklausel („Zahlen Sie gegen Sicht") in den Scheck ist **überflüssig,** *weil* der *Scheck* kraft zwingender Gesetzesvorschrift *gegen Sicht zahlbar* ist (Art. 28 I SchG).

Die Angabe einer anderen Zahlungszeit macht den Scheck nicht nichtig, sondern *gilt als nicht geschrieben* (Art. 28 I S. 2 SchG).

IV. Angabe des Zahlungsempfängers

Zahlungsempfänger kann **ein Dritter oder der Aussteller** („Zahlen Sie an mich", sog. Scheck an eigene Order, Art. 6 I SchG) sein. Die Art der Bezeichnung des Zahlungsempfängers im Scheck entscheidet darüber, ob der Scheck ein Inhaber-, Order- oder Rektapapier ist. S. oben I A I 1.

V. Vervielfältigung des Schecks

1. **Order- und Rektaschecks,** die **im Ausland zahlbar** sind, **können in** mehreren **Ausfertigungen hergestellt werden.** Vgl. Näheres Art. 49, 50 SchG.

Der *Zweck der Ausfertigungen ist,* bei der Versendung ins Ausland die *Gefahr des Verlusts* dadurch zu *vermindern,* daß die mehreren Ausfertigungen auf verschiedenen Wegen versandt werden.

2. **Scheckabschriften** haben, weil sie nicht wirksam indossiert werden können, **keine rechtliche Bedeutung.**

B. Übertragung des Schecks

I. **Der Inhaberscheck wird** — wie jedes Inhaberpapier — **durch Einigung und Übergabe** übertragen. Der gutgläubige Erwerb richtet sich jedoch nicht nach den §§ 932 ff. BGB, sondern nach Art. 21 SchG, der inhaltlich dem Art. 16 II WG entspricht.

1. **Indossamente auf Inhaberschecks** sind zulässig. Sie sind deshalb praktisch bedeutsam, weil der **Indossant** als **Rückgriffsschuldner** für die Einlösung des Schecks haftet (Art. 20 SchG).

Das *Indossament macht also den Inhaberscheck nicht zum Orderpapier,* sondern hat *lediglich Garantiefunktion* (sog. Garantieindossament).

2. **Der Scheckinhaber wird** — wie bei jedem Inhaberpapier — **durch** den bloßen **Besitz des Papiers legitimiert.**

Gegenüber dem Inhaber sind *Einwendungen nur in dem gleichen Umfang* zulässig *wie gegenüber* dem ordnungsgemäß legitimierten Inhaber eines *Wechsels* (Art. 22 SchG, vgl. S. 89 ff.).

II. **Der Orderscheck ist durch Indossament** übertragbar.

1. **Die Formen des Indossaments** sind dieselben **wie beim Wechsel.** Vgl. S. 78 ff. und Art. 14 III, 15, 16, 23 SchG.

Ein Scheckindossament kann aber nicht auf eine Abschrift des Schecks gesetzt werden. Vgl. Art. 16 I S. 1 SchG. Ein Nachindossament (Art. 24 SchG) kommt praktisch nicht vor.

2. **Die Wirkungen des Indossaments** sind dieselben **wie beim Wechsel.**

Das Scheckindossament hat also *Transport-*, *Legitimations-* und *Garantiefunktion* (vgl. S. 79 ff. und Art. 17—19, 21 SchG). Gegenüber dem legitimierten Scheckinhaber sind Einwendungen nur in demselben Umfang zulässig wie gegenüber dem legitimierten Inhaber eines Wechsels. Vgl. S. 89 ff. und Art. 22 SchG.

3. **Sondervorschriften** gelten **für das Indossament an den Bezogenen** und für das Indossament **des Bezogenen.**

a) **Das Indossament an den Bezogenen** ist kein eigentliches Indossament, sondern gilt nur als **Quittung** (Art. 15 V SchG).

Ausnahme: Ein Indossament an den Bezogenen ist voll wirksam, wenn der Scheck auf eine Niederlassung des Bezogenen lautet, das Indossament dagegen auf eine andere Niederlassung.

b) **Das Indossament des Bezogenen** ist **nichtig** (Art. 15 III SchG).

Grund: Wäre das Indossament des Bezogenen wirksam, so würde dadurch der Bezogene als Rückgriffsschuldner auf Einlösung des Schecks haften. Eine solche Haftung widerspricht aber dem für den Bezogenen geltenden Annahmeverbot. (Vgl. S. 124).

III. **Rektaschecks** können **nur durch Abtretung** und Übergabe des Schecks übertragen werden (Art. 14 II SchG).

Ein auf einen Rektascheck gesetztes *Indossament* ist *ohne Wirkung,* begründet also auch nicht, wie beim Inhaberscheck, eine Rückgriffsverpflichtung des Indossanten.

C. Fehlerhafte Schecks

I. **Ist eine Scheckurkunde unvollständig oder** sonst **fehlerhaft** (z. B. die Schecksumme verfälscht), so gilt **Entsprechendes wie beim Wechsel.** Vgl. S. 54 f. und Art. 2 I, 10, 11, 51 SchG.

Zum Schutz gegen Fälschungen löst eine Bank nur Schecks ein, die auf Vordrukken mit Numerierung ausgestellt sind und bei denen ein Sicherheitspapier verwandt wird.

II. Ob der (scheinbare) Scheckaussteller oder das bezogene Kreditinstitut die **Gefahr der Einlösung** von Schecks mit gefälschter Ausstellerunterschrift zu tragen hat, **richtet sich nach dem Inhalt des** zwischen diesen beiden bestehenden **Deckungsverhältnisses.**

1. Wäre die Verteilung des Fälschungsrisikos in dem Giro- und Scheckvertrag bzw. den darin in Bezug genommenen AGB nicht geregelt, so dürfte die Bank im Falle der Einlösung eines gefälschten Schecks das Girokonto des (scheinbaren) Ausstellers grundsätzlich nicht mit dem Einlösungsbetrag belasten. Die Einlösung eines gefälschten Schecks stellt ein Handeln ohne Anweisung des Kunden dar und kann der Bank deshalb auch keinen Aufwendungserstattungsanspruch aus §§ 675, 670 BGB verschaffen, der die Grundlage für eine Belastung des Kontos des Kunden abgeben könnte (str.; abw. die sog. Sphärentheorie). Die Bank trüge damit grundsätzlich das Fälschungsrisiko (vgl. RGZ 92, 51 f.; 100, 55, 60). Nur wenn der Aussteller die Fälschung durch Außerachtlassung der bei der Aufbewahrung und Ausfüllung der Scheckformulare erforderlichen erhöhten Sorgfalt ermöglicht hätte, könnte der Bezogene von ihm die Erstattung des gezahlten Betrages unter dem Gesichtspunkt der positiven Forderungsverletzung des Scheckvertrages verlangen (so etwa, wenn der Aussteller die Scheckformulare nicht unter sicherem Verschluß aufbewahrt und dadurch ihren Diebstahl und die Ausstellung eines gefälschten Schecks ermöglicht hat).

2. In den Scheckverträgen wird jedoch regelmäßig die Geltung der Allgemeinen Bedingungen (der privaten Kreditinstitute bzw. der Spar- und Girokassen) für den Scheckverkehr vereinbart. Nach Nr. 11 dieser Bedingungen trägt der Kontoinhaber „alle Nachteile des Abhandenkommens, der Fälschung und Verfälschung von Schecks“. Damit wird das gesamte **Fälschungsrisiko auf den Kunden abgewälzt.** Die Bank kann nach einer Einlösung eines gefälschten

Schecks das Konto des Kunden also auch dann belasten, wenn diesem das Scheckformular ohne jedes Verschulden seinerseits gestohlen worden war.

3. Diese Bestimmung entbindet die Bank aber — wie in S. 2 dieser AGB-Klausel ausdrücklich anerkannt ist — nicht von der **Verpflichtung, die** ihr **vorgelegten Schecks** mit der erforderlichen Sorgfalt **auf Fälschungen hin zu überprüfen** (BGH NJW 1969, 694; 1986, 988; BGHZ 91, 229, 230). Eine schuldhafte Verletzung dieser Prüfungspflicht verpflichtet die Bank ihrerseits unter dem Gesichtspunkt der positiven Forderungsverletzung zum Schadensersatz. Mit einem solchen Schadensersatzanspruch kann der Kunde gegenüber dem Aufwendungserstattungsanspruch des Kreditinstituts aufrechnen und damit die Grundlage der Belastung seines Kontos beseitigen. Ein Mitverschulden des Kontoinhabers oder eines Angestellten des letzteren, für den der Kontoinhaber nach § 278 BGB einzustehen hat, kann den Schadensersatzanspruch nach § 254 BGB mindern oder ausschließen.

Die Anforderungen an den Inhalt der Prüfungspflicht werden von der Rechtsprechung wegen des Massencharakters des Scheckgeschäfts recht gering gehalten. Es soll genügen, wenn sich die Bank bei der Einlösung davon vergewissert, daß der Scheck nach seinem äußeren Gesamtbild den Eindruck der Echtheit hervorruft (BGH NJW 1969, 694; 1986, 988).

III. Die Rechte aus dem Scheck

A. Allgemeines

I. Rechtsstellung des Bezogenen

1. **Dem Scheckinhaber gegenüber** kann der Bezogene sich scheckrechtlich nicht zur Einlösung des Schecks verpflichten, weil die **Annahme des Schecks verboten** ist (Art. 4 S. 1 SchG).

Grund des Annahmeverbots: Weil es infolge des Annahmeverbots ungewiß bleibt, ob der Scheck eingelöst werden wird, so *bewirkt* das Annahmeverbot, *daß der Scheck in aller Regel unverzüglich* dem Bezogenen *zur Zahlung vorgelegt wird.* Diese Wirkung entspricht der Natur des Schecks als eines zur baldigen Einlösung bestimmten Zahlungsmittels. *Umgehungen des Verbots* werden durch die gesetzliche Vorschrift, daß ein auf den Scheck gesetzter Annahmevermerk als nicht geschrieben gilt (Art. 4 S. 2 SchG), *ausgeschlossen.* Denn mit Rücksicht auf diese Vorschrift kann ein auf den Scheck gesetzter Annahmevermerk auch nicht in ein abstraktes Schuldversprechen des Bezogenen umgedeutet werden.

a) **Eine Ausnahme von dem Annahmeverbot gilt für die Deutsche Bundesbank** bzw. die Landeszentralbanken (§ 23 BBankG).

Von dieser Möglichkeit wird z. B. bei einer Grundstücksversteigerung Gebrauch gemacht, um dem Bieter das Mitnehmen großer Geldbeträge zu ersparen.

aa) *Die* bestätigenden *Banken haften dann* aus einem auf sie gezogenen Scheck *dem Inhaber* auf Zahlung *und den Indossanten* als Rückgriffsschuldnern.

Der Bestätigungsvermerk ist dem in Amerika allgemein zugelassenen „certifying" des Schecks durch die bezogene Bank nachgebildet. Das certifying hat aber die weitergehende Bedeutung, daß es die Rückgriffshaftung des Ausstellers und der Indossanten zum Erlöschen bringt.

bb) *Die Verpflichtung* aus der Bestätigung *erlischt, wenn der Scheck nicht* binnen acht Tagen nach der Ausstellung zur Einlösung *vorgelegt* wird. Vorher darf die Einlösung des Schecks auch dann nicht verweigert werden, wenn der Aussteller inzwischen in Konkurs gefallen ist.

b) Das Gesetz **verbietet aber nur** eine **spezifisch scheckrechtliche Einlösungszusage** des Bezogenen. Der Bezogene ist durch Art. 4 SchG nicht daran gehindert, durch einen vom Scheck unabhängigen Vertrag eine bürgerlich-rechtliche Haftung für die Einlösung des Schecks zu übernehmen (BGHZ 64, 79, 81). Hierauf beruht insbesondere die bei der Scheckkarte (für „eurocheques") seitens der Bank gegebene Garantie (s. unten S. 130 ff.). Aber auch sonst bleibt die Übernahme einer bürgerlich-rechtlichen Einstandspflicht für die Scheckeinlösung etwa durch Abschluß eines Garantievertrages bzw. eines Bürgschaftsvertrages i. S. von § 765 BGB möglich. Falls eine Bank auf die Anfrage eines Scheckinhabers ausdrücklich erklärt, sie werde den Scheck einlösen, so begründet diese Erklärung eine selbständige Garantiehaftung.

Von einer solchen (seltenen) Scheckeinlösungszusage zu unterscheiden ist die im Bankverkehr übliche *Scheckbestätigung*. Bei dieser erklärt die bezogene Bank auf die Anfrage des Scheckinhabers, daß der Scheck gedeckt sei bzw. in Ordnung gehe. Damit bringt die Bank nur zum Ausdruck, daß der Scheck eingelöst werden würde, wenn er zur Zeit der Auskunft vorläge (BGHZ 49, 167, 168; BGH NJW 1980, 1956).

2. **Dem Aussteller gegenüber** ist der Bezogene *aufgrund des Scheckvertrags* **zur Einlösung** des Schecks **verpflichtet, wenn** ein solcher Vertrag besteht und der Aussteller ein **entsprechendes Guthaben** besitzt.

Mithin kann der Aussteller, wenn er zugleich Inhaber des Schecks ist (sog. Scheck an eigene Order, vgl. S. 115), von dem Bezogenen aufgrund des Scheckvertrags die Auszahlung der Schecksumme verlangen. Schecks an eigene Order werden überaus häufig ausgestellt, da die Inhaber von Scheckkonten mittels solcher Schecks die für den Haushalt und den Geschäftsbetrieb erforderlichen Geldmittel von ihrem Bankkonto abzuheben pflegen.

II. Rechtsstellung des Scheckinhabers

1. **Berechtigter Inhaber** des Schecks ist der **Eigentümer der Scheckurkunde.**

Beim Inhaber- und Orderscheck gelten dieselben Vorschriften wie **beim Wechsel:**

a) Für die **Zulässigkeit von Einwendungen** gegenüber dem legitimierten Scheckinhaber. Vgl. S. 89 ff. und Art. 19, 22 SchG.

b) Für den **gutgläubigen Erwerb** von Schecks. Vgl. S. 80 ff. und Art. 21 SchG.

2. **Die Rechte des Scheckinhabers** aus dem Scheck **beschränken sich,** weil der Scheck nicht angenommen werden kann, **auf die Rückgriffsansprüche,** die bei Nichteinlösung des Schecks durch den Bezogenen gegen Aussteller, Indossanten und Scheckbürgen entstehen. Vgl. unten S. 129 ff.

B. Einlösung des Schecks

1. Vorlegung des Schecks

I. **Jeder Scheck** ist kraft zwingender Gesetzesvorschrift **bei Vorlegung zahlbar** (Art. 28 SchG).

1. **Art und Weise der Vorlegung** des Schecks bestimmen sich nach den Vorschriften, die für die **Vorlegung des Wechsels** zur Zahlung gelten. Vgl. Art. 48, 55 SchG.

2. **Die Vorlegung des Schecks** kann nach Art. 31 SchG **ersetzt** werden **durch die Einreichung** des Schecks **in eine Abrechnungsstelle.** Die näheren Vorschriften hierüber erläßt der Bundesjustizminister.

II. **Für die Vorlegung des Schecks** gilt eine **kurze Frist,** die mit dem Ablauf des im Scheck als Ausstellungstag angegebenen Tages beginnt. Art. 29 IV, 55 SchG. Diese Vorlegungsfrist kann also durch Vor- oder Nachdatierung manipuliert werden.

1. **Bei reinen Inlandsschecks,** d. h. Schecks, die innerhalb der Bundesrepublik Deutschland ausgestellt und zahlbar sind, beträgt die **Vorlegungsfrist 8 Tage.** Art. 29 I S. 1 SchG.

2. **Bei sonstigen Schecks** beträgt die Vorlegungsfrist, Art. 29 II, III SchG:

a) **Wenn Ausstellungs- und Zahlungsort** in **demselben Erdteil** liegen, **20 Tage.**

b) **Wenn Ausstellungs- und Zahlungsort** in **verschiedenen Erdteilen** liegen, **70 Tage.**

III. **Die Versäumung der Vorlegungsfrist** hat folgende Wirkungen:

1. **Die Rückgriffsansprüche** des Scheckinhabers gegen den Aussteller sowie Indossanten und Scheckbürgen **erlöschen** (Art. 40 SchG).

Der Aussteller des Schecks bleibt aber — ebenso wie beim Wechsel (vgl. S. 111 ff.) — dem Scheckinhaber *insoweit verpflichtet, als er sich auf* dessen Kosten *bereichern würde* (Scheckbereicherungsanspruch, Art. 58 SchG). Nach Verlust des Rückgriffs kann der Scheck auch nicht in ein abstraktes Schuldversprechen umgedeutet werden, da sonst Art. 40 SchG ausgehöhlt würde (BGHZ 3, 238, 239).

2. **Der Bezogene bleibt** trotz des Ablaufs der Vorlegungsfrist **zur Einlösung** des Schecks **berechtigt, außer wenn der Aussteller** den Scheck **widerruft** (Art. 32 SchG).

a) Der **Widerruf** (die Schecksperre) kann **wirksam erst nach Ablauf der Vorlegungsfrist erklärt** werden. Der bereits vorher erklärte Widerruf wird mit Fristablauf beachtlich. Löst der Bezogene nunmehr trotz eines solchen Widerrufs den Scheck ein, so wird er dem Aussteller ersatzpflichtig.

b) **Ob der Bezogene schon vor Ablauf der Vorlegungsfrist** einen von dem Aussteller erklärten **Widerruf beachten will,** steht **in seinem Belieben.** Der Bezogene kann sich aber dem Aussteller gegenüber nach h. M. wirksam dazu verpflichten, auch schon vor Ablauf der Vorlegungsfrist einen Widerruf zu beachten; Art. 32 I SchG ist danach kein Verbotsgesetz i. S. von § 134 BGB (zweifelhaft).

Der Scheckvertrag wird von der Rechtsprechung dahingehend ausgelegt, daß regelmäßig eine konkludent vereinbarte Nebenpflicht der Bank zur Beachtung auch eines nach Art. 32 I SchG vorzeitigen Widerrufs besteht. Die entgegenstehende Regelung in Nr. 10 S. 1 der Scheckbedingungen soll unwirksam sein (BGH WM 1988, 1325).

2. Zahlung des Schecks

I. **Der Scheck erlischt, wenn der Bezogene** die Schecksumme an den berechtigten Scheckinhaber **zahlt;** damit werden die Rückgriffsverpflichteten frei.

1. **Der Bezogene** kann bei der Zahlung die **Aushändigung des quittierten Schecks** verlangen (Art. 34 I SchG).

Handelsüblich wird die Quittung in Form eines Blankoindossaments erteilt, nämlich durch die auf die Rückseite des Schecks gesetzte Unterschrift des Scheckinhabers. Das ist kein Anwendungsfall des Art. 15 V SchG (s. oben S. 122), da ein solches Indossament ja gerade nicht den Bezogenen als Indossatar benennt. Wird der Scheck von einem Angestellten der Bank entwendet und in Umlauf gebracht, haftet also der Scheckeinlieferer einem gutgläubigen Erwerber des Schecks aus dieser Unterschrift als Scheckindossant nach Art. 20 SchG.

2. **Eine Teilzahlung** darf der Scheckinhaber — ebenso wie der Wechselinhaber — **nicht zurückweisen** (Art. 34 II SchG).

II. **Ein Verrechnungsscheck darf nicht durch Barzahlung eingelöst werden.**

1. **Ein Verrechnungsscheck liegt vor, wenn** ein Scheck den quer über die Vorderseite gesetzten **Vermerk „nur zur Verrechnung"** oder einen gleichbedeutenden Vermerk trägt (Art. 39 I SchG).

a) Der Aussteller und jeder Scheckinhaber kann den Verrechnungsvermerk einsetzen und dadurch den Scheck zum Verrechnungsscheck machen.

b) Eine nachträgliche Durchstreichung des Verrechnungsvermerks gilt als nicht erfolgt. Ein zum Verrechnungsscheck gemachter Scheck kann also nicht mehr zum Barzahlungsscheck gemacht werden (Art. 39 III SchG).

2. **Der Verrechnungsvermerk bewirkt, daß** der Scheck **nur im Wege der Gutschrift** (durch Verrechnung, Überweisung oder Ausgleichung) **eingelöst werden darf** (Art. 39 II SchG). Die Gutschrift gilt als Zahlung.

Zahlt der Bezogene den Verrechnungsscheck in bar aus, so haftet er nach Art. 39 IV SchG für den daraus entstehenden Schaden, jedoch nur bis zur Höhe der Schecksumme.

3. **Zweck des Verrechnungsschecks** ist es, die **Einlösung** des Schecks **durch einen unredlichen Erwerber zu erschweren.**

Dieser setzt sich nämlich, wenn er den Scheckbetrag einem auf seinen Namen lautenden Konto gutschreiben läßt, einem großen Risiko aus, als Täter ermittelt zu werden. Die Möglichkeit einer unredlichen Einziehung des Schecks ist aber auch beim Verrechnungsscheck nicht ganz ausgeschlossen. Der Dieb oder unredliche Erwerber des Schecks kann sich z. B. bei der bezogenen Bank ein Konto auf einen anderen Namen unter Vorlage eines gefälschten Führerscheins oder Ausweispapiers eröffnen lassen und nach Gutschrift des Schecks das Konto abheben. Er kann auch den Scheck einer anderen Bank zum Inkasso geben und sich von dieser Bank nach Verrechnung des Schecks mit der bezogenen Bank die Schecksumme auszahlen lassen. Endlich besteht auch die Möglichkeit, daß der unredliche Besitzer des Schecks diesen an einen gutgläubigen Erwerber veräußert. Vielfach wird allerdings die Veräußerung, weil eben ein Verrechnungsscheck vorliegt, so auffällig sein, daß der gute Glaube des Erwerbers ausgeschlossen ist. Vgl. BGHZ 26, 268, 272 f.

III. Der **gekreuzte Scheck** der Art. 37, 38 SchG dient dem gleichen Zweck wie der Verrechnungsscheck. Diese Vorschriften sind in Deutschland jedoch **bisher nicht in Kraft** gesetzt worden. Im Ausland ausgestellte gekreuzte Schecks werden im Inland als Verrechnungsscheck behandelt (Art. 3 EGSchG). Die Bankpraxis behandelt aber auch im Inland ausgestellte gekreuzte Schecks kraft eines entsprechenden Handelsbrauches als Verrechnungsschecks.

Ein gekreuzter Scheck liegt vor, wenn sich auf der Vorderseite des Schecks zwei gleichlaufende Striche befinden (Art. 37 SchG). Üblicherweise erfolgt die Kennzeichnung als gekreuzter Scheck durch zwei parallele Schrägstriche in der oberen linken Ecke des Schecks.

IV. Falls das bezogene Kreditinstitut **an einen materiell nicht berechtigten Scheckeinlieferer zahlt,** darf es das Konto des Scheckausstellers nur dann belasten, wenn es beim Orderscheck einen etwaigen Mangel der formellen Legitimation weder erkannt noch grob fahrlässig übersehen hat (Art. 35 SchG und Art. 40 III S. 1 WG analog) und auch nicht infolge grober Fahrlässigkeit irgendwelche Indizien übersehen hat, die mit auffallender Deutlichkeit gegen die materielle Berechtigung des Scheckinhabers sprachen (s. Canaris Bankvertragsrecht Rdn. 721 ff.; OLG Koblenz WM 1987, 679, 680).

C. Der Scheckrückgriff

I. **Der Scheckinhaber kann,** wenn der Scheck von dem Bezogenen nicht eingelöst wird, nach Art. 40 SchG **unter folgenden Voraussetzungen Rückgriff nehmen:**

1. Der Scheck muß **innerhalb der Vorlegungsfrist vorgelegt,** aber nicht eingelöst worden sein. Dem steht es gleich, wenn die Vorlegung vergeblich versucht worden ist.

   Für den Fall der höheren Gewalt gelten entsprechende Vorschriften wie im Wechselrecht. Vgl. S. 102 und Art. 48 SchG.

2. **Die Verweigerung der Zahlung** muß **festgestellt** sein, und zwar:

   a) **Entweder** durch eine schriftliche und datierte **Erklärung des Bezogenen,** die auf den Scheck gesetzt ist und den Tag der Vorlegung angibt.

   b) **Oder durch** eine datierte **Erklärung einer Abrechnungsstelle,** daß der Scheck rechtzeitig eingeliefert und nicht bezahlt ist.

   c) **Oder durch** einen **Protest.** Für die Aufnahme des Protests gelten dieselben Vorschriften wie beim Wechsel. Vgl. Art. 41, 55 SchG.

   Der förmliche Protest (c) kommt praktisch nicht vor, weil die Erklärungen über Zahlungsverweigerungen (a und b) einfacher und zudem kostenlos sind.

   Die *Feststellung der Zahlungsverweigerung ist* — wie im Wechselrecht — *nicht erforderlich, wenn der* Scheck einen entsprechenden Vermerk (*„ohne Protest“* oder „ohne Kosten“) trägt (Art. 43 SchG).

II. **Rückgriffsschuldner** aus dem Scheck (Scheckverpflichtete) **sind,** und zwar als Gesamtschuldner, Art. 40, 44 I SchG:

1. **Der Aussteller** (Art. 12 S. 1 SchG). Er kann seine Haftung nicht ausschließen, Art. 12 S. 2 SchG.

2. **Die Indossanten** *beim Orderscheck,* außer wenn sie ihre Haftung in dem Indossament ausgeschlossen oder beschränkt haben (vgl. S. 83 und Art. 18 SchG), und die *Garantieindossanten beim Inhaberscheck.* Vgl. S. 122.

3. **Die Scheckbürgen.** Für die — in der Praxis nicht vorkommende — Scheckbürgschaft gelten dieselben Vorschriften wie für die Wechselbürgschaft (vgl. S. 87 f. und Art. 25—27 SchG). Die Bürgschaftsübernahme durch den Bezogenen ist aber unzulässig, weil sie die gleiche Wirkung haben würde, wie die durch Art. 4 SchG verbotene Annahme des Schecks. Art. 25 II SchG.

III. **Die Durchführung des Rückgriffs** ist ebenso geregelt **wie beim Wechsel.**

1. **Der Scheckinhaber** kann nach Art. 44 SchG gegen jeden Verpflichteten Rückgriff nehmen **(Sprungregreß und ius variandi).** Wer den Scheck einlöst, kann seinerseits gegen einen beliebigen Vormann Rückgriff nehmen, bis der Scheck an den Aussteller gelangt.

   Die Rückgriffsansprüche können im *Urkundenprozeß* (Scheckprozeß) geltend gemacht werden. Vgl. Art. 10 EGSchG und S. 40.

2. **Die Höhe des Rückgriffsanspruchs** wird genauso berechnet **wie im Wechselrecht.** Vgl. S. 105 und Art. 45—47 SchG.

   Auch beim Verrechnungsscheck geht der Rückgriffsanspruch auf *bare Zahlung* der geschuldeten Summe, nicht auf Verrechnung. Vgl. RGZ 95, 241.

3. **Die Rückgriffsansprüche verjähren in sechs Monaten.** Vgl. Art. 52 SchG.

   Nach Verjährung der Rückgriffsansprüche bleibt der Aussteller des Schecks dem Scheckinhaber insoweit verpflichtet, als er sich mit dessen Schaden bereichern würde (*Scheckbereicherungsanspruch,* vgl. S. 111 und Art. 58 SchG).

IV. Die Scheckkarte

A. Funktion und Voraussetzungen

I. Der Scheck als solcher verschafft dem Schecknehmer keinen Anspruch gegen das bezogene Geldinstitut, sondern nur eine mehr oder minder große tatsächliche Aussicht darauf, daß dieses die im Scheck enthaltene Anweisung befolgen und die Schecksumme auszahlen wird. Da erfahrungsgemäß eine große Zahl ungedeckter Schecks ausgestellt werden, lehnten Geschäftsleute es früher regelmäßig ab, Waren gegen Schecks an Unbekannte zu liefern. Um dieses Mißtrauen abzubauen und die Verbreitung des Schecks als Zahlungsmittel zu fördern, wurde 1968 die **Scheckkarte** eingeführt. Diese **garantiert die Einlösung von Schecks, die der Karteninhaber** in Europa oder einem ans Mittelmeer angrenzenden Staat **auf einem eurocheque-**

Vordruck ausgestellt hat, bis zu dem Betrag von jeweils 400,— DM oder bis zu dem in dem betreffenden Land geltenden ec-Garantiehöchstbetrag.

II. **Die Garantie hat** dabei **folgende Voraussetzungen:**

1. Name des Kreditinstituts, Unterschrift und Kontonummer auf dem ec-cheque und auf der Scheckkarte müssen übereinstimmen.

2. Die Scheckkartennummer muß auf der Rückseite des Schecks vermerkt sein.

3. Das Ausstellungsdatum des ec-cheques muß innerhalb der Gültigkeitsdauer der Scheckkarte liegen.

4. Ein im Inland ausgestellter ec-cheque muß binnen 8 Tagen, ein im Ausland ausgestellter ec-cheque binnen 20 Tagen seit seinem Ausstellungsdatum vorgelegt werden.

Die Garantie hängt dagegen grundsätzlich nicht davon ab, daß der Scheck auch unter Vorlage der Scheckkarte begeben worden ist (BGHZ 83, 28, 31 f.; anders allerdings für den Fall der Begebung des Schecks durch einen Nichtberechtigten). Die Vorlage der Scheckkarte dient nur dem Interesse des Schecknehmers selbst, der andernfalls nicht kontrollieren könnte, ob die Voraussetzungen für die Bankgarantie erfüllt sind. Ein rechtliches Interesse des Kreditinstituts an der förmlichen Vorlage der Kreditkarte ist dagegen nicht ersichtlich.

B. Rechtliche Einordnung und Abschlußtatbestand

Die **Konstruktion der Garantie** bereitet Schwierigkeiten.

I. Die Einlösungspflicht des bezogenen Kreditinstituts beruht nach h. M. auf einem **zwischen** der **Bank und dem Schecknehmer geschlossenen Garantievertrag.**

Die im Schrifttum teilweise vertretene Ansicht, es handele sich um ein abstraktes Schuldversprechen i. S. von § 780 BGB paßt weniger gut zum Wortlaut der Garantieerklärung auf der Scheckkarte.

Nach h. M. kommt der Garantievertrag zwischen dem Kreditinstitut und dem Schecknehmer unter Vermittlung des Scheckausstellers bei der Begebung des mit der Scheckkartennummer versehenen Schecks durch den Aussteller zustande. Eine Mindermeinung nimmt dagegen an, daß es sich um einen echten Vertrag zugunsten Dritter i. S. von § 328 BGB handelt, den die Bank und der Scheckaussteller zugunsten des Schecknehmers schließen. Diese Deutung hätte allerdings die mißliche Folge, daß die Bank dem Schecknehmer nach § 334 BGB auch Einwendungen aus dem Deckungsverhältnis zum Scheckaussteller entgegenhalten könnte. Nun könnte man sich hierüber noch durch die Annahme einer konkludenten Abbedingung dieser Vorschrift hinwegretten. Es bliebe dann aber der weitere Nachteil, daß die Bank diesen Vertrag beispielsweise wegen einer vom Scheckaussteller begangenen arglistigen Täuschung anfechten könnte (s. Canaris, Bankvertragsrecht, Rdn. 832).

II. Problematisch ist, ob der Scheckaussteller den Abschluß des Garantievertrages zwischen Bank und Schecknehmer als **Stellvertreter oder** aber als **Bote** der Bank herbeiführt. Der große Entscheidungsspielraum, der dem Scheckaussteller verbleibt — er wählt ja selbständig den Partner des Garantievertrages aus und legt die Höhe der Garantiesumme fest —, dürfte mit der ersteren Deutung kaum vereinbar sein. Die Garantiehaftung der bezogenen Bank kommt mithin nach § 165 BGB nur zustande, wenn der Scheckaussteller bei der Begebung des Schecks wenigstens beschränkt geschäftsfähig war.

III. Der Garantievertrag kommt immer **nur mit dem ersten Schecknehmer selbst** zustande. Spätere Erwerber des Schecks können den Anspruch aus dem Garantievertrag also nur im Zessionswege erlangen. Die Weiterübertragung des Schecks dürfte regelmäßig eine konkludente Mitabtretung des Garantieanspruchs enthalten. Wenn ein bereits begebener eurocheque gestohlen und vom Dieb an einen Gutgläubigen begeben wird, erlangt dieser zwar nach Art. 21 SchG das Eigentum am Scheck und damit zugleich den Rückgriffsanspruch gegen den Aussteller aus Art. 12 SchG, wegen § 404 BGB aber nicht den Garantieanspruch aus der Scheckkarte.

C. Mögliche Einwendungen

I. Der Garantievertrag kommt nicht zustande, wenn ein evidenter **Mißbrauch der Vertretungsmacht** vorliegt. Der Schecknehmer müßte sich dazu leichtfertig über sich aufdrängende konkrete Anhaltspunkte für einen Mißbrauch der Scheckkarte durch den Scheckaussteller hinweggesetzt haben (vgl. BGHZ 64, 79, 83 f.; 83, 28, 33, wo der Bank der Einwand des Rechtsmißbrauchs gegeben wird).

II. Ansonsten kann die Bank grundsätzlich weder Einwände aus dem Deckungsverhältnis zum Scheckaussteller erheben — vor dessen Mängeln die Scheckkarte den Schecknehmer ja gerade schützen soll — noch solche aus dem Valutaverhältnis zwischen Scheckaussteller und Schecknehmer, an dem die Bank ja gar nicht beteiligt ist. Soweit die Vollmacht des Scheckausstellers wegen Beendigung des Bankvertrages nach § 168 S. 1 BGB entfällt, schützen den gutgläubigen Schecknehmer schon die §§ 172, 173 BGB.

III. Besonders problematisch ist, ob die Scheckkartengarantie auch dann eingreift, wenn einem Bankkunden **Scheckvordrucke zusammen mit der Scheckkarte gestohlen** worden sind und der Dieb nun unter dem Namen des Bankkunden auftretend und unter Fälschung von dessen Unterschrift die Schecks begibt. Infolge der Nichtberechtigung des

Scheckausstellers scheitert hier natürlich die Stellvertretungskonstruktion; dem Fälscher hat die Bank ja offensichtlich keine Vollmacht erteilt. Andererseits geht Nr. 5 der „Bedingungen für eurocheque-Karten" davon aus, daß auch in solchen Fällen eine Haftung der Bank eintritt. Die wohl h. M. leitet diese Haftung bei Gutgläubigkeit des Schecknehmers aus allgemeinen Rechtsscheinsgrundsätzen ab (Baumbach-Hefermehl Anhang Art. 4 Rdn. 13; Sedatis Rdn. 300; im Ergebnis auch BGHZ 83, 28, 32). Nach Canaris (Bankvertragsrecht Rdn. 833, 846) ist die Einlösungspflicht der Bank dagegen auch hier rechtsgeschäftlicher Natur; sie soll hier aber ausnahmsweise auf einem Vertrag zugunsten Dritter beruhen.

Löst das Kreditinstitut in einem solchen Falle den eurocheque ein, hat es grundsätzlich einen Aufwendungsersatzanspruch gegen den Kunden aus § 7 S. 2 der „Bedigungen für eurocheque-Karten" (Canaris Rdn. 855a; a. A. LG Essen NJW 1988, 76). Der Bankkunde wird jedoch infolge einer von den Banken abgeschlossenen Scheckkartenversicherung nur mit 10 % der Schadenssumme, maximal 750,— DM, belastet. Sparkassen übernehmen Schäden der Kunden aus einem Scheckkartenmißbrauch bis zu einem bestimmten Höchstbetrag (6.000,— DM oder 10.000,— DM) sogar voll, wenn der Verlust der ec-Karte unverzüglich angezeigt worden ist. Wird dagegen nur das Scheckformular gestohlen und mit gefälschter Unterschrift begeben, greifen diese Kulanzmaßnahmen zugunsten des Kunden nicht; dem Kreditinstitut steht dann der Aufwendungsersatzanspruch aus Nr. 11 der „Bedingungen für den Scheckverkehr" zu, der regelmäßig auch geltend gemacht wird. Das Haftungsrisiko des Bankkunden ist damit befremdlicherweise größer, wenn er ec-Scheckvordrucke und Scheckkarte pflichtgemäß getrennt aufbewahrt (s. Reifner NJW 1987, 634).

IV. Die Garantiehaftung der Bank aus der Scheckkarte greift nach wohl h. M. **nur** ein, **wenn der Schecknehmer auch das Eigentum am Scheck erlangt** hat, entfällt also beispielsweise bei beschränkter Geschäftsfähigkeit des Ausstellers (s. Canaris a.a.O. Rdn. 837). Begründet wird dies mit der Erwägung, daß die Scheckkarten-Garantie nicht über die Wirkungen eines (nach Art. 4 SchG unzulässigen) Akzepts des Bezogenen hinausgehen wolle; ein Akzeptant könnte sich aber selbstverständlich damit verteidigen, daß er den Eigentumserwerb des Anspruchstellers und damit dessen Aktivlegitimation bestritte.

V. Der Postscheck

A. Begriff des Postschecks

Der Postscheck ist ein Scheck, durch den ein Postgirokontoinhaber im Postgiroverkehr über sein Guthaben beim Postgiroamt verfügt.

Der Postscheckverkehr ist jetzt geregelt durch das Postgesetz vom 28. 7. 1969 (PostG, BGBl. I S. 1006) und die Postgiroordnung vom 5. 12. 1984 (PostGO, BGBl. I S. 1478). Alle diese Vorschriften gehören dem *öffentlichen Recht* an. Die Tätigkeit der Post im Postscheckverkehr ist hoheitlicher Natur.

I. Trotz der Zugehörigkeit des Postscheckrechts zum öffentlichen Recht sind auf den Postscheck die **Vorschriften des Scheckgesetzes ergänzend heranzuziehen.** Das ist insbesondere deshalb erforderlich, weil das Verhältnis zwischen Aussteller und Scheckinhaber in PostG und PostGO gar keine Regelung erfahren hat; diese Beziehung bleibt im übrigen privatrechtlicher Art. Der Rückgriffsanspruch des Schecknehmers gegen den Scheckaussteller bei Nichteinlösung des Schecks läßt sich nur aus analoger Anwendung von Art. 12 SchG begründen. Hervorzuheben ist folgendes:

1. Die für den Scheck vorgeschriebenen **Formerfordernisse** gelten auch für den Postscheck. Zur Ausstellung des Postschecks müssen amtliche Formulare benutzt werden.

2. Der Inhaber eines Postschecks hat, ebenso wie der gewöhnliche Scheckgläubiger, **keinen Anspruch gegen die Post** auf Einlösung des Postschecks. Er kann, wenn die Post die Einlösung des Postschecks verweigert, analog § 12 SchG gegen den Aussteller des Schecks Rückgriff nehmen.

II. **Der Beitritt zum Postscheckverkehr** erfolgt **durch Begründung eines Postgiroverhältnisses** mit der Post im Wege des öffentlich-rechtlichen Vertragsschlusses. Vgl. RGZ 161, 174, 181; BGHZ 9, 13, 17.

Der Vertrag kommt dadurch zustande, daß dem Postscheckkunden (Postgiroteilnehmer) bei einem bestimmten Postscheckamt ein Postgirokonto eröffnet wird (§ 3 II S. 1 PostGO). Vertragsgegner des Postgirokunden ist nicht das Postgiroamt, das lediglich eine Verwaltungsstelle der Post ist, sondern die „Deutsche Bundespost“.

Das Postgiroverhältnis ist ein **Geschäftsbesorgungsverhältnis,** das nicht nur zur Einlösung von Postschecks, sondern auch zur Annahme von Bareinzahlungen und zur Ausführung von Giroüberweisungen verpflichtet. Die bürgerlich-rechtlichen Vorschriften über den Geschäftsbesorgungsvertrag sind insoweit entsprechend anwendbar.

Die Post haftet nach § 19 PostG für Schäden, die dem Postscheckteilnehmer durch nicht ordnungsgemäße Ausführung seiner Aufträge (Überweisungen,

Schecks, Einziehungsaufträge) durch das Postscheckamt entstehen, nach den allgemeinen Vorschriften über die Haftung des Schuldners für Erfüllung seiner Verbindlichkeiten. Sie haftet aber nicht für rechtzeitige Ausführung, es sei denn, daß es sich um Daueraufträge handelt. Für Schäden, die bei Ausführung von Beförderungsleistungen außerhalb der Postscheckämter entstehen, besteht nur eine begrenzte Haftung gem. § 12 PostG.

B. Arten und Verwendung des Postschecks

Der Postscheck ist **nur als Inhaberscheck oder Rektascheck** zulässig (§ 15 II, III PostGO).

Für die ersteren werden blaue, für die letzteren grüne Vordrucke verwendet.

I. Der **Rektapostscheck** wird in der Weise ausgestellt, daß ein **bestimmter Zahlungsempfänger angegeben** wird. Der Vordruck ist mit Zahlungsanweisung überschrieben, im Text selbst aber als Scheck bezeichnet und entspricht den Formerfordernissen des Scheckgesetzes. Er enthält die negative Orderklausel (Art. 14 II SchG).

1. **Für die Einlösung** des Rektapostschecks **gilt folgendes:**

a) Grundsätzlich weist das Postscheckamt die zuständige Postanstalt an, den Betrag dem Empfänger auszuzahlen. Die Auszahlung erfolgt regelmäßig — wie bei Postanweisungen — in der Wohnung des Empfängers (§ 15 III PostGO).

b) Hat der Empfänger ein Postscheckkonto, und ist dieses im Scheck vermerkt, so erfolgt die Auszahlung durch Gutschrift.

2. **Der Rektapostscheck wird,** weil er gem. 1 nicht in bar bei dem Postscheckamt abgehoben werden kann, in der Regel von dem Aussteller nicht dem Zahlungsempfänger ausgehändigt, sondern **an das Postscheckamt gesandt.**

3. Der **Rektascheck** kann **auch als Sammelscheck** in der Weise ausgestellt werden, daß der Scheckbetrag an mehrere, in einer Anlage des Schecks genannte Personen auszuzahlen ist (§ 19 i. V. m. § 15 III PostGO).

II. **Der Inhaberpostscheck enthält** im Vordruck **die alternative Inhaberklausel** „oder Überbringer". Dieser Zusatz darf nicht geändert oder gestrichen werden (§ 15 II S. 3 PostGO).

Der Inhaber kann den Scheck nach § 15 III S. 1 PostGO auf verschiedene Weise einlösen:

1. Er kann sich die Schecksumme an der Kasse des Postgiroamtes bar auszahlen lassen.

2. Er kann den Betrag seinem Postscheckkonto gutschreiben lassen.

3. Er kann sich den Betrag durch eine Postanstalt in bar auszahlen lassen. Die Auszahlung erfolgt auf Anweisung des Postgiroamtes hin. Sie kann betrags- und stückzahlmäßig beschränkt und von der Vorlage einer Ausweiskarte abhängig gemacht werden (§ 15 II S. 2 PostGO).

III. Der Postgiroverkehr ist **dem eurocheque-System angeschlossen:** Das Postgiroamt gibt eurocheque-Vordrucke und eurocheque-Karten aus (§ 16 PostGO). S. dazu Hagemeister WM 1984, 1625.

VIERTER ABSCHNITT

Inhaberschuldverschreibungen, Nebenpapiere und Inhaberzeichen

I. Schuldverschreibungen auf den Inhaber und Nebenpapiere

A. Begriff der Inhaberschuldverschreibung

I. **Die Inhaberschuldverschreibung** ist nach § 793 BGB ein **Inhaberpapier,** in welchem der Aussteller **dem Inhaber eine Leistung verspricht** (Forderungspapier).

Entsprechend ihrer Zweckbestimmung als Massenpapier **genügt zur Unterzeichnung eine Faksimileunterschrift.** Jedoch können weitere Formerfordernisse (wie Mitunterschriften, Stempelung) in der Urkunde selbst festgesetzt werden (§ 793 II BGB).

1. **Inhaberschuldverschreibungen** werden **namentlich über Teilbeträge** (100, 1000, 5000 DM) **einer Gesamtemission** einer staatlichen oder privaten Anleihe ausgegeben (Massenpapiere, vgl. S. 15 f.).

2. **Inhaberschuldverschreibungen** sind **ferner die Lotterielose** und die Inhaberlagerscheine. Auch Anteilscheine an Kapitalanlagegesellschaften können Inhaberschuldverschreibungen sein. Vgl. S. 156 ff.

3. **Auch Banknoten könnten** als **Inhaberschuldverschreibungen** ausgestellt werden. Die **Banknoten der Deutschen Bundesbank** sind *aber,* weil sie kein Einlösungsversprechen enthalten, keine Inhaberschuldverschreibungen, sondern **reine Geldzeichen.**

II. **Die Inhaberschuldverschreibung** geht **regelmäßig auf Zahlung einer** bestimmten **Geldsumme.**

Es kann aber *auch jede andere Leistung* versprochen werden, z. B. die Leistung von Waren (z. B. *Inhaberlagerscheine* und die nach der Inflation 1920/23 beliebten Inhaberschuldverschreibungen über bestimmte Gold- oder Getreidemengen). Auch Schuldverschreibungen auf Leistung von Diensten sind möglich, kommen aber praktisch nicht vor.

1. **Inländische Inhaberschuldverschreibungen über** eine bestimmte **Geldsumme** (mit Ausnahme der Anleihen des Bundes und der Länder) dürfen **nur mit staatlicher Genehmigung** in den Verkehr gebracht werden (§ 795 I BGB).

Dasselbe gilt für inländische Orderschuldverschreibungen (kaufmännische Verpflichtungsscheine, vgl. unten S. 146), die Teile einer Gesamtemission sind, weil in diesem Falle wegen der Möglichkeit der Blankoindossierung die Orderschuldverschreibungen den Inhaberschuldverschreibungen praktisch gleichstehen (§ 808a BGB).

a) *Die Vorschrift bezweckt,* den *währungs- und kreditschädlichen Folgen* eines allzu großen Umlaufs an Wertpapieren *entgegenzutreten* und das Publikum vor Ausbeutung zu schützen.

b) *Die Verletzung* der Vorschrift *macht die Schuldverschreibung nichtig.* Der *Aussteller* ist aber dem Inhaber der Schuldverschreibung *schadensersatzpflichtig;* zu ersetzen ist das negative Interesse. Außerdem begeht er eine Ordnungswidrigkeit. § 795 II BGB, §§ 6 f. des Gesetzes über die staatliche Genehmigung von Inhaberschuldverschreibungen usw. vom 26. 6. 1954 i. d. Fassung v. 24. 5. 1968.

2. **Die Leistung kann** in der Inhaberschuldverschreibung **abstrakt oder kausal versprochen werden.**

Kausale Inhaberschuldverschreibungen sind z. B. die Industrieobligationen und die Inhaberlagerscheine. Denn bei ihnen geht der Rechtsgrund der Verpflichtung (Darlehen, Lagervertrag) aus der Urkunde hervor.

III. **Verzinslichen Inhaberschuldverschreibungen,** die **als Massenpapiere** ausgegeben werden, sind **regelmäßig** als Nebenpapiere **beigefügt:**

1. **Zinsscheine** (Kupons). Sie **berechtigen zur Erhebung der einzelnen Zinsraten** und werden regelmäßig in Form eines Bogens ausgegeben, der eine größere Anzahl der zu den einzelnen Zinsterminen abzuschneidenden (daher: Kupons) Zinsscheine enthält (§ 803 BGB). Diese tragen die Serien- und Nummernbezeichnung des Hauptpapiers. Die Ausgabe der Zinsscheine ermöglicht eine Geltendmachung der Zinsansprüche ohne Vorlage der Haupturkunde.

Die Zinsscheine sind **selbständige Inhaberschuldverschreibungen** und bleiben deshalb, wenn der Aussteller sie sich nicht zurückgeben läßt, auch bei Erlöschen der Hauptforderung und bei Aufhebung oder Änderung der Zinspflicht in Kraft. Werden Zinsscheine bei der

Einlösung der Hauptschuldverschreibung nicht zurückgegeben, so ist der Aussteller nach § 803 II BGB berechtigt, den entsprechenden Betrag zurückzubehalten, da ja deren nachträgliche Vorlage möglich bliebe. Die Vorschriften über Inhaberschuldverschreibungen gelten für die Zinsscheine mit der Maßgabe, daß die Vorlegungsfrist auf vier Jahre abgekürzt ist (§ 801 II BGB) und daß kein Aufgebotsverfahren stattfindet. Der Eigentümer eines verlorenen Zinsscheins kann aber vom Aussteller nach Ablauf der Vorlegungsfrist Zahlung verlangen, falls der Zinsschein nicht inzwischen von anderer Seite dem Aussteller vorgelegt worden ist (§ 804 BGB). — Als Inhaberpapiere können die Zinsscheine auch gutgläubig erworben werden. Werden allerdings nur die Zinsscheine, nicht auch die Haupturkunde übereignet, so wird der Erwerber angesichts der Unüblichkeit eines solchen Geschäfts regelmäßig als bösgläubig anzusehen sein (RGZ 36, 121 f.; 58, 165).

2. **Erneuerungsscheine** (Talons). **Sie berechtigen zur Erhebung eines neuen Bogens Zinsscheine** und sind regelmäßig auf dem Zinsscheinbogen aufgedruckt (§ 805 BGB).

Die Erneuerungsscheine sind keine selbständigen Inhaberpapiere, sondern **schlichte Legitimationspapiere** (vgl. unten und RGZ 74, 341) und können nur zusammen mit dem Stammpapier übertragen werden. Gerät ein Erneuerungsschein in Verlust, so kann der Inhaber des Stammpapiers ihn dadurch sperren, daß er der Ausgabe neuer Zinsscheine an den Inhaber des Erneuerungsscheins widerspricht. Der neue Zinsscheinbogen ist dann dem Inhaber des Stammpapiers auszuhändigen (§ 805 BGB). Solange ein solcher Widerspruch nicht erfolgt ist, kann der Aussteller mit befreiender Wirkung auch an einen nichtberechtigten Vorleger des Talons leisten (§ 808 I BGB).

B. Das Recht aus der Inhaberschuldverschreibung

I. Die **Entstehung der Verpflichtung** aus einer Inhaberschuldverschreibung ist in den §§ 793 ff. BGB **nur ansatzweise geregelt;** es muß deshalb auf die allgemeinen Grundsätze über die Entstehung von Wertpapierrechtsverpflichtungen zurückgegriffen werden.

Die Verpflichtung des Ausstellers setzt nach heute h. M. neben der Schaffung der Schuldverschreibungsurkunde grundsätzlich einen **Begebungsvertrag** mit dem ersten Nehmer des Papiers voraus. Das Fehlen eines gültigen Begebungsvertrages kann aber einem späteren gutgläubigen Erwerber des Papiers nicht entgegengehalten werden, wenn dem Aussteller der mit der Schaffung der Urkunde verbundene Rechtsschein zurechenbar ist (kombinierte Vertrags- und Rechtsscheintheorie).

Die Verfasser des BGB gingen demgegenüber noch — wie der Wortlaut der §§ 793, 794 BGB zeigt — von der Kreationstheorie aus, sahen also den entscheidenden Verpflichtungstatbestand in dem einseitigen Akt der Urkundenherstellung. Nach § 794 I BGB ist der Aussteller aus einer Inhaberschuldverschreibung auch dann verpflichtet, wenn sie ihm gestohlen worden oder verlorengegangen oder wenn sie sonst ohne seinen Willen in den Verkehr gelangt ist. Diese Vorschrift darf allerdings nicht wörtlich genommen werden; sie bedarf vielmehr offensichtlich einer Restriktion: Wer die Inhaberschuldverschreibung stiehlt oder unterschlägt oder als Hehler erwirbt, wird natürlich nicht Gläubiger. Die Vorschrift ist vielmehr auf die Fälle des redlichen rechtsgeschäftlichen Erwerbs einzuschränken. Damit ist man aber beim Erklärungsmodell der Rechtsscheintheorie. Oder anders ausgedrückt: § 794 BGB sagt ja nur, daß der Erwerb der verbrieften Forderung trotz der fehlenden rechtsgeschäftlichen Ausgabe der Urkunde möglich ist; die Vorschrift sagt aber nicht, unter welchen Voraussetzungen im einzelnen dieser Erwerb dann eintritt. Diese notwendige Ergänzung liefert die Rechtsscheintheorie.

Nach § 794 II BGB ist es auf die Wirksamkeit einer Inhaberschuldverschreibung ohne Einfluß, wenn die Urkunde ausgegeben wird, nachdem der Aussteller gestorben oder geschäftsunfähig geworden ist. Auch dies gilt jedoch wiederum nur im Verhältnis zu einem späteren redlichen Erwerber der Urkunde.

II. **Gläubiger der Inhaberschuldverschreibung** ist nicht schlechthin der Inhaber (Besitzer) der Urkunde, sondern derjenige, dem der Aussteller die Inhaberschuldverschreibung durch wirksamen Begebungsvertrag übertragen hat bzw. sein (unter Umständen entfernter) Einzel- oder Gesamtrechtsnachfolger oder aber schließlich derjenige, der die Inhaberschuldverschreibung kraft guten Glaubens erworben hat.

Für den Inhaber als solchen spricht lediglich eine Vermutung, daß ihm die Schuldverschreibung zusteht.

1. **Die Übertragung** der Inhaberschuldverschreibung vollzieht sich **nach sachenrechtlichen Grundsätzen,** also durch Einigung und Übergabe der Urkunde oder Vereinbarung eines Übergabeersatzes (§§ 929 ff. BGB).

Der gute Glaube des Erwerbers wird auch bei abhanden gekommenen Schuldverschreibungen geschützt (§ 935 II BGB).

2. **Der redliche Erwerber erhält das Recht** so, wie es in der Schuldverschreibung verbrieft ist **(schriftgemäß).** Es ist also ein **gutgläubiger Erwerb der Einwendungsfreiheit** möglich. Dieser ist allerdings in § 796 BGB nur ganz unvollkommen geregelt. Nach dieser Vorschrift kann der Aussteller dem Inhaber nur solche Einwendungen entgegenhalten, die sich aus der Urkunde selbst ergeben oder die die Gültigkeit der Ausstellung betreffen oder die dem Aussteller unmittelbar gegenüber dem betreffenden Inhaber zustehen. Die heute h. M. geht aber zu Recht davon aus, daß diese Regelung der Korrektur bedarf, weil sonst unerträgliche Wertungswidersprüche entstehen würden:

Die aus Art. 10, 17 WG, 22 SchG entwickelten Grundsätze über den Einwendungsausschluß bei Wechsel und Scheck (s. oben S. 89 ff., 122) werden auf die Inhaberschuldverschreibungen im Analogiewege übertragen. Das bedeutet: Bei den Einwendungen, die die Gültigkeit der Ausstellung betreffen, ist zwischen gutglaubensfesten Zurechenbarkeitseinwendungen einerseits (wie dem Einwand der Fälschung) und den präklusionsfähigen (d. h. durch guten Glauben „heilbaren“) Gültigkeitseinwendungen andererseits (wie etwa dem Einwand des fehlenden Begebungsvertrages) zu unterscheiden. Persönliche Einwendungen, die dem Aussteller gegenüber einem bestimmten Inhaber zustehen, bleiben ihm gegenüber dessen Rechtsnachfolger analog Art. 17 WG, 22 SchG nur erhalten, wenn dieser beim Erwerb bewußt zum Nachteil des Ausstellers gehandelt hat (das gleiche Ergebnis ist früher ohne Heranziehung der Art. 17 WG, 22 SchG mit Hilfe der Einwendung der Arglist begründet worden).

Z. B.: B hat als berechtigter Inhaber einer Schuldverschreibung dem Aussteller A Stundung gewährt. Überträgt darauf B die Schuldverschreibung dem C, so kann A dem C die Einrede der Stundung grundsätzlich nicht entgegenhalten, weil diese Einrede dem A nicht unmittelbar gegen C zusteht. Anders aber, wenn C die Schuldverschreibung von B erworben hat, um dem A die Einrede der Stundung abzuschneiden.

III. **Die Gläubiger von Inhaberschuldverschreibungen** werden **besonders geschützt:**

1. **Durch** bestimmte **Schutzvorschriften des BGB.**

a) **Ist** eine **Schuldverschreibung** durch Beschädigung oder Verunstaltung **zum Umlauf nicht mehr geeignet,** so kann ihr Inhaber, sofern ihr wesentlicher Inhalt und ihre Unterscheidungsmerkmale noch erkennbar sind, von dem Aussteller **Erneuerung der Urkunde** verlangen (§ 798 BGB).

b) **Eine abhanden gekommene** oder vernichtete **Schuldverschreibung** kann im Wege des Aufgebotsverfahrens **für kraftlos erklärt** werden (§§ 799, 800 BGB, vgl. S. 4 f.).

Sobald das Aufgebotsverfahren beantragt ist, kann auf Antrag durch das Gericht eine Zahlungssperre erlassen werden, d. h. das an den Aussteller gerichtete Verbot, an den Inhaber der Schuldverschreibung zu leisten (§§ 1019 ZPO, vgl. auch § 802 BGB).

c) **Inhaberschuldverschreibungen können auf** den **Namen** eines bestimmten Gläubigers **umgeschrieben** und dadurch zu Rektapapieren gemacht **werden.** Der Aussteller ist aber zur Umschreibung nicht verpflichtet (§ 806 BGB).

Namensschuldverschreibungen sind von Anfang an die **Sparkassenbriefe.** Sie sind nicht wie die Sparkassenbücher (vgl. oben S. 14) bloße Legitimationspapiere, sondern echte (Rekta-)Wertpapiere. Sie werden von den Sparkassen mittelfristig (meist vier Jahre), festverzinslich und auf bestimmte Beträge ausgegeben.

2. **Durch** das **Schuldverschreibungsgesetz vom 4. 12. 1899, wenn** es sich um **Teilschuldverschreibungen** einer inländischen und privaten Gesamtemission über mindestens 300.000 DM handelt.

Die Gläubiger solcher Teilschuldverschreibungen **bilden einen Interessenverband,** der bei Zahlungsschwierigkeiten des Schuldners die im gemeinsamen Interesse gebotenen Maßnahmen durchführen und Quertreibereien einzelner Gläubiger verhindern soll. **Organe** dieses Verbandes **sind:**

a) **Die Gläubigerversammlung,** deren mit Mehrheit gefaßte Beschlüsse für alle Gläubiger verbindlich sind. Beschlüsse, die die Gläubigerrechte beschränken (z. B. Herabsetzung des Kapitalanspruchs oder des Zinsfußes), müssen mit qualifizierter Mehrheit gefaßt werden und alle Gläubiger gleichmäßig treffen. Zu positiven Leistungen (z. B. Nachzahlungen) können die Gläubiger nicht verpflichtet werden.

b) **Der Gläubigervertreter,** der entweder von dem Schuldner (meistens gemäß § 1189 BGB) bei Eintragung einer Sicherungshypothek bestellt wird, und zwar unbeschadet der Rechte der Gläubigerversammlung, oder von der Gläubigerversammlung, die dann die Befugnisse des Gläubigervertreters festsetzt.

C. Einlösung der Inhaberschuldverschreibung

I. **Der Inhaber** der Schuldverschreibung **wird durch den Besitz** der Urkunde als Gläubiger **legitimiert** (Legitimationsfunktion, § 793 I 1 BGB). Dem Inhaber (Besitzer) kommt außerdem die Eigentumsvermutung des § 1006 BGB zugute, und zwar auch dann, wenn das Papier einem früheren Besitzer abhanden gekommen ist (§ 1006 I S. 2 BGB).

1. Die **Inhaberschuldverschreibung entfaltet Befreiungswirkung:** Der Aussteller wird durch die Leistung an den Inhaber grundsätzlich auch dann befreit, wenn der letztere nicht der Eigentümer der Urkunde oder nicht verfügungsberechtigt (z. B. geschäftsunfähig) ist (§ 793 I S. 2 BGB).

Ausnahme: Der Aussteller wird dem wirklichen Gläubiger gegenüber nicht befreit, wenn er an einen Inhaber leistet, dessen mangelndes Recht er kennt und nachweisen kann (unstr.). Das gleiche gilt nach zutreffender neuerer Lehre auch dann, wenn dem Aussteller die Nichtberechtigung des Inhabers und deren sofortige Beweisbarkeit nur infolge grober Fahrlässigkeit verborgen geblieben ist (Art. 40 III 1 WG analog; wohl schon h. M.).

2. **Andererseits** ist der **Aussteller aber berechtigt,** das **Verfügungsrecht** des Inhabers der Urkunde **nachzuprüfen.** Den Aussteller trifft jedoch, weil der Rechtsschein für den Inhaber spricht, die **Beweislast** für die Nichtberechtigung des Inhabers (Einwand der Nichtberechtigung).

Z. B.: Leistet der Aussteller A an den C, der die Schuldverschreibung dem Gläubiger B gestohlen hat, so wird A grundsätzlich dem B gegenüber befreit, weil C durch den Besitz der Urkunde legitimiert ist. A kann die Leistung an C mit der Begründung verweigern, daß C die Urkunde gestohlen habe. Er muß dann aber den Diebstahl beweisen. Leistet A an C, obwohl er den Diebstahl nachweisen kann und dies auch weiß, so wird er dem B gegenüber nicht befreit, weil dann die Leistung an C gegen Treu und Glauben verstößt.

II. **Der Aussteller** braucht **nur gegen Aushändigung der Schuldverschreibung** zu **leisten** (§ 797 S. 1 BGB).

Mit der Aushändigung wird der Aussteller *kraft Gesetzes Eigentümer der Urkunde* (§ 797 S. 2 BGB), außer wenn er an einen Inhaber zahlt, dessen mangelnde Berechtigung er kennt oder grobfahrlässig nicht kennt und nachweisen kann. Vgl. oben I.

III. **Für die Geltendmachung** des Rechts aus der Schuldverschreibung bestehen **folgende Fristen,** § 801 BGB:

1. **Die Vorlegungsfrist**
Die Urkunde muß vorbehaltlich anderer Vereinbarung innerhalb **30 Jahren** nach dem Eintritt der für die Leistung bestimmten Zeit dem Aussteller zur Einlösung vorgelegt werden. Geschieht dies nicht, so erlischt der Anspruch (Ausschlußfrist).

2. **Die Verjährungsfrist**
Erfolgt die Vorlegung, so verjährt der Anspruch aus der Schuldverschreibung in **2 Jahren** seit dem Ende der Vorlegungsfrist.

II. Inhaberzeichen

I. Begriff

Inhaberzeichen sind **Karten, Marken oder ähnliche Urkunden** ohne Bezeichnung eines bestimmten Gläubigers, **durch die der Aussteller** sich **zu** einer **Leistung an den Inhaber verpflichtet.** § 807 BGB.

1. **Wesentlich** ist der aus den Umständen des Falles, namentlich aus der Verkehrssitte, zu entnehmende **Wille des Ausstellers, daß** die **Vorlage der betreffenden Marke** (usw.) **den Inhaber als Gläubiger** des verbrieften Anspruchs **ausweisen,** ihm also die Vermutung der materiellen Berechtigung verleihen **soll.**

Z. B.: Dieser Wille ist vorhanden bei Speisebons, Biermarken, Eintrittskarten und Fahrkarten, überhaupt durchweg bei allen *übertragbaren* Karten. Auch Karten mit dem Vermerk „unübertragbar“ können zunächst Inhaberzeichen sein, wenn der Vermerk nur den Verkauf schon teilweise benutzter Karten ausschließt.

2. **Will der Aussteller dem Inhaber gegenüber** zu der versprochenen Leistung nicht verpflichtet sein, sondern sich nur die Möglichkeit

einer befreienden Leistung an den Inhaber vorbehalten, so liegt kein Inhaberzeichen, sondern ein **Legitimationspapier** vor. Vgl. unten.

II. **Rechtliche Behandlung**

1. **Die Inhaberzeichen** sind ihrem Wesen nach **wirkliche Inhaberschuldverschreibungen,** da sie dem rechtmäßigen Inhaber ein wirkliches Gläubigerrecht geben. Die *wichtigsten Vorschriften* über die Inhaberschuldverschreibungen sind daher *entsprechend anwendbar.*

Insbesondere sind die Einwendungen des Ausstellers gegenüber dem Inhaber in gleicher Weise beschränkt wie bei den Inhaberschuldverschreibungen.

2. **Die Inhaberzeichen** sind aber **keine vollkommenen Inhaberschuldverschreibungen,** da der Name des Ausstellers häufig fehlt und auch meist der Gegenstand der Leistung nur unvollkommen angegeben ist (*Unvollkommene Inhaberpapiere).*

Eine Anzahl der für die Inhaberschuldverschreibung geltenden Vorschriften ist deshalb auf die Inhaberzeichen nicht anwendbar, namentlich die Vorschriften über die Form der Ausstellung und die staatliche Genehmigung, über den Schutz des Gläubigers und über die Nebenpapiere.

FÜNFTER ABSCHNITT

Legitimationspapiere und Legitimationszeichen

I. Begriff

Legitimationspapiere und Legitimationszeichen sind **Urkunden, in denen** eine geschuldete **Leistung so versprochen** wird, **daß der Aussteller berechtigt** sein soll, **sich durch Leistung an den Inhaber zu befreien. Man unterscheidet** verschiedene Arten dieser Papiere:

1. **Schlichte Legitimationspapiere** und -zeichen sind **Ausweispapiere** bzw. -zeichen mit **Liberationsfunktion, aber ohne Wertpapierqualität.** Sie ermöglichen also dem Schuldner eine befreiende Leistung an den Inhaber ohne nähere Prüfung von dessen materieller Berechtigung. Die Vorlage des Papiers ist hier zur Ausübung des verbrieften Rechts nicht unbedingt erforderlich; der Gläubiger kann sein Recht auch in anderer Weise nachweisen.

Beispiele: Gepäckschein (§ 29 I S. 2, VI EVO); Garderobenmarke; Reparaturschein; wohl auch Busfahrkarten, wenn sie nicht schon vor Fahrtantritt, sondern erst im Bus selbst gelöst werden können.

II. **Qualifizierte Legitimationspapiere** oder Legitimationszeichen sind **Ausweispapiere** bzw. -zeichen **mit Liberationsfunktion und Wertpapierqualität** (also Vorlegungszwang). In ihnen ist also eine Leistung so versprochen, daß der Aussteller sich durch Leistung an den Inhaber befreien kann und daß der Gläubiger das verbriefte Recht nur bei Vorlage des Papiers oder Zeichens ausüben kann.

1. Qualifizierte Legitimationspapiere im eigentlichen Sinne sind Urkunden mit Wertpapierqualität, die den **Namen des Gläubigers angeben** und die mit der Bestimmung ausgegeben sind, daß der Schuldner auch durch die Leistung an einen nichtberechtigten Papierinhaber befreit wird (s. § 808 I S. 1 BGB).

Der Wortlaut dieser Vorschrift ist allerdings zu weit: Die Liberationswirkung setzt Gutgläubigkeit des Schuldners voraus; diesem schadet — analog Art. 40 III WG — bereits ein grob fahrlässiges Übersehen der Nichtberechtigung (OLG Düsseldorf NJW 1987, 654, 655; LG Osnabrück NJW 1988, 212). Da der Besitz eines qualifizierten Legitimationspapiers aber — im Gegensatz zu Inhaberpapieren — keine Rechtsvermutung für den Besitzer auslöst, kann es hier auf die sofortige Beweisbarkeit der Nichtberechtigung durch liquide Beweismittel nicht ankommen.

Beispiele: Sparbücher, Pfandscheine der öffentlichen Pfandleiher, Versicherungsscheine auf den Inhaber (§ 4 I VVG), Postsparbücher (s. § 4 PostsparkassenO v. 24. 4. 1986, BGBl. I 626).

Nach h. M. wird nicht nur der gute Glaube an die materielle Berechtigung geschützt, sondern der Schuldner auch bei gutgläubiger Leistung an einen nicht verfügungsberechtigten oder nicht voll geschäftsfähigen und deshalb nicht empfangsberechtigten Gläubiger frei (OLG Düsseldorf WM 1971, 231 f.; Zöllner § 28 III 2c; a. A. Staudinger-Marburger § 808 Rdn. 26).

2. Qualifizierte **Legitimationszeichen** sind **Karten, Marken und ähnliche Urkunden,** die den Berechtigten nicht benennen, denen aber im Wege der Auslegung zu entnehmen ist, daß der Aussteller nur gegen Vorlage der Urkunde und an sich nur an einen bestimmten Berechtigten leisten will, sich aber die **Möglichkeit einer befreienden Leistung an jeden Inhaber vorbehält.**

Beispiel: Seetransportversicherungspolice (BGH LM ADSp § 41 Nr. 4). Nicht aber die Eisenbahnfahrkarte nach Reiseantritt; diese bleibt vielmehr Inhaberzeichen, verbrieft aber nur einen Anspruch auf einheitliche Leistung, d. h. auf Beförderung derjenigen Person, die die Reise angetreten hat (Baumbach-Hefermehl WPR Rdn. 47).

II. Rechtliche Bedeutung

Die rechtliche Eigenart der Legitimationspapiere liegt darin, daß der Aussteller durch die (gutgläubige) Leistung an einen Inhaber, der nicht der wirkliche Gläubiger ist, befreit wird. Die **Legitimationspapiere unterscheiden sich:**

I. **Von den Inhaberschuldverschreibungen** (und Inhaberzeichen) dadurch, daß sie **nicht Träger des verbrieften Rechtes** sind.

a) Das **verbriefte Recht wird nicht** — wie bei den Inhaberschuldverschreibungen — **durch Übereignung der Urkunde,** sondern durch formlose Abtretung **übertragen.** Der neue Gläubiger wird kraft Gesetzes Eigentümer des Legitimationspapiers (§ 952 BGB).

Will B z. B. dem C sein Sparkassenguthaben übertragen, so genügt dazu der formlose Abtretungsvertrag. Aufgrund dieses Vertrages wird C gem. § 952 BGB Eigentümer des Sparkassenbuchs, auch wenn es ihm nicht übergeben wird.

b) Der **Besitz** eines Legitimationspapiers **begründet keine Rechtsvermutung** zugunsten des Inhabers, sondern nur ein Recht des Ausstellers zur Leistung an den Inhaber. § 1006 BGB gilt hier nicht (BGH WM 1972, 701).

Verweigert der Aussteller die Leistung an den Inhaber, so muß — anders als bei den Inhaberschuldverschreibungen — der Inhaber sein Recht nachweisen (§ 808 I S. 2 BGB).

C verlangt z. B. von der Sparkasse unter Vorlegung des auf den B lautenden Sparkassenbuchs die Auszahlung des Guthabens. Zahlt die Sparkasse an C, so wird sie, weil sie sich die Zahlung an den Inhaber des Buchs vorbehalten hat, auch dann befreit, wenn die Abtretung des Guthabens an C aus irgendeinem Grunde unwirksam ist. Eine Verpflichtung der Sparkasse zur Auszahlung an C besteht nur, wenn C sein Gläubigerrecht nachweist. Zahlt die Sparkasse das Guthaben an C aus, obwohl sie weiß, daß C das Gläubigerrecht nicht erworben hat, so wird sie, weil in diesem Falle die Auszahlung an C gegen Treu und Glauben verstößt, dem wirklichen Gläubiger B gegenüber nicht befreit.

Nach Ansicht der Rechtsprechung (BGHZ 28, 368; 64, 278) kann die Auszahlung eines Sparguthabens an den nichtberechtigten Inhaber des Sparbuchs jedenfalls dann keine *Liberationswirkung* entfalten, wenn sie in *Abweichung von einer vertraglichen Kündigungsfrist* erfolgt oder wenn unter Verstoß gegen § 22 I KWG innerhalb der gesetzlichen Kündigungsfrist mehr als der dort vorgesehene Höchstbetrag von 2.000,— DM zurückgezahlt worden ist. Zu Recht betont demgegenüber Flume JZ 1959, 538 f., daß weder die Vereinbarung einer Kündigungsfrist noch die gesetzliche Bestimmung einer solchen den Sinn hat, die Legitimationswirkung aufzuheben. Wenn § 808 I S. 1 BGB dem Kreditinstitut die Möglichkeit einräumt, den Inhaber ohne nähere Prüfung als materiell Berechtigten zu behandeln, so muß es diesem gegenüber auch mit Wirkung gegenüber dem Berechtigten auf die Einhaltung der vereinbarten Kündigungsfrist verzichten können (so auch die Schrifttumsmehrheit).

II. **Von den schlichten Beweisurkunden** dadurch, daß die **Leistung an den Inhaber befreiend wirkt** und daß die **Vorlegung** der Urkunde zur Geltendmachung des Rechts **erforderlich** ist (§ 808 BGB).

Zahlt z. B. der Schuldner ein von ihm aufgenommenes Darlehen an den Besitzer des Darlehensschuldscheins zurück, so wird er — anders als bei der Zahlung des Kreditinstituts an den Besitzer des Sparkassenbuches — nicht befreit, wenn der Besitzer des Schuldscheins nicht der wirkliche Gläubiger ist. Andererseits kann beim Schuldscheindarlehen der Darlehensnehmer nach § 407 BGB frei werden, wenn er in Unkenntnis von einer zwischenzeitlich erfolgten Zession an den bisherigen Gläubiger zahlt, ohne sich den Schuldschein vorlegen zu lassen. Bei den qualifizierten Legitimationspapieren ist demgegenüber infolge des Vorlegungszwangs (§ 808 II BGB) die Anwendung des § 407 BGB ausgeschlossen.

SECHSTER ABSCHNITT

Die handelsrechtlichen Orderpapiere

A. Allgemeines

I. § 363 HGB zählt sechs Wertpapiere des Handelsverkehrs auf und sagt von ihnen, daß sie durch Indossament übertragen werden können, wenn sie an Order lauten. Diese Papiere sind also nicht automatisch Orderpapiere, sondern nur, wenn sie durch Einfügung der Orderklausel als Orderpapiere ausgestellt sind (sog. **gekorene Orderpapiere).** Fehlt die Orderklausel, so handelt es sich normalerweise um Rektapapiere. Einige von diesen kaufmännischen Urkunden können allerdings auch als Inhaberpapiere ausgestellt werden.

Die kaufmännischen Orderpapiere sind die folgenden:

1. **Die kaufmännische Anweisung,** d. h. die von einem Kaufmann ausgestellte Urkunde, die einen anderen Kaufmann zur Leistung von Geld, Wertpapieren oder anderen vertretbaren Sachen anweist, ohne daß die Leistung von einer Gegenleistung abhängig gemacht wird.

Beispiel: Der Kaufmann A ersucht den Kaufmann B schriftlich, dem C oder dessen Order 100 Sack Mehl auszuhändigen (Lieferschein, vgl. oben S. 24 f.).

Ist eine kaufmännische Anweisung nicht an Order gestellt, so gelten für sie lediglich die Vorschriften des BGB über die Anweisung.

2. **Der kaufmännische Verpflichtungsschein,** d. h. ein Schuldversprechen, das von einem Kaufmann über die Leistung von Geld, Wertpapieren oder anderen vertretbaren Sachen ausgestellt wird, ohne daß die Leistung von einer Gegenleistung abhängig gemacht wird (Orderschuldverschreibung). Vgl. auch § 808a BGB und S. 137.

Beispiel: Ein Kaufmann verpflichtet sich schriftlich, ein erhaltenes Darlehen von 10.000,— DM an eine Bank oder deren Order zurückzuzahlen.

Ist ein kaufmännischer Verpflichtungsschein nicht an Order gestellt, so hat er lediglich die Bedeutung einer Namensschuldverschreibung, also eines als Rektapapier ausgestellten (regelmäßig, aber nicht notwendigerweise abstrakten) Schuldversprechens.

3. **Gewisse über bestimmte Schuldverhältnisse ausgestellte Urkunden,** nämlich:

a) **Der Lagerschein der staatlich** zur Ausgabe solcher Urkunden **ermächtigten Anstalten.**

Vgl. Näheres über die verschiedenen Arten der Lagerscheine unten B.

b) **Der Ladeschein,** durch den sich im Frachtgeschäft zu Lande oder auf Binnengewässern der Frachtführer dazu verpflichtet, das von ihm zur Beförderung übernommene Gut an den durch den Ladeschein als Empfänger Legitimierten gegen Zahlung der Fracht und Rückgabe des Scheins auszuhändigen (§§ 444 ff. HGB; 26, 72 ff. BinnenschiffahrtsG). Vgl. auch Band 7^1, S. 112.

aa) Der Ladeschein ist zu unterscheiden von dem *Frachtbrief.* Der Ladeschein wird vom Frachtführer, der Frachtbrief dagegen vom Absender ausgestellt; der Ladeschein ist ein Wertpapier, der Frachtbrief dagegen ein bloßes Beweispapier.

Beim Frachtgeschäft auf Flüssen und sonstigen Binnengewässern ist der Frachtführer zur Ausstellung eines Ladescheins verpflichtet. Im Landfrachtgeschäft sind Ladescheine nicht üblich.

bb) Ist der Ladeschein nicht an Order gestellt, so hat er die Bedeutung eines Rektapapiers. Er kann allerdings auch auf den Inhaber lauten.

c) **Das Konnossement** ist das Gegenstück zum Ladeschein im Seefrachtgeschäft. Durch das Konnossement verpflichtet sich der Verfrachter dazu, das zur Beförderung über See übernommene Gut an den durch das Konnossement als Empfänger Legitimierten gegen Zahlung der Fracht und Rückgabe des Konnossements im Löschungshafen auszuhändigen (§§ 642 ff., 648 HGB). Vgl. auch Band 7^1 S. 113.

aa) Beim Seefrachtgeschäft ist der Verfrachter (= Frachtführer) verpflichtet, dem Ablader (d. h. demjenigen, der das Gut dem Verfrachter zur Beförderung übergibt) ein Konnossement auszustellen.

bb) Das Konnossement muß auf Verlangen des Abladers an Order gestellt werden. Ist es nicht an Order gestellt, so hat es die Bedeutung eines Rektapapiers. Denkbar ist allerdings auch ein Inhaberkonnossement.

d) Der **Transportversicherungsschein** (Transportversicherungspolicc) verbrieft die Ansprüche aus der Versicherung beförderter Güter (§§ 129 ff. VVG, 778 HGB). Vgl. auch Band 7^1 S. 109.

II. **Das Indossament** eines handelsrechtlichen Orderpapiers, für das nach § 365 I HGB die Formvorschriften des Wechselgesetzes gelten, **hat folgende Wirkungen:**

1. **Das Indossament überträgt das Recht** so, wie es in dem Papier verbrieft ist **(schriftgemäß)** auf den Erwerber (§ 364 I HGB).

a) Die Einwendungen gegenüber dem Erwerber sind in gleicher Weise beschränkt wie bei der Inhaberschuldverschreibung. Das HGB verweist insoweit nicht auf das WG, sondern wiederholt in § 364 II den für die Inhaberschuldverschreibung geltenden § 796 BGB. Praktisch bedeutet dies allerdings keine wesentliche Abweichung gegenüber der Regelung des WG. Insbesondere ist auch Art. 17 WG entsprechend anzuwenden.

Im übrigen können bei Ladeschein, Konnossement und Transportversicherungspolice jedem Erwerber jedenfalls die sog. „typusbedingten" Einwendungen entgegengehalten werden, also solche, die sich aus der gesetzlichen Regelung des betreffenden Geschäftstyps ergeben (z. B. der Einwand, daß die beförderte Ware ohne Verschulden des Papierausstellers oder seiner Leute beschädigt worden ist). Der Papieraussteller haftet dem Papierinhaber eben nur nach Fracht-, Lager- bzw. Versicherungsvertragsrecht; die skripturmäßige Haftung bedeutet nur, daß dem redlichen Erwerber besondere Abreden, die nicht in dem betreffenden kaufmännischen Wertpapier aufgeführt sind, nicht entgegengehalten werden können (Ulmer S. 63 f.; Hueck-Canaris § 22 II 1 b).

Eine Sonderregelung gilt *für das Konnossement:* Es begründet *keine schriftgemäße Haftung* des Verfrachters, sondern nur eine Vermutung dafür, daß der Verfrachter die Güter so übernommen hat, wie sie in dem Konnossement beschrieben sind. Der Verfrachter kann also dem Empfänger gegenüber geltend machen, daß er andersartige Güter als die im Konnossement beschriebenen erhalten habe, trägt aber dann die Beweislast. Diese Abweichung von der sonst im Wertpapierrecht geltenden „schriftgemäßen Haftung" ist eingeführt worden durch ein Gesetz vom 10. VIII. 1937, das auf einem internationalen Abkommen beruht. § 656 HGB.

b) **Der gutgläubige Erwerb** ist in gleicher Weise geschützt **wie beim Wechsel** (§ 365 I HGB i. V. m. Art. 16 II WG). Siehe dazu S. 80 ff.

2. **Das Indossament legitimiert den Erwerber** als den Gläubiger. Im einzelnen gelten die Vorschriften des WG entsprechend (§ 365 I HGB).

Der Schuldner ist *nur gegen Aushändigung des* quittierten *Papiers zur Leistung verpflichtet (§ 364 III HGB).*

3. **Das Indossament hat** — anders als beim Wechsel und Scheck (vgl. S. 83) — **keine Garantiefunktion.** Der Erwerber kann also, wenn der Schuldner das Papier nicht freiwillig einlöst, keinen wechselrechtlichen Rückgriff gegen seine Vormänner nehmen, sondern nur entweder den Schuldner verklagen oder sich aufgrund des dem Erwerb des Papiers zugrundeliegenden Kausalverhältnisses an seinen unmittelbaren Vormann halten.

Beispiel: Ein von A an die Order des B ausgestellter kaufmännischer Verpflichtungsschein wird von B dem C, von C dem D und schließlich von D dem E erfüllungshalber indossiert. Löst A den Verpflichtungsschein nicht ein, so kann E nicht gegen C oder B Rückgriff nehmen. Er muß vielmehr gegen A auf Leistung klagen oder von D gegen Rückgabe des Verpflichtungsscheins die Leistung verlangen, zu deren Erfüllung der Verpflichtungsschein von D an E gegeben worden war.

III. **Gewisse handelsrechtliche Wertpapiere repräsentieren** zugleich **die** in ihnen bezeichnete **Ware** (sog. Traditionspapiere).

1. **Traditionspapiere** sind:

a) **Der Lagerschein, wenn** er in zulässiger Weise **an Order gestellt** ist.

b) **Das Konnossement** und **der Ladeschein,** auch wenn diese Papiere nicht an Order gestellt sind.

Der Grund dafür, daß gerade diese Papiere zu Traditionspapieren erklärt sind, liegt darin, daß es im Handelsverkehr möglich sein muß, den Besitz von eingelagerten oder auf hoher See befindlichen Waren ohne körperliche Übergabe zu übertragen.

Kein Traditionspapier ist der Kraftfahrzeugbrief (BGH NJW 1970, 653).

2. **Die Übergabe eines Traditionspapiers ersetzt,** solange das in dem Papier bezeichnete Gut sich bei dem Lagerhalter, Frachtführer oder Schiffer befindet, **die Übergabe des Gutes** (§§ 424, 450, 650 HGB). Einigung und Übergabe des Papiers genügen also, um den Erwerber gem. § 929 S. 1 BGB zum Eigentümer des Gutes zu machen oder um ihm nach § 1205 I S. 1 BGB ein Pfandrecht an dem Gut zu bestellen.

Wie die Gleichstellung der Papierübergabe mit der Übergabe des eingelagerten oder transportierten Gutes **dogmatisch zu erklären** ist und welche sachenrechtlichen Konsequenzen sie im einzelnen hat, ist sehr streitig:

a) Die heute überholte *absolute Theorie* nahm die §§ 424, 450, 650 HGB wörtlich: Die Übergabe des Transportpapiers gilt danach ohne weitere Voraussetzungen kraft einer in den Vorschriften enthaltenen gesetzlichen Fiktion als Übergabe i. S. der §§ 929, 932 bzw. 1205 I 1, 1207 BGB. Die Übergabe des eingelagerten oder transportierten Gutes wird im Rahmen dieser Vorschriften also auch dann durch die Übergabe des Traditionspapiers ersetzt, wenn dem Veräußerer oder Verpfänder gar kein mittelbarer Besitz zusteht, ja im Extremfall sogar, wenn der Schuldner des verbrieften Anspruchs, also der Lagerhalter oder Frachtführer, gar nicht mehr im Besitz der betreffenden Sachen ist. Etwas anderes soll nur dann gelten, wenn bereits ein Dritter kraft gutgläubigen Erwerbs Eigentümer der Sachen geworden ist.

b) Nach der *relativen Theorie* enthalten die §§ 424, 450, 650 HGB nur einen — an sich überflüssigen — Hinweis auf die Möglichkeit der Übertragung mittelbaren Besitzes. Die Übergabe des Transportpapiers verschafft dem Erwerber also allenfalls mittelbaren Besitz. Die Verpfändung eingelagerten oder transportierten Gutes durch Übergabe des Transportpapiers wäre danach also gem. § 1205 II BGB ohne Anzeige an den unmittelbaren Besitzer nicht möglich.

c) Nach der lange Zeit herrschenden und von der Rechtsprechung vertretenen *Repräsentationstheorie* ersetzt die Übergabe des Transportpapiers die Übergabe der zu veräußernden oder zu verpfändenden Ware selbst nur dann, wenn der Verfügende wirklich mittelbarer Besitzer der betreffenden Ware ist: Die Fiktionswirkung der §§ 424, 450, 650 HGB hängt also davon ab, daß der unmittelbare Besitz am Traditionspapier wirklichen (wenn auch nur mittelbaren) Besitz an der Sache selbst repräsentiert. Dann aber kommen die §§ 929, 932, (1207) 1205 I S. 1, nicht die §§ 931, 934, (1207) 1205 II BGB zur Anwendung.

d) Zutreffend ist eine im neueren Schrifttum vordringende Auffassung, für die sich noch keine Bezeichnung durchgesetzt hat. Danach **setzt** die Fiktionswirkung der §§ 424, 450, 650 HGB **nur voraus, daß der Schuldner** des im Traditionspapier verbrieften Herausgabeanspruchs **weiterhin Besitzer** des eingelagerten bzw. transportierten Gutes **ist.** Im Gegensatz zur bisher herrschenden Repräsentationstheorie wird also nicht verlangt, daß der Schuldner dem verfügenden unmittelbaren Besitzer des Traditionspapiers auch weiterhin den Besitz vermittelt. Die vom Gesetzgeber gewollte Traditionswirkung der Übergabe des Papiers knüpft eben nicht an den unsichtbaren mittelbaren Besitz des Verfügenden, sondern an die Existenz des im Traditionspapier verbrieften und deshalb in der Regel leicht realisierbaren Herausgabeanspruchs an. Es wäre deshalb ungereimt, wenn diese Traditionswirkung schon durch ein einseitiges Verhalten des Lagerhalters oder Frachtführers, daß seine erkennbare Aufgabe des bisherigen Besitzmittlungswillens impliziert und damit das Besitzmittlungsverhältnis beendet, beseitigt werden könnte.

Beispiel: E liefert Waren unter Eigentumsvorbehalt an K, der sie bei L einlagert, aber den Kaufpreis nicht bezahlt. L seinerseits veräußert diese Waren in der Form des § 930 BGB an A, der nach § 933 BGB mangels Übergabe trotz seines guten Glaubens nicht zum Eigentümer wird. Anschließend veräußert K dieselben Waren unter Abtretung seines Herausgabeanspruchs gegen L und Übergabe des Orderlagerscheins an B. Dieser erlangt nach §§ 932, 929 S. 1 BGB i. V. m. 424 HGB das Eigentum an den betreffenden Waren, obwohl der unmittelbare Besitzer L dem nichtberechtigten Veräußerer K im Zeitpunkt der Verfügung nicht mehr den Besitz vermittelt.

Der gutgläubige Indossatar eines Konnossements erwirbt den Besitz und folglich auch das Eigentum an den im Konnossement verbrieften Waren auch dann, wenn das Konnossement gestohlen war. Handelt es sich bei dem im Konnossement verbrieften Gut um unterschlagene Waren, so wird der Indossatar gem. §§ 929 S. 1, 932 BGB kraft seines guten Glaubens Eigentümer des Gutes, wenn der Schiffer das Gut noch im Besitz hat. Handelt es sich dagegen um gestohlene Waren, so erwirbt der Indossatar durch die Übergabe des Konnossements zwar gem. § 365 II HGB, Art. 16 II WG das Eigentum an dem Papier und den Besitz der Waren, aber wegen § 935 BGB nicht das Eigentum an den Waren (h. M.).

3. Der in einem Traditionspapier verkörperte Herausgabeanspruch gegen den Frachtführer oder Lagerhalter kann *nur* unter Übergabe des Traditionspapiers übertragen werden (Sperrwirkung des Traditionspapiers). Ein Eigentumsübergang nach § 931 BGB, also nur durch Einigung und formlose Abtretung des Herausgabeanspruchs, ist damit nicht möglich. Zu Unrecht will BGH NJW 1979, 2037 diese Sperrwirkung auch bei Ausgabe eines Namenslagerscheins, der weder Orderpapier noch Traditionspapier ist, eintreten lassen. Vgl. dazu Gursky JZ 1984, 608.

B. Insbesondere: Der Lagerschein

1. Begriff und Arten der Lagerscheine

Der Lagerschein (Warrant) ist **ein von dem Lagerhalter ausgestelltes Wertpapier, in welchem** der **Lagerhalter die Herausgabe** des bei ihm eingelagerten Gutes **verspricht.**

Zu unterscheiden von dem Lagerschein ist *der sog. „Lieferschein"*, durch den der Einlagerer den Lagerhalter anweist, das Gut an einen Dritten auszuhändigen. Vgl. S. 24 f.

I. **Ein Orderlagerschein** liegt vor, wenn der Schein an Order gestellt ist. Orderlagerscheine können **nur von den staatlich hierzu ermächtigten Anstalten** ausgestellt werden. Vgl. unten 2.

Der Orderlagerschein ist ein *Traditionspapier.* Vgl. oben A III sowie BGHZ 49, 160, wo ein (auch gutgläubiger) Eigentumserwerb an der Ware nach § 931 BGB nur unter Übergabe des Lagerscheins zugelassen wird.

II. **Ein Rektalagerschein** liegt vor, **wenn** der Schein **auf den Namen einer bestimmten Person** lautet, ohne an Order gestellt zu sein. Rektalagerscheine sind allgemein zulässig.

Der Rektalagerschein ist *kein Traditionspapier.* Seine Übergabe kann also zwar die *Abtretung des Herausgabeanspruchs* gegen den Lagerhalter und mithin eine gemäß § 931 BGB wirksame *Übereignung* des Gutes, aber *keine Übertragung des Besitzes* an dem Gut enthalten.

III. **Ein Inhaberlagerschein** liegt vor, **wenn** der Schein **auf den Inhaber** lautet. Er hat die rechtliche Natur einer Inhaberschuldverschreibung und kann ohne staatliche Genehmigung ausgegeben werden. Vgl. RGZ 142, 150.

Auch der Inhaberlagerschein ist *kein Traditionspapier.* Die Übergabe eines Inhaberlagerscheins, die hinsichtlich des eingelagerten Gutes als *Abtretung des Herausgabeanspruchs* anzusehen ist, hat aber, da der Lagerhalter dem Inhaber gemäß § 796 BGB nur bestimmte Einwendungen entgegenhalten kann, praktisch im wesentlichen dieselben schuldrechtlichen Wirkungen wie die Übergabe eines Orderlagerscheins. Vgl. RGZ 142, 153.

2. Sonderregelung der Orderlagerscheine

Die Einlagerung gegen Orderlagerschein untersteht den Sondervorschriften der **Verordnung über Orderlagerscheine vom 16. 12. 1931.** Diese Verordnung regelt auch die Erteilung der für die Ausstellung von Orderlagerscheinen erforderlichen staatlichen Ermächtigung.

I. **Für** Form und Inhalt des **Orderlagerscheins** gelten **folgende Vorschriften:**

1. **Der Orderlagerschein** soll einem in der Verordnung vorgeschriebenen einheitlichen Muster entsprechen und darf **nur in „einem" Exemplar,** das sowohl der Veräußerung als auch der Verpfändung des Lagergutes dient, ausgestellt werden („Einscheinsystem" im Gegensatz zu dem „Zweischeinsystem", bei dem zwei Lagerscheine — der eine für die Veräußerung und der andere für die Verpfändung bestimmt — ausgestellt werden). § 33 d. VO.

2. **Pflichten und Rechte des Lagerhalters** aus der Einlagerung sind **durch zwingende Vorschriften geregelt,** die im wesentlichen der dispositiven Regelung des HGB entsprechen.

II. **Dem durch Indossament legitimierten Lagerscheinerwerber haftet** der **Lagerhalter** auch **für die Richtigkeit der** in dem Lagerschein enthaltenen **Angaben über Menge, Art und Beschaffenheit des Gutes.** § 40 d. VO.

Dieser Grundsatz entspricht der für alle eigentlichen Wertpapiere geltenden *schriftgemäßen Haftung* des Schuldners.

1. **Die Haftung des Lagerhalters beschränkt sich** — außer bei böslicher Handlungsweise — **auf den** gegenüber den Angaben in dem Lagerschein bestehenden **Minderwert.**

Z. B.: A hat dem B einen Orderlagerschein über ein Quantum „verzollten" Zukker ausgestellt. Als der Lagerscheinerwerber C die Herausgabe des Zuckers von *A* verlangt, stellt sich heraus, daß B dem A geschickt gefälschte Zollpapiere vorgelegt hat und daß der Zucker in Wirklichkeit unverzollt ist. A muß, obwohl ihn kein Verschulden trifft, dem C den Zuckerzoll ersetzen, weil er entsprechend der Angabe im Lagerschein haftet.

2. **Ausnahmsweise haftet der Lagerhalter nicht** für die Angaben im Lagerschein, **wenn** er durch einen Vermerk in dem Schein **ersichtlich gemacht** hat, **daß die Angaben lediglich auf Mitteilungen** des Einlagerers oder **Dritter beruhen.** Auch in diesem Falle haftet der Lagerhalter aber, wenn er die Unrichtigkeit der Angaben gekannt hat.

Z. B.: Im vorigen Beispiel haftet A dem C nicht, wenn er in dem Lagerschein vermerkt hat: „Der Zucker ist nach Angabe des B verzollt." Hat A aber die Fälschung der Zollpapiere erkannt, so haftet er trotz des in den Lagerschein aufgenommenen Vermerks.

SIEBTER ABSCHNITT

Die Aktie

A. Begriff der Aktie

Unter Aktie versteht man **sowohl das Mitgliedschaftsrecht** des Aktionärs **an der Aktiengesellschaft als auch die dieses Mitgliedschaftsrecht verbriefende Urkunde.**

Die Aktiengesellschaft, die zuerst im HGB und später durch ein Aktiengesetz von 1937 geregelt war, ist jetzt durch das neue Aktiengesetz vom 6. 9. 1965 geregelt. In der vorliegenden Darstellung des Wertpapierrechts sind nur die rechtlichen Besonderheiten der Aktienurkunde zu behandeln. Im übrigen vgl. wegen des Rechts der Aktiengesellschaft Bd. 7[3].

I. **Die Aktie** (im Sinne der Aktienurkunde) **ist ein** (mitgliedschaftsrechtliches) **Wertpapier;** die Ausübung der in ihr verbrieften Rechte des Aktionärs ist nämlich nur bei Vorlage der Aktienurkunde oder einer Hinterlegungsbescheinigung möglich (§ 123 III S. 2 AktG).

1. Die Mitgliedschaft als der Inbegriff der Rechte und Pflichten des Aktionärs *entsteht* nicht erst mit der Ausgabe von Aktienurkunden, sondern schon mit der Eintragung der Aktiengesellschaft im Handelsregister. Die Aktie ist also kein konstitutives, sondern ein deklaratorisches Wertpapier.

2. Die Aktionäre haben gegen die Gesellschaft den Anspruch auf Ausgabe von Aktienurkunden. In den ausgegebenen Aktien verkörpert sich das Mitgliedschaftsrecht. Es steht dem jeweiligen Eigentümer der Aktienurkunde zu.

II. **Die Aktie** ist unteilbar (§ 8 III AktG) und **lautet auf einen ziffernmäßigen Teilbetrag des Grundkapitals** („Nennwertsaktie" im Gegensatz zu der auf einen Bruchteil, z. B. auf 1/1000, des Grundkapitals lautenden, nach deutschem Recht unzulässigen „Quotenaktie"). Der Nennbetrag aller Aktien einer Aktiengesellschaft deckt sich mit dem Grundkapital.

1. Der **Nennbetrag** einer Aktie muß **mindestens 50,— DM** betragen. Höhere Aktienbeträge sollen auf volle 100,— DM lauten (§ 8 I, II AktG).

2. **Aktien über einen geringeren** als den gesetzlich zulässigen **Nennbetrag sind nichtig.** Für den Schaden aus der Ausgabe solcher Aktien sind die Ausgeber den Besitzern als Gesamtschuldner verantwortlich. § 8 I AktG.

III. **Es können verschiedene Gattungen von Aktien gebildet werden,** bei denen der Inhalt der Mitgliedschaft ein verschiedener ist.

1. Die **Stammaktien,** die auf dem Grundsatz der Gleichberechtigung der Aktionäre beruhen, bilden die Regel. Jede Aktie gewährt den gleichen Anspruch auf Anteil am Reingewinn (Dividende) und am Abwicklungsvermögen (Liquidationsquote).

2. Die **Vorzugsaktien** sind mit erhöhten Rechten, namentlich mit einem Vorrecht bei der Verteilung des Gewinns, ausgestattet. Vorzugsaktien mit einem erhöhten Stimmrecht (sog. Mehrstimmrechtsaktien) sind grundsätzlich unzulässig (§§ 11, 12 II AktG).

B. Arten der Aktie

Die Aktien können als **Inhaber- oder Namensaktien** ausgegeben werden. Das Gesetz (§ 24 I AktG) betrachtet die Inhaberaktie als das regelmäßige. Auch in der Praxis werden **regelmäßig Inhaberaktien** ausgegeben, da diese leichter veräußerlich sind und zum Börsenhandel zugelassen werden können.

1. Inhaberaktien

Die Inhaberaktie ist ein **Inhaberpapier.** Auf sie sind, soweit das AktG keine Sondervorschriften enthält, die Vorschriften über die Inhaberschuldverschreibung (§§ 793 ff. BGB) entsprechend anwendbar.

I. **Die Ausgabe von Inhaberaktien** ist **nur zulässig, wenn** der **volle Nennbetrag eingezahlt** ist (§ 10 I AktG).

Bis zur Volleinzahlung können *Zwischenscheine* (Interimsscheine) ausgegeben werden, die auf den Namen lauten und den Vorschriften über Namensaktien unterstehen. Die Zwischenscheine gewähren die gleichen Rechte wie eine Aktie. Nach Volleinzahlung des Nennbetrags kann der Aktionär die Aushändigung von Aktien verlangen (§ 10 III—IV AktG).

Die Aktienurkunde wird nicht schon durch die bloße „Zuteilung“ mit dem verbrieften Mitgliedschaftsrecht verbunden, sondern erst durch die Aushändigung an den Aktionär. Die *Verbindung des Rechts mit dem Papier* und damit die Entstehung des deklaratorischen Wertpapiers setzt also — genauso wie bei konstitutiven Wertpapieren — einen Begebungsvertrag voraus (Hueck-Canaris § 25 II 2).

Konsequenterweise sollte man dann aber auch hier die Rechtsscheintheorie heranziehen und damit einen *gutgläubigen Zweiterwerb* von Aktien, die noch vor ihrer Verbindung mit einem bestimmten Mitgliedschaftsrecht gestohlen worden sind, zulassen (so im Ergebnis Hueck-Canaris a.a.O.; anders aber die h. M.).

II. **Die Übertragung** der Inhaberaktie erfolgt nach den Vorschriften über die Übereignung beweglicher Sachen, also **durch Einigung und Übergabe.**

1. Der gutgläubige Erwerb vom Nichtberechtigten wird auch bei abhanden gekommenen Inhaberaktien geschützt (§ 935 II BGB).

2. Die Einwendungen gegenüber dem Erwerber einer Inhaberaktie sind, wie aus der entsprechenden Anwendung des § 796 BGB folgt, in derselben Weise beschränkt wie bei der Inhaberschuldverschreibung.

III. **Der Aktionär wird** als solcher sowohl gegenüber Dritten als auch gegenüber der Aktiengesellschaft **durch den Besitz** der Inhaberaktie **legitimiert** (§ 1006 BGB).

2. Namensaktien

Die Namensaktie ist ein **Orderpapier** (geborenes Orderpapier). Als Rektapapier kann sie nach h. M. nicht ausgestaltet werden (a. A. Hueck-Canaris § 25 I 2c).

I. **Die Ausgabe von Namensaktien** ist **schon vor voller Einzahlung** des Nennbetrages **zulässig.** Die Einzahlung ist dann später auf der Aktie zu vermerken (§ 10 II AktG).

Namensaktien sind unter genauer Bezeichnung des Inhabers in das Aktienbuch der Gesellschaft einzutragen (§ 67 I AktG).

II. **Die Übertragung der Namensaktie** kann erfolgen:

1. **Durch Indossament und Übergabe** der Urkunde. Die Form des Indossaments richtet sich nach den Vorschriften des WG (§ 68 I AktG).

a) Durch das Indossament geht das Mitgliedschaftsrecht so, wie es in der Aktie verbrieft ist, auf den Erwerber über. Der *gutgläubige Erwerb* wird in gleicher Weise geschützt wie beim Wechsel (§ 68 I AktG, Art. 16 WG).

b) Die Zulässigkeit von *Einwendungen* gegenüber dem Erwerber richtet sich nicht nach Art. 17 WG, da diese Vorschrift in § 68 I AktG nicht zitiert ist. Entsprechend anwendbar ist aber der für die handelsrechtlichen Orderpapiere geltende § 364 II HGB, nach dem die Einwendungen in gleicher Weise beschränkt sind wie bei der Inhaberschuldverschreibung (vgl. S. 139 f.). Praktisch bedeutet dies keine wesentliche Abweichung gegenüber der wechselrechtlichen Regelung. Vgl. S. 89 f.

c) Das Indossament hat *keine Garantiefunktion.* Die Haftung des Veräußerers der Aktie gegenüber dem Erwerber beurteilt sich also lediglich nach dem Kausalgeschäft (regelmäßig Kauf).

d) Ein *Blankoindossament* ist zulässig. Die blanko indossierte Aktie kann wie ein Inhaberpapier übertragen werden. Vgl. S. 13.

2. **Durch Abtretung und Übergabe** der Urkunde. Ein gutgläubiger Erwerb vom Nichtberechtigten ist in diesem Falle nicht möglich.

Namensaktien, die die „negative Orderklausel" enthalten, können nur durch Abtretung übertragen werden (Rektapapiere).

Die Übertragbarkeit der Namensaktie kann durch die Satzung **von der Zustimmung der Aktiengesellschaft abhängig gemacht werden** (vinkulierte Namensaktien, § 68 II AktG).

Die Zustimmung wird, wenn die Satzung nichts anderes bestimmt, vom Vorstand erteilt. Die Satzung kann bestimmen, daß die Zustimmung nur aus bestimmten Gründen verweigert werden darf.

III. **Der Aktionär** wird als solcher **legitimiert:**

1. **Dritten gegenüber durch den Besitz** der Urkunde **und** eine **zusammenhängende Reihe von Indossamenten** oder Abtretungserklärungen.

2. **Der Aktiengesellschaft gegenüber durch** die Eintragung im **Aktienbuch.** Im Verhältnis zur Aktiengesellschaft ist Aktionär nur, wer im Aktienbuch eingetragen ist. § 67 II AktG. Die — für die Wirksamkeit der Übertragung nicht erforderliche — Umschreibung im Aktienbuch setzt die Anmeldung der Übertragung und die Vorlage der Aktie voraus (§ 68 III AktG).

ACHTER ABSCHNITT

Investment-Anteilscheine

Investment-Anteilscheine (Investment-Zertifikate, im folgenden kurz „Anteilscheine" genannt) sind **Wertpapiere, die** ein **Anteilsrecht** an dem **Sondervermögen einer Kapitalgesellschaft** (Investmentgesellschaft) **verbriefen.**

Das Recht der Kapitalanlagegesellschaften und der von ihnen ausgegebenen Anteilscheine ist, nachdem in Deutschland die ersten Kapitalanlagegesellschaften nach ausländischem Muster entstanden waren, durch Gesetz vom 16. 4. 1957 in der Fassung vom 14. 1. 1970 (KAGG, BGBl. I 128) geregelt. Die Kapitalanlagegesellschaften, die wegen der geringen Einlage weiten Bevölkerungsschichten eine Beteiligung an börsengängigen Papieren und Bodenwerten ermöglichen, haben heute große Bedeutung erlangt.

I. **Kapitalanlagegesellschaften sind Unternehmen, die** bei ihnen **eingelegtes Geld** im eigenen Namen für gemeinschaftliche Rechnung der Einleger nach dem Grundsatz der Risikomischung **in Wertpapieren** (sowie evtl. Beteiligungen als stiller Gesellschafter) **oder** in **Grund-**

stücken sowie Erbbaurechten **gesondert** von dem eigenen Vermögen **anlegen und den Einlegern** (Anteilinhabern) über die sich hieraus ergebenden Rechte **Urkunden (Anteilscheine) ausstellen** (§ 1 I KAGG).

1. Die Kapitalanlagegesellschaften dürfen nur in der Rechtsform einer Aktiengesellschaft, deren Grundkapital aus vinkulierten Namensaktien besteht, oder als Gesellschaft mit beschränkter Haftung, die einen Aufsichtsrat besitzt, betrieben werden (§§ 1 II—IV, 3).

Die Kapitalanlagegesellschaften zählen zu den Kreditinstituten. Sie dürfen deshalb den Geschäftsbetrieb nur mit staatlicher Genehmigung eröffnen und unterliegen einer laufenden Beaufsichtigung des Geschäftsbetriebs (§ 2 KAGG).

2. **Das Sondervermögen** der Anlagegesellschaft **besteht aus den Einzahlungen** der Einleger **und** den **damit angeschafften Werten** (§ 6 KAGG). Die **Einzahlungen müssen in bestimmten Arten von** börsengängigen **Wertpapieren,** die die Satzung bestimmt (z. B. inländische oder ausländische Aktien, Aktien bestimmter Branchen) bzw. in solchen Wertpapieren und Beteiligungen als stiller Gesellschafter oder aber in Immobilien **angelegt werden.** Wertpapiere desselben Ausstellers dürfen, um das Risiko zu verteilen, 5 % des Wertes des Sondervermögens nicht übersteigen (§ 8 KAGG). Die angeschafften Wertpapiere können, soweit das vorteilhaft erscheint, durch andere ersetzt werden.

Das Sondervermögen ist — von dem eigenen Vermögen der Kapitalanlagegesellschaft getrennt — bei einem anderen Kreditinstitut (der sog. Depotbank) zu verwahren und haftet nicht für die Schulden der Kapitalanlagegesellschaft selbst. Über das Sondervermögen ist jährlich ein Rechenschaftsbericht zu veröffentlichen. Vgl. §§ 10 II, 12, 25 KAGG.

Für das Grundstücks-Sondervermögen finden sich **Sonderbestimmungen** in den §§ 26—37 KAGG. Es muß insbesondere aus mindestens 10 Grundstücken bestehen, von denen keines beim Erwerb 15 % des Wertes des Sondervermögens übersteigen darf (§ 28 KAGG). Miteigentum der Einleger (s. dazu unten II 1 b) ist ausgeschlossen (§ 30 KAGG).

3. **Rechtsträger des Sondervermögens** kann die **Kapitalanlagegesellschaft** selbst **als Treuhänderin** der Einleger sein (Treuhandlösung). Das Sondervermögen kann **aber auch den Fondsanteilhabern selbst als Miteigentümern** zustehen (s. unten II 1). In der Praxis überwiegt diese letztere Miteigentumslösung deutlich.

Bei der Treuhandlösung werden die Anteilseigner weitgehend gegen die normalerweise mit dieser Rechtsfigur für den Treugeber verbundenen Gefahren geschützt: Für die Verbindlichkeiten der Kapitalanlagegesellschaft haftet das Fondsvermögen nicht (§ 10 II KAGG); bei einem Konkurs der Kapitalanlagegesellschaft gehört es nicht zu deren Konkursmasse (§ 13 III S. 2 KAGG). Vgl. auch § 6 I S. 3 und § 9 IV KAGG.

II. Die von der Depotbank ausgegebenen **Anteilscheine** sind nach § 18 I KAGG **entweder Inhaberpapiere oder Orderpapiere** (im letzteren Falle geborene Orderpapiere, § 18 I S. 3 KAGG i. V. m. §§ 67, 68 AktG).

1. **Die Anteilscheine verkörpern:**

a) **Entweder nur schuldrechtliche Ansprüche** des Einlegers gegen die Gesellschaft (Forderungspapier), und zwar:

aa) **Den Anspruch** auf anteilige Auszahlung der auf die angeschafften Wertpapiere entfallenen **Gewinnanteile und Zinsen,** § 12 IV KAGG.

bb) **Den Anspruch auf Auszahlung des jeweiligen Wertes des Anteils** abzüglich bestimmter Unkosten, die **jederzeit** von dem Einleger verlangt werden kann (§ 11 II KAGG).

b) **Oder den Miteigentumsanteil** des Einlegers **an dem Sondervermögen.** Vgl. §§ 6 I, 18 III KAGG.

Dieser Anteil entspricht aber nicht dem sachenrechtlichen Miteigentumsanteil. Denn über die zum Sondervermögen gehörenden Gegenstände verfügt ausschließlich die Kapitalanlagegesellschaft selbst (§ 9 I KAGG). Kein Anteilserwerber kann Aufhebung der Gemeinschaft verlangen (§ 11 I KAGG). Ansonsten ergeben sich aus dem Miteigentumsanteil aber dieselben Ansprüche gegen die Gesellschaft wie zu aa), bb).

2. **Die Anteilscheine,** die nur gegen volle Einzahlung des Einlagebetrags ausgegeben werden dürfen (§ 21 I KAGG), **lauten** nicht auf einen bestimmten Nennbetrag, sondern lediglich **auf eine unbezifferte Quote an dem Sondervermögen.**

a) Bei den erstmalig *bei Beginn des Geschäftsbetriebs* ausgegebenen Anteilscheinen *darf der einzuzahlende Betrag 100,— DM nicht übersteigen,* damit der Anteilserwerb weitesten Bevölkerungskreisen ermöglicht wird (§ 21 IV KAGG).

b) Bei *später* ausgegebenen Anteilscheinen *ergibt sich der einzuzahlende Betrag aus dem Wert des Anteils* und einem in den (für das Verhältnis der Kapitalanlagegesellschaft zu den Anteilsinhabern maßgebenden) Vertragsbedingungen festzusetzenden Aufschlag (§ 21 II S. 1 KAGG). Der Wert des Anteils ist aber der Betrag, der sich ergibt, wenn der jeweilige *Wert des Sondervermögens durch die Zahl der* ausgegebenen *Anteilscheine geteilt* wird (§ 21 II S. 2 KAGG). Dadurch wird erreicht, daß sich durch die unbeschränkt zulässige Ausgabe weiterer Anteilscheine (Open-end-Prinzip) der Wert der bisher ausgegebenen Anteilscheine nicht verringert.

III. **Dem Schutz des Publikums vor** den **Gefahren ausländischer Investment-Anteile dient** das **Ausland-Investmentgesetz** vom 28. 7. 1969 (BGBl. I 986).

Es sieht ähnliche Sicherungen wie bei deutschen Investment-Anteilen vor. Das ausländische Unternehmen muß dem Bundesaufsichtsamt für das Kreditwesen ein inländisches Kreditinstitut oder eine sonstige zuverlässige inländische Person als Repräsentanten benennen. Bei Verstößen gegen die Sicherungsbestimmungen kann der weitere Betrieb untersagt werden. Vgl. §§ 2, 8 b des Gesetzes.

Schrifttum

Die Grundrisse der vorliegenden Sammlung wollen eine **klar geordnete,** leicht verständliche und in sich geschlossene Darstellung des behandelten Rechtsgebietes geben. **Auf Schrifttumshinweise** ist — abgesehen von der Zitierung besonders lehrreicher Entscheidungen — in bewußtem Gegensatz zu einigen anderen Grundrissen seit jeher durchweg **verzichtet** worden. Dieses Verfahren, das dem Zweck der Bände entspricht und auch in zahlreichen Vorlesungen geübt wird, hat sich bewährt und soll deshalb beibehalten werden.

Für ein vertieftes Studium des Wertpapierrechts sei **auf das folgende Schrifttum** hingewiesen:

I. Systematische Darstellungen

Brox, Handels- und Wertpapierrecht, 7. Aufl. 1988;
Harms, Wertpapierrecht, 2. Aufl. 1978;
Hueck-Canaris, Recht der Wertpapiere, 12. Aufl. 1986;
Jakobi, Ernst, Wechsel- und Scheckrecht, 1955;
Meyer-Cording, Wertpapierrecht, 1987;
Richardi, Wertpapierrecht, 1987;
Schumann, Handelsrecht, Band II, Teil II (Wertpapiere), 1954;
Sedatis, Einführung in das Wertpapierrecht, 1988;
Ulmer, Eugen, Das recht der Wertpapiere, 1938;
Zöllner, Wetpapierrecht, 14. Aufl. 1987.

II. Kommentare

Zum Studium von Einzelfragen wird zweckmäßigerweise ein Kommentar zu Rate gezogen.

Für das im Zentrum der Wertpapierrechtsvorlesung stehende Wechsel- und Scheckrecht steht nur ein neuerer Kommentar zur Verfügung:

Baumbach-Hefermehl, Wechselgesetz und Scheckgesetz, 16. Aufl. 1988.

An älteren Kommentaren bleiben wichtig vor allem:
Straub-Stranz, Wechselgesetz, 13. Aufl. 1934;
Stranz, Wechselgestz, 14. Aufl. 1952;

Wegen der wertpapierrechtlichen Vorschriften des BGB (§§ 783—808 a) vgl.:
Erman, Handkommentar zum BGB, 7. Aufl. 1981 (1. Band);
Münchener Kommentar zum BGB, Band 3, 2. Halbband, 2. Aufl. 1986;
Palandt, Bürgerliches Gesetzbuch, 48. Aufl. 1989;
RGRK, Das Bürgerliche Gesetzbuch mit besonderer Berücksichtigung der Rechtsprechung des Reichsgerichts und des Bundesgerichtshofs, Kommentar hersg. von Reichsgerichtsräten und Bundesrichtern, Band II 4, 12. Aufl. 1978;
Soergel, Bürgerliches Gesetzbuch, Band 4, 1985;
von Staudinger, Kommentar zum Bürgerlichen Gesetzbuch, 12. Aufl., Lieferung 56 (§§ 779—811), 1986.

Paragraphenverzeichnis

Sachverzeichnis